어린 내 딸이 위험하다

어린 내 딸이 위험하다

초판 1쇄 인쇄	2014년 10월 06일
초판 1쇄 발행	2014년 10월 15일

지은이	홍 동 표
펴낸이	원 용 렬
펴낸곳	도서출판 지다서

출판등록   제 311-251002011-186호

주소   서울시 은평구 연서로 17-23(갈현2동 469-19)

전화번호   02-325-2661   팩스   02-325-2661

ISBN   979-11-953485-0-3   03330

이 도서의 국립중앙도서관 출판예정도서목록(CIP)은 서지정보유통지원시스템 홈페이지(http://seoji.nl.go.kr)와
국가자료공동목록시스템(http://www.nl.go.kr/kolisnet)에서 이용하실 수 있습니다.
(CIP제어번호 : CIP2014027718)

한국교육문화재단 연구총서1

여자 어린이 성폭력예방백서

어린 내 딸이 위험하다

홍 동 표 지음

도서출판 지다서

　통영의 아동 살해사건, 나주어린이 성폭행 사건, 4살배기 여아 성폭행살해사건, 안산의 조두순(나영이)사건, 부산 김길태 사건, 안양의 진·슬이 살해사건 등은 충격 그 자체였다. 인간이길 거부하는 인면수심의 짐승 같은 자들과 같이 살고 있다는 자체가 부끄럽다. 하루가 멀다하고 일어나는 어린이 성폭행 사건들에서 '아이들조차 잘 키울 수 없는 나라인가' 하는 자괴감을 갖게 한다. 이제까지 우리는 어린이 성폭행사건이 발생할 때 마다 관심을 갖다가 또 얼마의 시간이 지나고 나면 남의 일처럼 되고 마는 것이 현실이다. 이 땅에 먼저 태어 난 어른으로서 부끄럽고 안타깝다. 결국 딸을 안전하게 키우는 일은 부모들의 몫이 되고 만다. 어린이 성폭행 범인이 집행유예와 몇 푼의 벌금형으로 풀려나와 또 다른 딸들이 희생되는 악순환이 계속되고 있다. 딸을 안전하게 키우는 것이 얼마나 어렵고 힘든 일인가는 딸을 키우고 있는 '현재의' 부모들은 안다. 나도 안다. 나는 세 딸의 아빠이고 경찰이었다. 나의 경우 학교가 바뀌고 학년이 바뀔 때 마다 학교·학원과 집 등 딸이 움직이는 동선을 따라 위험요소를 점검·확인했다. 유해업소·불량배의 유무·교통의 위험요소·문방구·음식점등 주변업소의 점검·확인 그리고 중간에 지인(주로 등·하교 길에 위치한 상점을 활용)만들기를 생활화 하였다. 또한 딸들에게 안전수칙을 귀가 따갑도록 주입시키고, 주변사람들에게 도움을 받을 수 있는 방법 등을 늘 교육시켰다. 딸들이 초등학교 저학년 시절에는 등·하교 길에 반드시 엄마와 동행하도록 하는 것을 원칙으로 하였다. 엄마의 바쁜 일로 동행이 불가능할 경우에는 처제들 또는 이웃들과 교대로 엄마를 대신하도록 협조 하였다. 딸들이 집에 혼자 있게 될 경우에는 늘 대안을 찾았다. 딸들의 안전에 관한 '사전준비'와 '확인습성'은 성년이 된 지금까지도 계속되고 있다. 성인이 된 요즘 불필요한 간섭이라고 핀잔 받는 횟수가 늘어나고 있기는 하지만 마음이 놓이지 않는 것이 부모 마음이다.

하루가 멀다 하고 발생되는 여자어린이와 여성을 대상으로 한 유괴·납치·살해·성학대 등의 사건들이 보도될 때 마다 딸을 키우고 있는 부모들은 분노하고 사회와 정부를 원망한다. 특히 범인이 성폭행 전과자들에 의한 것으로 밝혀지면 법을 만드는 국회를 원망하며 벌금과 집행유예로 풀어주는 법원도 원망한다. 그 뿐만이 아니다. 평상시 어린이들의 교육과 안전을 책임져야 할 학교당국이나 경찰의 미온적 대응도 비난의 대상이 되는 것은 불문가지다. 세월호 사건이 여러 적폐가 쌓여 일어났듯이 여자어린이 성폭행도 여러 사회의 적폐가 쌓여 일어나고 있는 것이다. 나는 우리사회가 어린이 안전망이 부족하고 잘못된 안전시스템으로 인하여 세상에 태어나 인생의 꽃을 피우지 못한 채 유명을 달리한 어린생명들에게 속죄 하는 마음으로 이 글을 썼다. 대한민국이 좀 더 안전한 국가가 되었으면 하는 여망을 담았다. 연약한 어린이와 여성들을 상대로 한 범죄자는 치졸한 반사회성과 범행의 반복 지속성을 갖는 것이 특징이다. 인간이길 거부한 하이에나'들에겐 여자어린이와 여성들은 욕망해소의 도구일 뿐이다. 신체적 나약함을 약점 삼아 이들의 성을 노리는 잔인한 '인간하이에나'들이야 말로 우리사회와 지구상에서 영원히 추방되어야 할 존재들이다. 이런 범인들에게 피해자 부모들이 느끼는 감정의 공통점은 "할 수만 있다면 내손으로 죽이고 싶다"는 것이었다. 사회와 국가는 그들을 위하여 할 수 있는 일은 무엇일까?

어린이와 관련된 성범죄의 원인은 여러 가지다. 사회안전망의 부족, 결손가정의 증가, 솜방망이 처벌, 성범죄자 관리, 관련법규의 미흡, 경찰의 미온적 대처 등 종합적이다. 최근에는 인터넷을 통한 아동포르노물이 중심에 서 있다는 연구결과도 있다. 인터넷의 폐해는 악성영상물과 거짓되고 허황된 정보가 순식간에 전 세계로 돌아다닌다는 데 있다. 인터넷을 정상화시켜 이를 문명의 이기로 되돌려 놓아야 하는 이유이다. 참혹하고 잔인한 성범죄의 실상을 고발하고 어떻게 하면 우리의 딸들을 안전하게 키울 수 있는가에 대한 해답을 찾아보고 싶었다. 성범죄 예방을 위해 부모·학교·지역사회·국가는 무엇을 해야 하는 가에 대한 해답을 찾고 싶었다. 또한 당사자들인 여자어린이는 천인공노 할 만행에서 벗어나기 위해 어떻게 해야 하고 어떤 것을 하지 말아야 하는지… 예방수칙을 전달해주고 싶었다. 특히 딸을 키우는 부모들이 필수적으로 해야 할 일을 제시하여 '안전지킴이'로서의 역할을 할 수 있도록 충고하고 싶었다. 이 땅에서 딸을 키우는 부모들이 힘을 모아 여자어린이·여성을 대상으로 한 성범죄가 뿌리째 뽑히는 날을 보고 싶다. 필자는 여자 어린이의 성을 노리는 '하이에나' 같은 범죄자들의 행태를 파헤치기 위하여 실제 있었던 사건들의 뒷이야기들을 가미하여 이해하기 힘든 부분을 보충하고 범인들의 수법에 대한 대안을 제시하기 위하여 내 경험을 보완하였다. 부디 이 책이 여자 어린이들의 안전을 위한 지침서가 되고 딸을 안전하게 키우는 부모들의 길잡이가 되었으면 한다.

　나는 유년시절을 보내면서 '남녀칠세부동석(男女七歲不同席)'이라는 이야기를 들으면서 자라난 세대이다. 고리타분하고 진부한 이야기 같지만 내가 세 딸을 키우면서 이 말은 여전히 유효하며 옛 어른들의 말이 틀리지 않다는 것을 뼈저리게 느끼고 있다. 적어도 어린이 성문제에 관한한 『이 세상에 믿을 놈은 한 놈도 없다』고 생각한다. 그렇다고 이 땅의 남자 모두를 예비 성범죄자로 낙인찍자는 이야기는 아니다. 다만 딸을 키우는 부모들은 『믿을 놈이 없다』는 것을 전제로 첫째도 '조심' 둘째도 '조심' 셋째도 '조심'이라는 메시지를 전달하고 싶었을 뿐이다. 오늘날 대한민국에 여자어린이와 청소년의 성을 노리는 '탈인간'들이 득실거리는 현실에서 부모들이 내 딸을 지켜주지 않으면 누가 보호해줄 것인가? 국가에서도 여러 가지 제도적 보완책을 강구해나가고 있지만, 여전히 딸의 안전에 관한 최종책임은 결국 부모다. 끝으로 어른들의 무관심과 제도적 불충분으로 희생되어야만 했던 숱한 어린생명들에게 용서를 빌며, 더 이상 이 땅에 또 다른 희생자가 나오지 않기를 기도한다.

| 차 례 |

제1부

부끄럽고 잔혹한 피해의 현장

어린이의 성(性)을 탐하여 일어난 성폭행 사건은 그 종류도 다양하지만 그 잔혹성은 우리의 상상을 초월한다. 애초에 인간이기를 거부한 이들에 의하여 저질러지는 이러한 끔찍한 범죄 상황은 입에 담기조차 섬뜩하다. 가냘픈 어린 생명에게 성폭행 후 잔혹하게 죽여 불에 태우고 시신을 토막 내 분산 매몰하거나 토막 낸 시신을 산·강 후미진 곳에 버리기도 하고, 마치 쓰레기처럼 자루에 담아 후미진 곳에 방치하기도 한다. 어떤 놈은 성폭행 후 어린이가 가지고 있던 몇 푼 안 되는 돈까지 갈취 한다. 놈들은 제 욕심대로 되지 않을 경우 흉기로 위협하기도 하고 갖가지 방법으로 유인도 한다. 놈들의 욕심을 채우기 위한 흉계를 꾸미는 것은 물론이거니와 거짓으로 순진무구한 어린이의 '동정심'을 유발하는 수법을 사용하기도 한다. 자동차로 납치하여 후미진 곳으로 데려가 욕심을 채운 후 피해어린이가 전혀 모르는 곳에 내려놓기도 한다. 어린이의 성을 노리는 것은 가까이 있는 놈들일 가능성이 크다. 가까이에서 피해자와의 친분을 이용하여 범행을 저지르는 것이다. 부모들이 안심하는 때를 이용하는 것이다. 최근에는 전혀 모르는 놈에 의하여 발생되기도 한다. 딸 키우기 어려운 현실에서 우리 딸들을 안전하게 키울 수 있는 묘책은 무엇일까? 여기에 그 충격의 현장을 고발하고 안전하게 딸 키우는 방법을 찾으려 한다. 사건의 재구성은 현지경찰과의 인터뷰와 언론을 참고 했으며, 피해자나 가해자의 인권을 고려하여 경우에 따라 실명을 쓰지 않았다.

나주 초등생 납치 성폭행 사건

여자 어린이 성폭행범들의 유형은 다양하다. 평소 범행대상 가족들과 친분을 만들어 범행을 계획하는 경우도 있다. 여자 어린이에게 접근하기 쉬운 상황을 만들기 위한 일종의 전략이라고 할 수 있다. 장기간에 걸쳐 범행계획을 만들어 결정적인 기회가 오면 신속하게 치고 빠지는 전술을 구사하는 셈이다. 일차적으로 대상 어린이의 가족들과 친분을 쌓기 위해서 수단과 방법을 가리지 않는다. 음식점을 하는 가게라면 우선 단골손님이 되기도 하고 그들이 좋아하는 취미활동을 같이 하기도 한다. 그들의 속셈은 범행을 보다 치밀하게 위장하기 위해서다. 기회가 오지 않으면 며칠 몇 달을 기다리기도 하고 심지어 몇 년을 지나치기도 한다. 보다 안전하고 완벽한 범행을 위해서다. 나주에서 일어난 초등학생 납치 성폭행 후 살해 미수사건의 경우가 그렇다.

2012년 8월 29일 나주의 한 초등학교에 다니고 있던 이송이(가명, 여, 8세, 초1)는 밤 9시께 평소처럼 자신이 다니던 지역아동센터에서 공부를 마치고 귀가했다. 아빠는 안방에서 자고 있었고 엄마, 오빠, 언니는 거실에서 함께 잠을 청하고 있었다. 송이도 평소와 같이 거실에서 자게 되었다. 송이 엄마는 남편과 자녀들이 잠들게 되자 생활에 필요한 정보도 얻고 검색할 것도 있어 11시 30분경 평소 다니던 PC방에 갔다. 집에 컴퓨터가 없기 때문이었다.

PC방에는 평소알고 지내던 범인이었던 고종석이 술에 취해 있었다. 송이 엄마는 30일 새벽 2시30분 필요한 것을 검색한 후 귀가하였다. 집에 돌아와 보니 송이와 이불이 없어진 것을 확인했지만 평소에도 그런 일이 있었던 것처럼 안방에서 아빠와 같이 자고 있는 것으로 생각하고 잠이 들었다. 이튿날 아침 잠에서 깬 엄마 오현주(37세, 여)씨는 딸이 없어진 것을 발견하고 사건 발생 6시간여만인 오전 7시30분께 경찰에 실종사실을 알리는 전화를 했다. 112가 아닌 영산파출소의 전화로 신고한 것이다. 파출소에선 정확한 경위를 파악하기 위해 신고자를 진정시키고 상황을 설명해달라고 했다. 엄마 오현주씨는 집에서 가족들과 잠을 자던 딸이 이불째 사라졌다고 했다. 파출소대원들은 바로 피해자의 집으로 출동하여 상황을 파악했다. 아이의 신발은 그대로 있었고 별다른 흔적은 보이지 않았다. 또 피해자의 집은 조그만 식당을 개조한 집이라 출입문이 철로된 새시에 유리가 달린 여닫이 문으로 보안에는 취약해 보였다. 파출소에서는 납치사건으로 결론내고 나주경찰서에 긴급하게 보고하였다. 보고를 받은 나주경찰서에서는 강력사건으로 규정하고 곧바로 형사, 경찰서 타격대원, 파출소요원 등 30여명이 주변을 수색하기 시작하였다. 10시경에는 전경 2개 중대가 추가로 동원되어 수색 하였다. 이와는 별도로 주변의 CCTV 3대를 분석하는 작업도 병행했다. 그러나 별다른 단서를 발견하지 못했다. 이날은 제14호 태풍 '덴빈'이 전남 지역을 강타해 나주에는 폭우가 쏟아지고 있었다. 12시 50분 경 507전경대원 두 명이 영산대교 사거리 부근 인도에서 송이를 발견했다. 발견 당시 송이양은 비에 흠뻑 젖은 이불을 쓴 채 알몸으로 덜덜 떨고 있었다. 이불을 걷자 알몸이었고 몸에는 여기저기 피멍이 들어 있었고 좌측 뺨과 팔엔 이빨자국까지 있었다. 송이는 나주병원으로 긴급 후송되었다. 송이가 발견된 지점에서 30m 떨어진 영산대교 밑에서는 송이의 옷이 발견되었다. 원피스는 뒤집혀진 채 널브러져 있었고 팬티는 똘똘 말려있었다. 본인이 벗었다면 그렇게 벗을 리가 없는 모양

새였다. 분명 누군가가 강제로 벗기고 성폭행한 것이 틀림없었다. 나주병원에 도착한 송이는 응급치료를 받았는데 진단결과 직장파열과 특정부위가 5cm 찢어지는 성폭행을 당한 것으로 밝혀졌다. 심한 부상과 함께 정신적으로 분열증세를 보이고 있는 것으로 알려졌다. 경찰은 여형사를 병원으로 보내 해바라기 아동센타 직원과 함께 송이를 면접하도록 했다. 송이의 건강상태 때문에 최소의 질문에 그치기로 하였다. 송이는 가해자가 누군지 모른다고 했다. 나이도 모르겠다고 했다. 혹시 할아버지가 아니냐고 묻자 할아버지는 아니라고 했다. 용의자는 아래위 어두운 색깔의 옷을 입었다고 했다. 그리고 납치될 때 누구냐고 물었는데 용의자는 "삼촌이야. 괜찮아"라는 말을 했다고 했다. 경찰은 삼촌이라고 했던 점, 머리가 짧았다고 한 점, 검은색 계통의 옷을 입었던 점 등을 토대로 수사망을 좁히고 있었다. 탐문 수사도 확대되고 있었다. 송이의 동네를 중심으로 광범위하게 최근 수상한 사람의 행적을 쫓고 있었다. 그러던 중 송이의 동네 한 남성으로부터 의심이 되는 사람이 사건 당일 송이의 동네를 다녀갔다고 하는 제보가 들어왔다. 그가 이곳에 없다면 순천의 모 PC방에 있을 것이라는 제보도 들어왔다. 경찰에서는 탐문의 범위를 넓혀가는 동시에 제보된 순천의 모 PC방에 형사 5명을 파견하여 잠복시켰다. 순천의 PC 방에는 얼마 후 제보된 인상착의의 용의자가 PC방에 들어왔다. 형사들은 그의 행동을 살펴보기로 했다. 그는 인터넷으로 경찰의 수사상황을 검색하고 있었다. 범인임을 증명하는 것이었다. 형사들은 그를 용의자로 체포하였다. 범행 하루만인 이날 오후 1시25분께였다.

　수사결과 사건 당일 범인 고종석은 술이 취한 채로 나주의 모 PC방에서 게임을 하고 있었다. 그러자 이송이 엄마 오현주씨가 PC방에 들어왔다. 고종석은 평소 알고 지내던 오현주씨에게 다가갔다.

　"누나! 오랜만이네요."

"요즘 어떻게 지내요?"

"그냥저냥 지내지."

"애들은 뭐해요?"

"다들 자고 있지. 지금 시간이 몇 시인데."

"매형은요?"

"그 인간도 술이 취해서 자고 있어."

"언제 매형이랑 술 한잔 해야 하는데…"

순간 고종석은 송이의 아버지도 술에 취해 자고 있고 송이의 엄마는 PC방에 있어 범행을 하기 좋은 때가 왔다고 판단 했다. 고종석은 급히 PC방을 빠져 나왔다. 빨리 서둘러야 된다고 판단한 고종석은 송이 엄마보다 1시간17분 빠른 오전 1시13분께 송이네 집으로 갔다. 처음에 그는 딸들 중 가장 나이가 많은 13살 된 큰딸이 범행을 하기에 좋다고 생각하고 있었다. 송이네 집에 도착 하였다. '어디로 들어 갈까'로 고민하다가 평소 잠그지 않는 문을 이용 침입하는데 성공했다. 살금살금 기어 들어가 거실을 살폈다. 거실에는 입구 쪽에 송이와 여러 명의 식구들이 자고 있었다. 그러나 큰딸은 가장 안쪽에 자고 있어 납치해 오기에는 위험부담이 있을 수 있었다. 다른 식구를 깨울 수도 있었기 때문이었다. 제일 바깥쪽에서 자고 있는 송이를 데려 나오기로 하였다. 고종석은 문을 열고 들어가 송이를 이불 째로 싸서 집밖으로 나왔다. 아무도 깨지 않았다. 이불 째로 싸여 온 송이는 잠에서 깼다. 송이는 "누구세요?"라고 물었다. 고종석은 "삼촌이야. 괜찮아"라면서 송이를 달랬다. 고종석은 송이를 성폭행하기에 좋은 장소가 얼른 떠오르지 않았다. 송이를 안고 가면서 "그렇지! 거기가 좋겠다"고 송이의 집에서 300m여 떨어진 영산대교 밑을 생각해 냈다. 재빠르게 영산대교 밑으로 향했다. 교각 사이 둔치 쪽에 이불에 싸여있는 송이를 내려 놓았다. 욕망의 최고봉에 다다른 고종석은 급하게 송이의 옷을 벗기기 시작했다. "살려줘 삼촌, 왜이래 삼촌"하면서 울부짖었다. 비명소리에 놀란 범인은 송이의 입을 틀어 막았다. "조용히 해! 죽기 전에…" 송이의 입을 틀어 막으면서 짐승 같은 욕망을 채우는데 매달렸다. 아픔의 송이 신음소리가 간간이 허공에 맴돌았다. 한참동안의 고종석의 몸부림이 끝나고 사방은 다시 조용해졌다. 밀려오고 있는 태풍 14호 덴빈의 전야였기 때문이었던가? 고종석은 잠시 망설였다. 이미 자신을 삼촌이라고 밝혔고 "삼촌! 살려 달라"고 애원하였던 송이였다. 어둠속에서도 송이의 초롱초롱한 눈망울은 고종석의 눈을 똑바로 응시 했었다. 욕심을 채운 고종석은 범행이 탄로 날 것이 두려웠다. 면식범! 송이를 죽이기로 했다. 송이의 목을 조르기 시작했다. 발버둥 치던 송이가 실신하여 까무러쳤다. 송이의 몸은 축 늘어졌고 숨소리도 멎은듯했다. 고종석은 송이가 죽은 것으로 판단해 송이를 현장에 방치한 채 달아 났다. 범행 뒤 도피자금을 마련하기 위해 범행현장에서 400m 떨어진 슈퍼마켓에 침입해 현금 20만 원과 담배 3보루도 훔쳤다. 새벽 세시쯤 되었을까 범인 고종석은 인근 찜질방으로 들어가 목욕을 하고 잠을 청했다. 잠에서 깬 범인은 일단 나주를 떠나기로 했다. 경찰의 수사가 시작되었을 것이라고 판단했기 때문이다. 시내버스를 타고 광주로 이동했다. 광주도 불안하기는 마찬가지였다. 순천이 좋겠다고 생각했다. 다시 버스를 타고 순천에 도착했다. 범인 고종석은 배가 고팠다. 자주 가는 PC방 근처의 식당에서 점심을 먹었다. 점심을 먹은 후 여 느 때와 마찬가지로 PC방으로 들어갔다. 형사 다섯 명이 이미 기다리고 있는 것도 모르면서….고종석은 경찰의 수사상황이 궁금해졌다. 자신의 범행과 관련한 기사를 검색하다가 경찰에 체포되었다. 고종석은 수갑을 채우려는 형사들에 반항하였다. "생사람 잡는다. 생사람 잡아!"하면서… 범행 일체를 부인하였다. 형사들이 "송이는 죽지 않았다. 삼촌의 머리가 짧았다고 하더라"고 말하자 고종석의 입이 갑자기 닫혔다. 송이를 분명히 죽였는데… "송이가 살아있다"는 형사들의 말에 고종석은 더 놀랐다. 순천에서 나주경찰서로 압송되는 동안 고종석은 "술 때문에 그랬다. 잘못했다"고 하며 범행을 순순히 털어 놨다. 경찰은 고종석의 검거 당시 입고 있던 팬티에 묻은 핏자국에 대한 DNA 분석결과 송이의 것이라는 사실을 확인하여 범인임을 확정했다.

고종석은 전형적인 아동성폭행범의 판박이었다. 초범이라고 하지만 이미 잠재적인 범죄 가능성은 누구보다 컸다고 보여 진다. 더구나 피해자를 죽이려 했었다는 점에서 잔인성이 극에 달한다. 오래전부터 계획되었던 점으로 미루어 그렇다. 길게는 1년 이상의 계획을 가지고 있었을 것으로 추정된다. 범행 지역에서 5년 전에 반년 정도 살았던 점, 나주에 오면 피해자의 집 부근 PC방과 피해자의 부모가 운영하던 분식집을 자주 드나든 점, 피해자의 어머니를 "누나"라 불렀던 점, 평소 잠그지 않는 문을 열고 들어간 점 등이 이를 뒷받침하고 있다. 실제로 고종석은 1년 전 영업이 부진해 문을 닫은 송이양 부모의 분식집을 찾았다. 이 과정에서 송이의 가족이 바로 인근 식당으로 거처를 옮긴 사실을 알아낸 그는 일부러 송이의 부모를 찾아 인사를 나누는 등 친근하게 접근한 것으로 알려졌다. 평소 "어린이 음란물을 즐겨보며 자신도 어린 여자와 성행위를 해보고 싶다는 생각을 했던 고종석이 의도적으로 갔을 것"이라고 분석된다. 고종석은 다른 어린이 성폭행범들과 같이 어린이 관련 포르노물에 심취해있었음도 밝혀졌다. 범인 고종석은 경찰진술에서 "일본 아동 음란물을 즐겨보았는데 나도 여자어린이와 성행위를 하고 싶었다"고 말했다고 한다. "첫째 딸을 노렸지만 셋째 딸은 입구에서 멀리 떨어져 있어 거실 입구 쪽에서 자고 있던 막내딸을 데리고 나왔다"고 하나 신빙성은 없어 보인다. 13살의 언니는 몸무게가 막내딸과 비교가 안 된다. 술을 마시고 범행을 했다는 부분도 신빙성이 없다. 아마 조두순효과라고 보여진다. 술 먹고 범행을 하면 감형된다는 것을 언론을 통하여 알았을 것으로 추측된다. 고종석의 아버지는 31일 아들의 범행소식을 듣고 "도저히 믿기지 않는다, 어떻게 그런 일을…"말을 잇지 못했다. 모든 어린이 성폭행범들이 그러하듯 정상적이지 못한 어린 시절을 보낸 것에서 원인을 찾아볼 수 있다. 고종석의 경우도 마찬가지다. 고종석은 완도의 어촌 마을에서 공부에 큰 흥미를 붙이지 못해 중학교 2학년 때 중퇴하여 정규교육을 받지 못했다. 학업에 흥미가 없어 중퇴하였다고 한다. 이는 친구들과의 관계가 원만하지 못했다는 것을 의미한다. 그것은 열등감으로 이어져 좌절감과 목표상실감으로 연결되었다고 할 수 있다. 평소 범인은 말 수가 적었다고 하는데 이는 열등감에 의해 자연적으로 타인들과의 원만한 사회생활이 불가능 했다는 것을 의미한다. 고종석은 손버릇도 좋지 않았다. 마을의 금고도 훔쳐 마을에서 쫓겨난 것으로 밝혀졌는데 정상적인 사회생활의 불가능은 잠재적인 범죄행위를 표출할 수밖에 없는 토양이 만들어 진 것이나 다름 없다. 고종석의 한 친구는 "고종석이 삐뚤어지기 시작한 것은 7세 무렵인 1996년 아버지가 재혼하면서부터다"라고 말한다. 그는 종석이가 "새엄마가 밥 많이 먹는다고 밥상을 발로 찼다. 학교 갈 차비도 안 준다. 새어머니와 의붓누나가 잠자는 고종석을 발로 차며 폭행해 고막이 파열된 적도 있다"고 들었다고 증언한다. 고종석의 잔인성은 새엄마와 의붓누나에 대한 보복 심리에서 성장해 왔을 것으로 분석되고 있다. 고종석에 대한 구형공판이 열렸다. 검찰은 "고 씨의 범행은 피해 어린이는 물론 가족 구성원들의 삶까지 송두리째 빼앗는 등 한 생명을 빼앗은 범죄 못지않은 범죄를 저질렀다. 피해 어린이는 아직도 비가 오면 두려움에 떨고 우울증에 빠지는 등 가족 전체가 회복하기 어려울 정도의 막대한 피해를 입고 있다"며 사형을 구형했다. 구형공판정에서 송이의 엄마는 흐느끼는 목소리로 송이의 편지를 읽었다. "판사 아저씨, 나를 죽이려 했던 아저씨를 많이 혼내주셔야 해요. 그 아저씨가 또 나와서 나를 또 데리고 갈까 봐 무서워요. 다시 데리고 가지 않게 많이 혼내주세요"라는 편지였다. 송이 엄마는 "딸은 지금 새 학기를 앞두고 학교에 가기 싫어 한다"며 송이는 "엄마 뱃속으로 들어

가면 난 더 이상 실패는 안하겠지?" 이런 말을 한다고 했다. "그 말 듣는데 정말 억장이 무너져요"송이의 엄마도 극형에 처해 줄 것을 요구했다. 송이의 "엄마 뱃속으로 들어가면 난 더 이상 실패는 안하겠지?"라는 말에 어른으로서 부끄러워진다. 엄마의 뱃속으로 다시 들어가야 안전하겠다는 말일 것이다. 그리고 다시 태어나 이런 황당한 일은 겪지 않을 것이란 소망을 담은 말일 것이다. 송이를 지켜주지 못한 대한민국의 모두에게 던지는 송이의 울부짖음이다. 재판부는 고종석에게 무기징역과 함께 신상정보 공개와 고지, 전자발찌 부착 30년, 성충동 약물치료 5년을 선고했다. 성충동 약물치료는 화학적 거세로 국내에서 처음으로 시행되게 되었다. "고종석이 계획적이고 치밀하게 범행했고 변태적이고 가학적인 행위도 서슴지 않았다. 범행 이전부터 성도착증세는 물론 반사회적 인격장애를 보여 온 점을 고려할 때 복역 도중 성도착증세가 완화되길 기대하기 어렵기 때문에 약물치료가 필요하다고 판단한 원심은 정당하다"고 이같이 판시했다.

용산여아 살해사건

여자아이의 성(性)을 노리는 인간의 탈을 쓴 '하이에나'는 어둡고 후미진 곳에 있는 것만이 아니다. 밤과 낮의 구분이 없고 주택가나 상가에도 있고 '섬'이나 '바다'에도 있다. 말하자면 조선팔도에 여자 어린이가 안전한 곳은 없다. 이들은 비겁하게 힘없고 연약한 여자어린이를 욕망대상으로 찾는다. 범행대상을 포착하기 위하여 며칠이고 어린 여자어린이의 주변을 서성이며 추악한 '욕망의 시선'을 번뜩인다. 일단 욕망의 대상인 '여자어린이'가 포착되면 은밀한 관찰과 범행의 리허설에 들어간다. 그들의 추악한 욕망을 채우기 위해 다양한 방법과 수단을 얻어내기 위해서다. 여자어린이의 친구를 통하여 대상 어린이의 이름도 알아내고 좋아하는 음식, 잘 드나드는 상점 등도 확인한다. 부모와 동행안하는 어린이를 파악하기도 하고 다양한 방법으로 환심을 얻어내며 범행착수 장애물의 유무를 확인한다. 범행 후 증거물의 완벽한 은폐를 위해서다. 2007년 2월 17일 서울 용산에서 일어났던 여자어린이 살해사건이 그런 경우이다.

　　용산 주택가 골목에서 신발가게를 운영하고 있던 김지한(가명, 당시53세, 전과3범)은 인간의 탈을 썼으나 인간이기를 거부한 인간 '하이에나'와 같은 존재였다. 그는 끔찍한 범행을 하기 5개월 전에도 다섯 살 여자아이를 성폭행혐의로 기소되어 집행유예를 받은 바 있는 여자어린이 성폭행전과자이자 여자어린이 성폭행전문가였다. 그는 형(刑)집행유예 기간 중이었지만 또 다른 범행을 준비하기 위하여 '하이에나'처럼 추악한 욕망의 시선을 놓지 않았다. 가게 앞 의자에 앉아 범행대상을 찾고 있었는데 주로 같은 동네에 살고 있는 여자어린이들이 대상자들이었다. 그러던 어느 날 김지한의 추악한 욕망을 채워 줄 범행대상자를 찾아냈다. 같은 동네에 살고 있는 귀엽고 명랑한 허지은(가명, 11세, 초등학교 5학년)양이었다. 김지한은 '지은'이에 대하여 지속적으로 관심을 갖기 시작했다. 집이 어디인지 부모는 누구인지도 알아냈다. 지은이의 친구를 통하여 이름도 알아 냈다. 지은이가 호빵과 유명메이커 운동화를 좋아하는 것도 확인했다. 언제 이 골목에 주로 나타나며 무엇을 위하여 이 골목에 나타나는지도 확인했다. 범행을 실행에 옮기기 위한 기초자료의 수집이 끝난 셈이다. 지은이는 학교공부도 잘했다. 훌륭한 사람이 되어 부모님께 효도하겠다고 하는 똑똑한 어린이었다. 마음씨가 착했던 지은이는 부모님의 심부름을 곧잘 하였다. 지은이의 부모는 비디오를 자주 보았기 때문에 비디오 가게에 자주 들리는 편이었다. 욕망의 대상을 '허지은'으로 낙점한 김지한은 범행일을 2006년 2월 17일 저녁7시로 정했다. 어둠이 깔린 겨울 초저녁은 범행을 하기에 아주 좋았다. 이날은 맑았으며 아침기온은 영하 9도일 정도로 쌀쌀하였다. 가로등과 상점의 네온사인이 밝혀지고 날씨가 쌀쌀한 탓인지 거리는 여느 때보다 한산하였다. 도회의 변태성욕자 '하이에나'가 노리는 줄은 까마득히 모르는 채 지은이는 여느 때와 같이 동네 상가에 들려 비디오테이프를 반납하고 집으로 가는 길이었다. 김지한이 절호의 찬스를 놓칠 리 없었다. "지은아, 호빵이나 하나 먹으면서 신발구경 하지 않겠니?" 하면서 지은이를 신발가게 안으로 유인하였다. 마음이 착한 천사 지은이는 김지한의 흉악한 범행의도를 모르는 채 "아저씨 이 신발은 얼마예요?" 하면서 가게 안으로 들어가고 말았다. 범인 김지한은 우선 방금 사다놓은 호빵을 지은이에게 건네면서 "말만 잘하면 공짜지"라고 대꾸 하였다. 지은이가 "고마워요"라는 말과 함께 호빵을 한 입 물었다. 술에 취해있던 김지한은 욕정이 발동했다. 지은이를 뒤에서 껴안았다. 깜짝 놀란 지은이는 먹던 호빵을 옆의 상자위에 올려놓고 김지한을 밀쳐냈다. 잠시 물러났던 김지한이 지은이를 놔둘 리 만무했다. 상점의 전등을 우선 껐다. 뒤이어 지은이의 입을 막고 끌어 방으로 들어갔다. "소리를 지르면 죽여 버리겠다"면서 이번에는 칼로 위협 했다. 그래도 지은이의 반항은 계속되었다. 입에 테잎이 붙여지고 손발도 결박되었다. 하이에나의 욕정은 끝부분에 와 있었다. 울부짖음이 계속 되었다. 발버둥치는 지은이의 반항은 얼마간 계속되었다. 가끔 울부짖음이 길에도 들릴 정도였다. 외부의 발각이 두려웠던 김지한은 끝내 칼을 들고 말았다. 한바탕의 소란이 끝나고 지은이의 체온도 식어가고 있었다. 순식간에 저질러진 일이었다. 김지한은 겁이 났다. 성폭행하려다가 살인까지 저지렀으니…. 시신을 어떻게 처리할지를 고민하였다. 아들에게 전화를 걸어 범행사실을 알렸다. 오후8시경 아들이 가게로 왔다. 아버지와 아들은 말다툼이 시작되었다. "왜 죽이기까지 하느냐?"한참 말다툼을 하던 부자는 가게에서 쓰던 프라스틱 통에 넣고 이를 다시 박스에 넣어 이중 포장하기로 했다.

동네 주유소서 휘발유 한통을 구입했다. 지은이의 시신은 인적이 드문 곳에 가서 불에 태워 흔적을 없애기로 했다. 이들은 택시를 불러 이날 밤 12시쯤 허양의 시신이 든 박스를 택시 트렁크에 실었다. 부자는 뒷좌석에 탔다. 처음에는 정능의 야산으로 갔다. 그러나 그 시간에도 오가는 사람이 많아 처리하지 못했다. 다시 포천으로 향했다. 군내면 용정리는 몇 번 놀러 갔던 적이 있어 지리감이 있었다. 동네와 떨어져 있어 한적한 농기계창고 앞에 내렸다. 김지한 부자는 트렁크에서 지은이의 시체박스를 꺼냈다. 재빠르게 시체를 옮겼다. 용정리 농기계 창고 옆의 농로 옆 밭에 시신을 놓고 나뭇가지와 지푸라기 등을 모아 시체아래와 시체위에 놓았다. 그 위에 휘발유를 붓고 나이타로 불을 붙였다. 아무리 휘발유를 붓더라도 시신이 잘 소각될 리 없었다. 두 부자는 시신이 잘 타지 않자 태운 자리를 흙으로 덮었다. 그리고 그 위에 지푸라기 등으로 감쪽같이 은폐시키는 치밀함도 보였다. 시신을 불에 태웠다는 것은 무엇을 말하고 있는가? 바로 성폭행을 하지 않았다는 것과 시신을 없애 사건을 영원히 덮으려 한 것이다.

사건발생 후 용산경찰서는 수사본부를 설치하고 수사에 착수하였다. 여러 가지 가능성을 두고 광범위하게 수사하던 중 같은 동네에서 동종·동일 형태의 전과자를 찾아내는데 성공하였다. 경찰은 김지한을 허지은양의 살해용의자로 지목하였다. 김지한에 대한 끈질긴 감시와 방증의 수집으로 김지한이 범인임을 확인하여 체포했다. 김지한은 재판과정에서 허지은양을 유인할 때 지은이가 좋아하는 '신발'로 유인했다고 했다고 진술하고 있으나 사건을 수사한 담당형사는 '호빵'으로 허양을 유인했다고 확신하고 있었는데 그 이유는 사건 발생 후 형사가 처음 찾아간 날, 신발가게에는 작은 입으로 한 입 베어 문 듯 한 호빵이 하나 놓여 있었던 것을 보았기 때문이다. "웬 호빵이냐?"고 묻는 형사에게 "아무것도 아니다"라며 김지한은 서둘러 호빵을 먹어버렸다. 왜 호빵을 갑자기 먹어치웠는지 영문을 모르던 형사는 사건의 전모가 밝혀진 나중에서야 범행에 사용되었던 증거물을 없애기 위한 행동임을 알게 되었다. 그러나 그 후 호빵으로 유인했다는 경찰의 수사결과를 애써 부인하면서 "지은이가 좋아하는 신발로 유인했다"고 주장하였다. 이는 김지한의 계획범죄가 아니고 우발적인 범죄임을 변명하기 위한 허위진술로 보여 진다. '신발'은 자기가 운영하는 신발가게에 별도의 준비 없이 지천으로 널려있는 것이고 '호빵'은 지은이를 범행대상으로 삼아 별도로 준비했을 것이기 때문이다. 지은이가 좋아하던 군것질거리였다면 김지한이 지은이를 성폭행 하기위해 오랫동안 계획하고 지은이에게 친절하게 관심을 보이며 눈독을 들여왔으며 지은이를 유인하기 위하여 '호빵'을 미리 준비했다는 추측이 가능하다. 호빵을 자주 사먹는 것을 목격했고 호빵으로 유인하는 것이 효과적이라는 것을 이미 알고 있었을 가능성이 크다. 김지한은 지은이가 소리치고 반항하여 칼로 찔러 죽였을 뿐 성폭행은 하지 않았다고 주장하고 있지만 그것은 새빨간 거짓말이다. 대부분의 여자어린이 성폭행범의 경우 성폭행은 하지 않았다는 것을 강조하지만 대부분의 경우 정액반응이 나오게 된다. 김지한도 그랬을 것이다. 그러나 김지한은 시신을 소훼했음으로 정액반응여부를 확인할 방법이 없어진 것이다. 분명히 김지한은 잔인한 방법으로 성폭행했을 것으로 추측할 수 있다. 그놈은 며칠을 두고 성폭행을 하려고 공을 들여 왔는데 그냥 둘 리가 있었겠는가? 여죄도 있을 것으로 추정되지만 더 밝혀 내지는 못했다. 계획범죄와 우발범죄는 법원에서 형의 감경요인으로 작용한다는 것을 김지한은 알고 있었던 것이다. 아니나 다를까 법원은 "다만 치밀하게 범행을 계획한 것이 아니고 형사처벌을 받을 것이 두려워 우발적으로 범행한 점, 체포 후 깊이 반성하고 있는 점 등에 비춰 유족에게 참회하고 자신을 돌아볼 시간을 갖도록 무기징역을 선고한다"고 판결하는 관용을 베풀었다. 이에 대해 피해자 허양의 부모와 시민단체 회원 3~4명은 법정 내 방청석에서 일어나 재판부를 향해 "무기징역이 말이 되느냐"며 강력히 항의해 10여 분간 재판이 휴정되기도 했다. 허양의 부모는 "눈에 넣어도 아프지 않은 딸아이를 무참히 살해하고 시신까지 불태웠는데 무기징역이라니 억장이 무너진다. 다시는 이런 일이 발생하지 않도록 반드시 사형해야 한다"고 강하게 반발했다. 아직 다 피지 못한 어린생명을 무참하게 죽여 놓고도 반성은커녕 오히려 본인의 형사 처분이 두려워 '계획적인 범행'이 아니라고 하면서 형(刑)이라도 적게 받으려는 그의 교활한 허위진술은 가증스럽기까지 하다. 김지한은 어린이의 성폭행사건으로 몇 번이나 법정에 섰기 때문에 우발적인 범행이라는 것을 일관되게 주장하여 경찰의 수사결과를 부인했던 것으로 보이고 법원은 범인의 주장을 받아들인 것으로 보이는 사건이다.

지은이를 졸지에 잃은 아버지의 말이다. "평소 저도 그 가게에 신발을 사러 가곤 했습니다. … 나중에 성추행 전과자라는 이야기를 듣고 나니 정말 말문이 막히더군요. 성추행 전력이 있는, 그것도 집행 유예 상태인 전과자가 버젓이 어린이가 살 수 있는 제품을 팔고, 어린이가 많이 다니는 거리에서 장사하고 있었습니다. 아이가 실종됐을 때 이런 결과는 상상도 못했습니다. 이런 상황에서 어떤 부모가 자기 자식을 제대로 보호할 수 있겠습니까? 그 동안 도대체 성 범죄에 대한 관리가 안 되는 나라에서 살아왔다는 생각이 듭니다. 그런 성 범죄자를 풀어준 사법기관이 과연 11세 아이가 50대 남자에게 협박당하며 가졌을 두려움과 공포를 제대로 이해해줄 수 있을지 의문입니다. 우리부부 사이에 단 하나뿐인 자식을 이렇게 참혹하게 잃은 슬픔을 어떻게 말로 할 수 있겠습니까. 하지만 이제라도 수많은 어린이들이 안심하고 커갈 수 있는 체계가 우리 사회에 정립돼야 합니다. 부디 우리 딸을 생각해서라도, 부디 그 아이의 죽음이 값진 희생이 될 수 있도록, 관계 기관에서 제대로 된 재발 방지 노력들을 해주기 바랍니다. 다시는 이런 일이 안 일어나게 해

주세요. 이번 사건 범인에 대해서도 재발 방지 차원에서라도 엄정한 법 집행이 이루어져야 한다고 생각합니다. 짧은 인생이었지만 너무나 착하게 살아준 아이였기 때문에 (우리부부) 딸로서 살아준 것이 고맙습니다. 이제 제 아내랑 저랑 그 아이를 가슴 속에 간직하며 살아가려고 합니다. 그런데… 집에서 마주치는 그 아이의 빈자리 때문에… 아마 마음이 평…생… 아플 것 같아…요."

　김지한의 어린이에 대한 성범죄 가능성은 여러 징후로 나타나기도 하였는데 특히 술만 마시면 길가는 행인들을 껴안는다든가, 가게 안에서 여자 손님들에게 이상한 이야기를 하면서 포옹하거나 엉덩이를 만지는 일들이 비일비재 하였다고 한다. 술에 취하면 난동을 부리기도 하였고 '카세트테이프'를 크게 틀어 놓는가 하면 구두 수선 칼로 행인들을 위협하기도 하는 등 행실이 좋지 않았다고 한다. 그의 행실이 나쁘기는 하지만 사람까지 '죽일 놈'으로는 생각하지 않았다고 한다. 2005년 7월 다섯 살짜리 여자아이 두 명을 자신의 가게로 유인해 그 중 한 명의 치마를 들치고 성기를 만지는 등의 성추행 한 사건을 저질렀다. 그놈은 여자아이 엄마가 경찰에 신고한다고 하면 "아이가 너무 예뻐서 만졌다. 별 일 아니다. 10만원으로 합의를 보자"는 등으로 부모를 농락하며 괴롭히고 "합의를 안 해준다고 내가 벌 받을 줄 아느냐?"며 큰소리를 쳤다고 한다. 그의 말대로 김지한은 공탁금 2백만 원을 걸었고 징역 1년, 집행유예 2년을 선고받고 풀려났다. 동네사람들도 "쉰 살이 넘는 놈이 다섯 살짜리에게 무슨 나쁜 짓을 하랴"라며 지나갔다고 한다. 이렇게 법원의 관대한 처분과 동네사람들의 너그러운 관용들은 김지한을 더 추악한 '인간 하이에나'로 만드는 계기가 된다. 법원에서 잇따른 온정주의 처분과 동네사람들의 '관대한 이해'는 김지한을 반성하지 못하는 인간으로 만들게 되었다. 어린이 성추행을 여러 번 자행하고 법원에 들락거리는 동안 김지한은 어느 새 법관에 버금가는 전문가로 변해 있었다. 돈 몇 푼으로 공탁금도 걸 줄도 알았고 감형요건이 무엇인지도 알게 되었다. 추행한 피해 어린이의 불확실한 증언을 유도하는 등의 잔꾀도 부릴 줄 알게 되었다. 불구속시는 물론이고 재판이 끝나면 보란 듯이 가게 문을 다시 열어 영업을 하였다. 오히려 피해어린이의 부모에게 합의를 해주지 않는다고 욕과 협박을 일삼았다. 그런 일이 반복되자 거꾸로 피해 어린이 부모는 어린 딸을 데리고 그 동네를 떠났다고 한다. 김지한이 성폭행 범으로 기소되어 벌금이나 집행유예가 아니라, 치료감호처분 같은 사회와 격리할 수 있는 조치만 취하였더라도 지은이의 희생은 막을 수 있었을 것 아닌가? 사건을 맡았던 한 경찰은 "목숨을 걸고 범인을 검거하였으나 집행유예 등으로 풀려나오는 범인들을 보면, 허탈한 생각이 든다. 사건이 발생했을 당시에 이미 용의선상에 올라 있을 정도의 어린이 성폭행의 전력이 있었는데 법원의 솜방망이 처벌은 계속되었다. 법원의 끈질긴 관용은 제2, 3범행이 예고된 것이나 다름 없었다. 피해자가 법관의 딸이나 가족 같았으면 그런 판결을 내렸겠느냐?"고 흥분하였다. 어린이 성폭행 범은 고도의 지능범이다. 재판과정에서 어린이의 신체적 약점과 성에 대한 무지를 최대한 활용하여 무죄를 강변한다. "귀여워서 그랬다. 귀여워서 만져보고 싶었을 뿐이다. 술에 취해 기억하지 못한다. 넘어지려해 도움을 주었을 뿐이다. 어떤 사람이 유괴하려 하기 때문에 잠시 피신 시켰다"등의 변명으로 일관한다. 법관으로 하여금 중형의 심증을 갖지 못하도록 하기 위한 술책이다. 법관도 범인의 지능적인 변명에 깜빡 속아 넘어갈 수는 있다. 그래도 두번 세 번의 상습범에게조차 관대한 처분을 하는 것은 도저히 이해가지 않는 일이다. 김지한의 경우도 법원의 관대한 처벌이 더 큰 성범죄자로 키운 꼴이 되었다. 허지은의 희생은 어른들의 잘못 때문이라고 아니할 수 없는 부분이다. 김지한에게는 원심대로 무기징역이 선고 되었고 아들에겐 징역 3년이 선고되었다. "술을 먹었다"·"우발적이었다"·"초범이다"등의 이유로 벌금

이나 집행유예 등으로 처벌되는 한 대한민국의 여자어린이 성폭행은 계속될
것이다.

제주 서귀포 여자어린이 살해사건

　여자 어린의의 성(性)을 노리는 인간 '하이에나'들은 도회에만 있는 것이
아니다. 한적한 시골마을에도 있고 도회를 벗어난 교외에도 있다. 도시에서
는 복잡하고 아무도 관심을 갖지 않고 있는 것을 이용하고, 후미지고 외진 곳
에서는 목격자들이 없고 범죄를 은닉하기 쉬운 점을 이용한다. 성폭행범들
은 여자어린이를 마치 '무주물'이나 '장난감·애완동물'처럼 생각한다. 그들
은 자신의 '짐승'같은 성욕을 채우기 위해 수단과 방법을 가리지 않는다. 마
치 '하이에나'가 먹잇감이 생기면 하이네나 떼들처럼 달려들어 굶주린 배를
채우는 것과 같다. 범행대상자가 포착되면 그를 포획·유인하기위하여 거짓
말이나 어리벙벙한 위장전술도 서슴지 않는다. 아이들의 감성을 자극하거
나 아이들이 가지고 있는 착한 심성에 호소하기도 한다. 때로는 그들의 자존
심까지도 팽개쳐버리기도 한다. 욕망을 달성하기 위해서는 수단과 방법을
가리지 않는다. 아이들을 유인하는 수단·방법은 수도 없이 많고 시대에 따
라 진화되기도 한다. 범인들의 나이도 10대에서 70대까지 다양하다. 이러한
성범죄자들은 우리나라에만 있는 것이 아니다. 전 세계 어느 나라에나 존재
한다. 다른 나라에서는 사건이 발생하면 곧 바로 재발방지책이 세워지지만,
우리나라는 어린이 성폭행범이 발생하였을 때 모두들 관심을 갖다가도 얼마
가 지나면 남의 일이 되고 마는 것이 다르다. 성범죄를 개인의 불행으로 여겨
사회적 안전망을 만드는데 소극적인 것이 우리의 현실이다. 그리하여 제2,
제3의 어린이 성폭행사건이 반복되고 있는 것이다.

2007년 3월 16일 5시 경 제주도 서귀포시 서홍동에서 일어난 양은지(가명, 9세, 초등학교3년)어린이 살해사건도 반복된 형태의 성폭행범에 의하여 일어났다. 그는 이미 여러 번의 어린이 성폭행범이었지만 국가의 어느 기관에서도 관리하지 않았고 사회에서 격리되지 못했다. 양은지 어린이 사건은 파렴치하고 비열한 방법으로 어린이를 유괴하여 성폭행 후 무참하게 살해한 사건의 하나이다. 범인 송재천(가명, 49세, 전과23범)은 경찰의 수사망을 피해 2년 전부터 감귤 밭 관리인으로 감귤 밭 농막의 임시거처(1.5평)에서 혼자 생활하고 있었다. 그의 다양한 전과가 말해 주고 있듯 송재천은 말하자면 전천후의 걸어 다니는 인간폭탄이었다. 언제 터질지도 모르는 시한폭탄이나 마찬 가지였다. 인간폭탄이자 시한폭탄인 그가 제주의 땅에 발을 딛는 시점부터 끔찍한 범죄의 시계는 카운트다운 되기 시작했던 것이다. 송재천은 강도사건의 용의자로 수배되어 경찰의 추적을 피하기 위하여 제주로 왔고, 경찰의 눈을 피하기엔 감귤 밭의 관리인이 최고였다. 그 는 이렇게 경찰의 눈을 피해 2년 동안 은둔생활을 해오면서도 한편으로는 모자를 깊게 눌러쓰고 고물행상을 해오던 터였다. 밤에는 낡은 TV를 보는 것이 유일한 낙이었다. 아무도 송재천을 의심하거나 범죄자였다는 것을 아는 사람은 없었다. 외롭고 쓸쓸한 제주의 생활에 지루함과 고독이 밀려드는 날이 많았다.인간폭탄에게 범행의 그림자가 서서히 다가오기 시작하였다. 그러던 어느 날 송재천은 감귤 밭 가까운 도로에서 학원버스를 내려 집으로 향하던 '은지'를 발견하게 된다. 은지를 발견한 송재천은 "아! 그렇지"하고 무릎을 쳤다. 이것이 은지에게는 돌이킬 수 없는 악연으로, 범인 송재천에게는 성에 굶주린 '하이에나'가 되는 순간이었다. 은지를 범행대상으로 지목한 송재천은 며칠간 범행의 수단과 방법을 강구하기 위하여 우선 기초자료를 수집하기로 하였다. 며칠 동안 송재천은 은지와 식구들의 집안 출입을 관찰하기 시작하였다. 송재천은 은지가 매일 5시경이면 피아노 교습차량을 이용하여 귀가한다는 사실, 은지

아버지 어머니가 맞벌이한다는 사실, 부모들은 저녁 늦게야 귀가한다는 사실 등도 알아냈다. 부모들이 저녁 늦게 귀가하기 때문에 은지는 집에서 혼자 있게 된다는 것도 파악했다. 이것만으로도 범행을 착수하는데 충분한 정보였다. 사악하고 주도면밀한 송재천은 어떻게 은지를 자신의 은거지로 유인해야 하는 가로 고민하기 시작하였다. 범행을 실행하기 위해서는 은지를 자신이 마음대로 할 수 있는 곳 까지 데려와야 하기 때문이다. '귤을 주겠다'고 할까, 아니면 '선물을 주겠다'고 할까 고민하다가 '글씨를 모르는 것'으로 하여 유인하기로 마음먹었다. 수면제를 먹여 완전범죄로 위장하기 위해 수면제도 준비했다. '은지가 학원 버스에서 내리면 은지가 귀가하는 길목에서 기다린다. 그리고 글 쓰는 것을 가르쳐 달라고 하여 은지를 은닉장소까지 데리고 온다. 그리고 난 다음에… ' 이런 도상연습을 끝내고 2007년 3월 16일을 범행일로 정했다. 이날 서귀포의 날씨는 맑고 한낮 최고 기온이 17도로 포근했다. 이날 꼬마천사 은지는 모자가 달린 갈색 상·하의 운동복과 검은색 신발과 네모난 안경을 쓰고 있었다. 송재천은 피아노학원차량에서 내려 집으로 향하는 은지에게 다가섰다. "나는 글을 모른다. 글쓰는 걸 가르쳐 주겠니? 편지 좀 써 달라"며 말을 건넸다. 갑작스런 송재천의 등장에 은지는 당황스러웠다. 어른이 글을 가르쳐 달라는 말도 이상했다. 그러나 전에도 이웃의 할아버지와 할머니들이 글을 모른다는 말을 들어왔기 때문에 이 아저씨도 그들 중 한 사람쯤으로 생각하고 금세 마음을 놓았다. 은지는 속으로 "얼마나 가난했으면 학교도 다니지 못했을까? 불쌍한 아저씨에게 글 쓰는 것을 가르쳐 드리자"라고 생각하면서 아무런 의심 없이 범인 송재천을 따라 갔다. 자신의 농막까지 어려움 없이 유인에 성공한 송재천은 이제 자신의 욕심을 채우는 일만 남았다. 그날의 사건을 재구성 해보자. 송재천은 미리 준비해 놓았던 수면제 5알을 음료수에 넣어 녹인 후 "글을 가르쳐 주기위해 여기까지 와 고맙다. 음료수나 마시면서 하자"며 음료수를 권했다. 경계심을 푼 은지는 아무런 의심없이 음료수를 마셨다. 글씨를 가르치던 은지는 그만 잠이 들고 말았다. 범인이 의도한 대로였다. 송재천의 짐승과 같은 욕심을 채운 후 은지가 잠에서 깨어났다. 온 몸에 통증이 느껴졌고 은지는 이웃집 불쌍한 아저씨가 아니라 흉악범이었다는 것을 알아챘다. 벌써 밤이 되었다. 사방이 고요했다. 은지는 도망가려 했다. 범인은 은지를 붙잡았다. 확인할 것이 있기 때문이었다. "은지야 너 여기가 어딘지 아니?" 송재천이 물었다. "알아요"라는 은지의 답변에 범인은 놀랐다. "아저씨의 얼굴도 알아요"라는 말에 더 놀랐다. 은지를 살해하기로 마음을 먹는다. 전과23범에다 또 다른 범죄로 경찰의 추적을 받고 있는데 이런 끔찍한 범죄를 또 저질렀으니… 이번에 감옥에 가면 죽을 때까지 세상 구경을 못할 것 같았다. 은지에게 또 한 번의 몹쓸 짓을 시도 하였다. 당연히 은지는 반항했다. 그러나 이미 송재천의 손은 은지의 목을 누르고 있었다. 얼마의 시간이 흐른 뒤 은지의 체온은 점점 식어가고 있었다. 모진 폭풍우가 모든 것을 휩쓸고 지나간듯한 감귤 밭에는 정적이 찾아왔다. 새벽 5시가 되었다. 은지의 시신을 어떻게 처리 할까를 고민하던 범인은 검은색 비닐자루와 마대자루를 준비했다. 비닐자루는 냄새가 외부로 새어나가지 못하도록 하기 위해서였다. 냄새가 새나가면 경찰과 경찰견 등에 빠르게 발각될 위험성을 안 범인의 판단이었다. 1차로 검은 비닐자루에 담아 꼭꼭 묶고 2차로 마대자루에 담았다. 어디에 버릴까 생각하다가 과수원 관리사 담장 옆 폐가전더미사이에 버렸다.

은지의 귀가를 기다리던 아빠와 엄마는 늦은 시간이 되어도 귀가하지 않자 경찰에 신고했다. 신고를 받은 경찰은 어린이납치·유괴 사건으로 분류하고, 비공개수사에 착수하였다. 공개수사 시 어린이가 피해를 당할 수도 있는 가능성 때문이다. 3일이 지나도 수사에 진전이 없자, 곧이어 공개수사를 결정했다. 「모자가 달린 갈색 상·하의 운동복과 검은색 신발, 네모난 안경을 쓰고 135㎝의 키에 몸무게는 30㎏ 정도임」라는 내용의 전단이 뿌려지고, 경찰의 대대적인 수색이 시작되었다. 평화의 섬 제주도에 어린이 실종사건이 발생하자 도내는 발칵 뒤집혔다. 가장최근에 찍었던 은지사진도 뿌려졌다. 은지가 다녔던 학교 · 피아노학원 · 은지의 집을 중심으로 광범위한 수색이 시작되었다. 연일 군인과 경찰 수백 명이 동원되어 날마다 은지를 찾았지만, 성과는 쉽게 나타나지 않았다. 군과 경찰의 대대적인 수색에도 불구하고 은지의 시신은 한 달이 넘게 발견되지 않았다. 수사가 장기화되자 언론의 경찰에 대한 비난이 시작되었다. 경찰은 서귀포인근의 성폭력 전과자와 주변의 불량배를 중심으로 광범위한 탐문수사를 벌였다. 수사상황이 답보상태가 계속되자 인터넷에 악성루머도 떠돌기 시작하였다. "은지 사건은 자작극", "범인은 가족이나 친척들 중 누구"하는 식이었다. 가족들에게 이중의 슬픔과 아픔을 강요하는 것들 이었다. 사건이 장기화 되면 이런 루머들이 생겨나게 마련이다. 경찰은 사건발생 한 달이 넘어가자 은지 집에서 멀지 않은 곳의 감귤 밭에서 '송 씨가 혼자 기거하고 있었다'는 정보를 입수 하였다. 경찰의 뒷북수사이고 때늦은 정보 입수였다. 경찰은 송재천이 또 다른 범죄로 수배 중이라는 사실 확인 후 남원부근의 공사장에서 범인을 긴급체포 했다. 그리고 송으로부터 범행 일체를 자백 받았다. 은지의 시신은 39일 만에 감귤 밭 주변을 수색하던 경찰견(犬)에 의하여 발견되었다. 범인은 경찰 진술에서 사건 당일 "서귀포의 모 주점에서 술을 마시고 돌아오는 길에 은지가 너무 예뻐서…"라고 진술 했다. 은지가 아무리 철부지라고 하지만 술에 취한 사람이 "글을 가르쳐 달라"고 했다면, 은지는 그 범인을 따라 갔을 리 만무하다. 그것은 술을 마신상태에서 저질러 진 일이라면 재판에서 참작사유가 된다는 점을 알고 있었기 때문에 허위진술을 했을 가능성이 높다. 은지의 직접적인사인은 제주대 강현욱 교수의 부검결과 '경부압박성 질식사(목조름)'로 밝혀졌다. 은지의 머리 부위에는 한 군데 상처도 발견되었는데 은지가 반항할 때 범인이 구타했을 가능성이 높았다. 성폭행의 흔적은 너무 부패되어 확인하지 못했다. 놈의 만행에 제주도민과 부모는 울부짖었다. 악랄한 송재천의 범행과 허위의 진술에 제주는 탄식하고 있었다. 제주도에서는 다시는 이런 일이 발생하지 않도록 한다는 의미에서 어린이 성폭행 예방을 위한 조례를 제정하는 등의 조치를 취했다. 정부(경찰청)도 수색에 진전이 없자 '앰버 경고(Amber Alert)'제도를 도입하고 첫 대상을 양은지 어린이로 결정했다. 전국의 고속도로와 국도, 지하철역과 휴대폰 문자메세지등에 관련 정보가 제공된다. 모두 소 잃고 외양간 고치는 격이었다. '앰버 경고(Amber Alert)'는 지난 96년 미국 텍사스 알링턴에서 납치돼 잔혹하게 살해된 9세 소녀 앰버의 이름에서 유래됐으며, 사건 직후 텍사스 주는 납치 어린이의 정보를 도로 전광판과 TV·라디오 방송에 공개해 주민에게 알리는 한편, 신고와 제보를 독려하는 시스템을 채택 한 것이 시초이다. 현재 미국 내 대부분의 주에서 앰버 경고를 시행 중이다. 1996년 이 제도를 도입한 미국에선 이를 통해 지금까지 많은 어린이가 구출되는 성과를 거두었다. 재판부는 "시체가 발견된 이후 피고인이 범행을 모두 자백했고 잘못을 뉘우치고 있는 점, 사전에 치밀하게 계획된 것으로 볼 수 없는 점, 피고인이 불우한 가정환경에서 제대로 교육받지 못하고 성장한 점 등을 고려해 생명을 영원히 박탈하는 사형보다는 기간을 정하지 않고 사회로부터 격리하는 형이 필요하다"고 무기징역으로 판결했지만 제주와 부모들은 반발했다. 이럴 경우 부모들의 공통된 심정은 "할 수만 있다면 내 손으로 죽이고 싶다"는 것이었다. 그래도 다행인 것은 가석방만 되지 않는다면 사회와 완전하게 격리될 수 있어 제2의 은지와 같은 희생자가 생기지 않을 수 있다. 과연 그럴 것인가 지켜 볼 일이다.

안양 두 어린이 살해사건

인간 '하이에나'들은 먹잇감을 찾기 위하여 수단과 방법을 가리지 않는다. 여자아이들의 감성을 자극하기도 하고 그럴듯한 감언이설로 꾀어 내기도 한다. 그들의 욕망을 충족하기 위해서는 수단과 방법을 마다하지 않는다. 그들에게는 오직 여자어린이들이 그들의 욕망을 채우기 위한 도구로만 보이기 때문이다. 그들은 꼭 한명을 고집하지도 않는다. 대부분 한명의 여자아이를 대상으로 하는 것이 보통이지만 두 명 또는 다수도 마다하지 않는다. 특히 '여자아이들이 강아지를 좋아 한다'는 일반적인 감성을 이용하기도 한다. '크리스마스' 등 아주 특별한 날을 범행일로 택하는 경우도 있다. 여자 어린이들은 '친구나 아는 사람이 함께 있을 때 안전하다'는 심리상태를 갖는다는 것을 거꾸로 악용한 사례이다.

2007년 크리스마스인 12월 25일 슬이와 진이는 16시 10분경 안양8동 안양문예회관 앞의 야외 공연장 CCTV에 찍힌 후 행방불명되었다. 부모들이 경찰에 미귀가 신고를 함에 따라 처음에는 비공개, 그 후 공개수사로 전환하였으나 성과가 없었다. 경찰이 인근의 산과 후미진 여러 곳을 대대적으로 수색하였으나 슬이와 진이의 행방은 오리무중이었다. 그러던 중 2008년 3월 11일 경기도 수원시 권선구 호매실 인터체인지(IC) 근처 야산에서 토막 난 채 매장돼 있던 여자어린이의 끔찍한 시신이 동원훈련 중이던 예비군에 의해 발견되었다. DNA 분석결과 진이의 것으로 판명되었다. 경찰은 사건 당일 범인이 렌터카 회사에서 차량을 빌린 후 다음날 반납한 차량의 트렁크 혈흔에서 실종된 진이(가명, 여, 10세, 초4년)와 슬이(가명, 여, 8세, 초2년)의 DNA와 일치한다는 사실을 확인 하였다. 경찰은 차량을 렌트했던 정성국(가명, 39세, 전과7범)을 범인으로 단정하고 2008년 3월 16일 충남 보령시 어머니의 집에서 숨어 있던 정성국을 검거하였다. 대법원은 종전과 다르게 이례적으로 정성국에게 사형을 선고했던 사건이다.

정성국이 슬이와 진이네 동네로 이사 온 것은 2002년 12월이었다. 서울 용산에서 컴퓨터 사업을 하다가 망한 후 안양으로 주거지를 옮긴 것이다. 다가구 주택의 반 지하 방은 보증금 1200만원에 월세 6만원이었다. 정성국은 주로 대리운전과 컴퓨터 관련 일을 하면서 생활하여 왔다. 그러나 대리운전이나 컴퓨터 관련 일은 그리 신통하지 않았다. 특히 낮에는 일이 없어 무료한 시간을 보내는 경우가 많았다. 서른 아홉의 그는 몇 년 전 여자를 만나 동거를 하는 경우도 있었지만 그의 특이한 성격으로 인하여 만나는 여자들마다 헤어지고 말았다고 한다. 34세 되던 해 노래방에서 만난 한 여자와 만나 동거하게 되었으나 알코올 중독자인 그는 2년 만에 간암으로 사망하였다. 그 여자가 왜 알코올중독자가 되었는지에 대해서는 알려진 것이 없다. 아마도 그와의 동거 자체가 괴로웠을 것이라는 추측만 가능하다. 그의 특이한 성격 중 하나는 한 여성을 집요하게 '스토킹'하기도 했다는 사실이다. 스토킹의 대상은 주로 자신이 살고 있는 이웃 여성들이었다고 한다. 스토킹의 대상이 선정되면 밤낮을 가리지 않고 상대방을 따라 다녔다고 한다. 어떤 여자는 그의 스토킹을 피하기 위해 이사까지 갔다고 한다. 또 다른 스토킹을 당한 여자는 그를 따돌리기 위해 남자 친구가 있다는 것을 확실히 보여주기 위해 친구와 동행하였다. 그 여자의 남자 친구가 나타나자 그를 무조건 폭행하였다고 한다. 그는 모두 7번의 전과를 기록하고 있는데 폭행부분은 이러한 특이한 성격에 기인하는 것이다. 어른이 되어도 정상적으로 여성관계를 가질 수 없다는 것은 성격에 중대한 하자가 있다는 것을 의미한다. 때문에 그는 비정상적인 방법으로 여성에게 접근하는 특성이 있다. 접근에 성공했다 하더라도 정상적인 이성관계가 성립될 수 없다. 내가 보아 온 대부분의 어린이 성범죄자들은 성인 여성과 정상적인 이성 관계를 맺고 있는 경우가 거의 없었다. 대부분의 어린이 성범죄자들은 여성에게 자기 자신의 의사를 표현하는 것이 자유롭지 못하거나 자연스럽지 않다는 것이다. 또 한 부부관계가 원만하게 유지되기 힘든 경우가 대부분이라는 것이다. 그러므로 이들은 자신들보다 약자인 여자어린이를 대상으로 성 만족을 찾으려는 경향이 강하다. 지적능력이 완전하지 못한 것도 한 원인이지만 자신의 힘에 굴복 가능성이 큰 어린이를 범행 대상으로 선택하게 되는 것이다. 정성국도 그런 소아기호증 성범죄자이다. 그러나 정성국은 아동에 대한 이상성욕에만 존재하는 것이 아니라 만성적으로 성인여성과의 적절한 성관계를 유지 못하였고, 한 여인과의 동거에서도 실패하였다는 것은 세상과의 커뮤니케이션에 문제가 있어 이것이 사회와 원만한 관계가 불가능하게 된 것으로 보인다. 자신의 스트레스를 쉽게 풀 수 있는 상대로 어린이를 선택하는 하는 것이다. 그는 주변사람들에게 평소 "세상 사람들이 자신이 무슨 말을 하든 믿어주지 않는다"는 말을 자주 했다고 한다. 정성국의 특이한 성격은 그의 성장과정의 특이함에서 원인을 찾아볼 수 있다. 그는 어릴 때 아버지로부터 숱한 폭행을 당하면서 유년 시절을 보냈다고 한다. 결국 그의 아버지와 어머니는 이혼을 하게 되었고 재혼한 새어머니와 생활하게 되었다. 그 후 정상적인 가정생활이 불가능 했다. 그 과정에서 비정상의 성격이 형성 되었던 것으로 분석된다. 검찰에서 정성국의 정신감정을 의뢰하였는데 "정성국은 반사회적 인격장애로 진단됐고, 성적가학증과 소아기호증이 의심된다" 는 결론을 얻었다고 한다. 그러면 안양에서 생활상을 들여다보기로 하자.

대리운전과 컴퓨터고치는 일은 자주 있는 것이 아니기 때문에 반지하방에 틀어박혀 혼자 있는 경우가 많았다. 일이 없는 무료한 날에는 컴퓨터 사이버 공간이 그의 유일한 시간 때우는 공간이었을 것으로 추정된다. 그의 컴퓨터

엔 아동포르노물을 비롯하여 700여개의 각종 포르노물이 저장되어 있었다. 전자상가가 밀집되어 있는 용산에서 컴퓨터 관련 일을 했기 때문에 어린이 관련 포르노물을 구하기 쉬웠고 또한 관리하는데도 일가견이 있었기 때문이다. 범인 정성국의 컴퓨터에는 또한 '스너프' 영상물 70여 편이 저장되어 있었다. 스너프 영상물이란 사람을 잔인하게 살해하는 장면을 여과 없이 담은 것을 말한다. 제작은 물론 배포도 금지된다. 이것을 반복 시청하면 살인에 대한 죄의식이 결여되거나 없어질 수도 있고 이를 실행할 가능성이 점점 높아 진다. 정성국은 사이버 공간에서 하루에 10시간 이상 포르노 · 스너프물 · 섹스물 등으로 보냈을 것으로 보인다. 밀폐된 세계인 사이버 공간에 자신만의 세상은 황홀하고 누구도 침범할 수 없는 영역이 된다. 그 세상의 지배자이고 모든 인간은 피지배자가 될 뿐이다. 여자어린이를 대상으로 하는 성범죄자들은 범행 대상을 멀리서 찾지 않는 경향이 있다. 자신의 행동반경 내에서 물색하는 경향이 있다. 그 이유는 범행 대상을 다른 지역에서 물색할 만큼 성격이 적극적이지 않기 때문이다. 그의 이웃은 증언 한다. 담을 사이로 두고 사는 이웃집 한 여성은 "말이 없고 조용한 사람이어서 몇 년을 이웃에 살아도 인사만 건네는 정도였다"고 말한다. 주변 사람들 눈에는 정씨가 어린 여자 아이를 참혹하게 살해할 만한 인물로 보이지 않았다. "얌전했다", "그런 일을 저지를 줄은 상상도 못했다", "옆집에 사는지 조차 몰랐던 유령 같은 존재였다" 고 말한다. 그런 얌전한 사람도 잔인하고 끔찍하게 사람을 죽일 수가 있을까? 사람들과 어울리지 못하고 사이버 세상에 몰입하는 사람들은 자신의 존재가 세상에 알려질까 두려워하는 사람들이다. 잔인성과 공격성은 평소에 잘 나타나지 않는다. 그러나 때가 되거나 결정적인 시기에는 상상을 초월하여 범행의 폭력성이 나타나게 된다. 슬이와 진이는 이러한 유령과 같은 존재의 희생물이 된 것이다. 그의 친구들은 이 사건이 발생되고 그가 이런 혐의를 받고 있다고 말하면 대부분 깜짝 놀라면서 "그럴 위인이 못되는데…"

라고 하였다. 이렇듯 그의 성격은 주변에 알려지지 않을 만큼 꼭꼭 숨어 있었고 사이버 공간에서 범행 잠재성이 커갔던 것이다. 주변 사람들의 말을 종합해 보면 '말수가 적고 내성적인 성격'이었던 것으로 결론지어 진다. 전형적인 사이코패스 증상이다.

사건 당일인 2007년 12월 24일은 크리스마스 이브였으나 그에게는 외톨이라는 사실이 가슴을 짓누르고 있었다. '포르노'로 외로움을 달래 보았지만 잠시의 위안에 불과했다. 답답한 마음에 밖으로 산책을 나갔다. 공원으로 이르는 골목길로 접어들었을 때 마침 평소 안면이 있는 진이와 슬이가 오는 것이 목격되었다. 셋방주인의 딸과 슬이와 진이가 친구 사이었고 셋방 주인집에 자주 놀러 왔기 때문에 정성국과 서로 얼굴을 알고 있었다. 자주 놀러 오는 것을 안 정성국은 슬이와 진이를 범행대상으로 늘 염두에 두고 있었던 것을 예상할 수 있다. 다만 그간에는 범행의 기회가 없었을 뿐이었다. 그 때가 바로 어린 여자 아이들이고 마음이 다소 들떠 있었던 크리스마스 저녁이었다. 정성국은 이때를 놓치지 않았다. "얘들아 우리 집 강아지가 아픈데 좀 돌봐주지 않겠니?" 능청스런 정성국은 순진무구한 아이들의 감성을 자극하기 위해 강아지를 동원했다. 그의 속셈을 알리 없는 진이와 슬이는 "많이 아파요. 무슨 강아진데요?" 하면서 관심을 보였다. 슬이와 진이도 자주 놀러 왔던 친구의 집이었기 때문에 별 경계심을 갖지 않았다. 자신들의 운명도 모르면서… 진이와 슬이는 곧 흉측한 범행의 대상이 될 것을 모르는 채… 집에 들어서자 진이와 슬이는 "강아지는 어디 있어요?" 묻자 정성국은 "응 강아지는 방에 있어" 하면서 진이와 슬이를 방안으로 유인하였다. 실제로 방안에는 강아지는 없었다. 강아지가 없는 것을 눈치 챈 슬이와 진이는 이상한 생각이 들어 도망치려 하였으나 이미 때는 늦었다. 문을 굳게 잠가 놓았기 때문이다. 그 후의 행적에 대하여는 자주 말을 바꾸었다. 무엇을 어떻게 했는지에 대한 여러 질문에 횡설수설했다. "성탄절 저녁에 외로움과 성적 욕망을 충족시키려는 충동으로 두 어린이를 유인했다", "귀여워서 쓰다듬었는데 저항하는 바람에…목 졸라 살해했다", "본드를 흡입해 환각상태에서 두 어린이가 성폭행 사실을 가족들에게 알릴까봐 살해했다", "성폭행은 1시간 동안 계속되었다"고 말하다가도 "성폭행은 하지 않았다"고 말하는 등 횡설수설 하는 등의 모습을 보였다고 한다. 결론적으로 어린이를 상대로 자신의 성적욕구를 채우려는 목적으로 슬이와 진이를 유인하였기 때문에 성폭행을 했을 것으로 추정할 수 있다. 그는 반사회적 '성맹수(Sexual Predator)하이에나'였다. 슬이와 진이의 강한 반발이 있었음도 추정할 수 있다. 경찰에서 조사한 바에 의하면 오후 6시에 범행을 시작하여 살해 후 시신을 유기하는데 걸린 시간이 9시간 이었다니 참으로 놀라울 뿐이다. 범인 정성국은 두 어린이의 시신을 훼손하여 은닉하기 위해 동네 철물점에서 쇠톱과 시신을 쌀 비닐과 마대자루를 구입하였다. 시신을 훼손하여 포장하고 보니 이를 운반할 차량이 필요했다. 인근에 있는 렌터카회사에서 차를 빌렸다. 새벽 2시 경 진이와 슬이의 시신을 트렁크에 실었다. 정성국은 평소 지리감이 있었던 수원 호매실에 한명을 매장했고 한명은 시흥 군자천의 이곳 저곳에 버렸다. 천인공노할 끔찍한 범행을 죄의식 없이 자행하고도 그는 반성의 기미를 보이지 않는 자세로 일관했다. 죄의식은커녕 억울하다는 변명만 늘어 놓았을 뿐이다. 국립과학연구원의 DNA분석결과 그의 죄상이 명백하게 밝혀졌음에도 그는 자동차 사고였다느니, 살해할 의사가 없었다는 등의 궤변으로 일관했음도 주목할 부분이다. 경찰의 한 프로파일러가 "그렇게 하지 않을 수도 있지 않았느냐?"고 묻자 "세상 사람들이 다 나를 믿지 않는데 오직 한 사람 나를 믿어주는 한사람에게는 최소한 아이들을 성폭행하는 범죄자로 알려지는 것이 두려웠다"는 말을 하였다고 한다. 피해아동들에 대한 죄책감보다는 자신의 문제에만 집착하고 관심을 갖는 특징을 보였다고 한다. 이러한 범죄자의 특징은 자신이 추구하는 목적을 위해서는 타인의 생명은 도구로만 쓰일 뿐이다. 명예훼손으로 언론사를 상대로 손해배상을 청구하기도 하였다. 그가 1심에서 사형 판결을 내리자 억울하다면서 항소한 것은 물론이고 고등법원에서 같은 판결에 대법원에 상고한 것도 정성국이었다. 모두 사형의 판결을 받았음은 물론이다. 이 사건에서도 경찰의 초동수사단계에서 보여준 서툰 대응은 비난받을만하다. 특히 대리운전을 하였다는 용의자의 진술을 믿고 대리운전회사에 확인조차 하지 않은 것은 수사의 ABC를 망각한 것이다. 또한 5일 동안 용의자가 집을 비운 이유와 그동안 소재지를 파악하지 않은 채 집안을 육안으로 확인 후 아무런 증거를 찾지 못해 수사대상에서 그를 배제하였다는 사실도 마찬가지다. 이런 수사의 실수로 다시 원점에서 다시 시작하게 되었다. 1개월 전에 뽑아 두었던 안양시내 렌터카업체의 명단을 확보하고도 몇 날이 지난 뒤 사건 당일 차를 빌린 것을 확인하였다. 2차례의 조사 끝에 혈흔을 발견하여 사건 해결의 단초를 찾았다는 것은 일찍 해결될 수 있었음을 증명한다. 정부는 '진이·슬이 양 사건'을 계기로 2008년 「아동·여성보호 종합대책」을 발표하고 성 범죄자에 대한 전자발찌착용, 신상정보공개, 화학적 거세 등을 도입하게 되었다. 늦었으나 다행스러운 조치였다. 그러나 이러한 법의 제정도 중요하지만 이를 운용하는 주체들의 아동 성폭행에 대한 심각성에 바탕을 둔 예방 활동에 더 중점을 두어야 한다는 사실이다.

조두순 사건

반사회적 성격의 '성맹수(Sexual Predator)'들은 며칠간의 세세한 리허설을 거쳐 계획적인 범행을 하기도 하지만 범행의 대상이 자기가 지배할 수 있는 영역에 있다고 판단할 경우에는 시간과 장소를 가리지 않는다. 또한 희대의 여자어린이 성폭행범들은 자신들이 저지른 잔인한 성폭행 사건에서 처벌이 두려운 나머지 증거를 인멸하기 위한 갖가지 방법을 동원하기도 한다. 거짓말과 알리바이 주장은 물론이고 중요한 대목에서는 묵비권 까지 행사한다. 더욱 가증스러운 것은 범행 현장에서 자신의 정액을 없애기 위해 인체의 장기까지 끄집어내 물세척도 서슴지 않는다. 일명 '나영이 사건'으로 불리다가 나중에 '조두순사건'으로 불리고 있는 사건이 그렇다. 인간이기를 거부한 이러한 끔찍한 사건이 일어날 때마다 어른인 것이 부끄럽고 희생된 아이들에게 미안하다. 사건을 조사하는 과정에서 어른들이 보여준 개념 없는 어린이 성폭행사건의 처리도 부끄럽기는 마찬가지다. 어린이 성폭행을 원천적으로 예방하기 위한 국회의 법제정의 미적거림과 법원의 분별없는 관용에 분노해야 하는 경우도 있다. 조두순사건이 그렇다.

「대통령님, 그날 신음소리조차 내지 못하는 어린 나영이를 병원에서 보았습니다. 쏟아져 내린 장은 젖은 거즈로 덮여 있었고 10살 가녀린 아이의 목엔 선명한 보랏빛 손자국, 얼굴은 퉁퉁 부어서 온통 멍투성이고… 실핏줄이 모두 터져 눈의 흰자위조차 보이지 않았습니다. 그 참혹함을 생각하니 가슴이 터질 것만 같습니다. 나영이는 소화효소와 뒤범벅이 되어 물처럼 흐르는 대변을 평생 질질 흘리며 살아야 하는데 늙은 짐승은 고작 12년 형이 억울하다고 항소를 했다고 합니다. 대통령님 억울합니다. 저런 흉악범에게 고작 12년 형 밖에 주지 않는 대한민국이 억울합니다. 우리아이들을 성폭력범에게 관대한 대한민국에 태어나게 한 것이 억울합니다. 술 먹고 한 짓이라 감경되는 어이없는 대한민국이 억울합니다. 내 이웃에 아동성폭력범이 살아도 알 수 없는 불안한 대한민국이 억울합니다. 이 판결에 현재 8만 명의 네티즌이 항의 서명을 하고 있고 또 진행 중입니다. 이 많은 마음들이 대통령님께 전해지지 않을 수도 있다고 생각하니 억울합니다. 이 인간이 재범이라는 면에서 우리가 나영이의 희생을 방조했다고 생각합니다. 아동성폭력범의 사진을 그가 거주하는 도시의 모든 초등학교 및 공공기관에 사람들이 가장 잘 볼 수 있는 곳에 6개월 마다 사진을 새로 찍어서 붙여 주십시오. 인권은 인간에게만 허용되는 거라고 생각합니다. 인간이 아닌 동물에게는 인권을 말할 수 없습니다. 아니 아예 초범일 때 그냥 사형시켜 대다수의 선량한 시민을 보호해 주시기를 대통령님께 엎드려 눈물로 호소합니다.」나영이 어머니가 이명박 대통령에게 보냈던 편지 내용이다.

나영이 엄마의 사연에 숙연하고 같은 딸 가진 부모의 입장에서 가슴이 멍할 따름이다. 아니 비통함을 넘어 주저앉고 싶은 심정이다. 부디 나영이의 건강이 회복되어 나영이의 말대로 훌륭한 의사로 성장되기를 기도한다. 조두순 사건은 경기도 안산시 단원구에 있는 한 교회 앞 노상에서 일어났다. 나영이(가명, 여, 당시8세)는 명랑하고 공부도 잘해 아버지의 귀여움을 독차지하는 딸이었다. 예의도 밝고 똑똑한 아이였다. 그런 나영이가 그 악마의 손아귀에 들어갈 줄이야… 2008년 12월 11일 날씨는 꽤 쌀쌀하였다. "학교 잘 다녀오겠습니다." 아빠에게 인사한 나영이는 여느 때와 마찬가지로 큰길을 지나 학교가 가까운 샛길로 접어 들었다. 샛길에는 인적이 드물었다. 교회가 있는 3층 건물 앞을 막 지나려는데 낯모르는 아저씨가 다가와 "이 교회에 다니니?"하고 말을 걸어왔다. 나영이는 "아니요, 다른 교회에 다녀요"라고 대답했다. 순간 그는 아이의 입을 막고는 "너는 이 교회에 다녀야 한다"며 교회 건물 유리문을 밀치고 안으로 끌고 들어갔다. 그는 1층 복도 끝에 있는 화장실로 아이를 밀쳐 넣었다. 그의 입에서 술 냄새가 확 풍겨왔다. 그는 화장실 문을 닫고 화장실 변기 뚜껑을 내리고는 아이를 눌러 앉혔다. 화장실에서 조두순은 바지를 벗고 자신의 성기를 빨도록 하였으나 나영이는 거부하였다. 조두순은 주먹으로 나영이의 얼굴을 수회 때리고 발도 여기저기를 구타하였다. 나영이가 소리쳐 울자 "시끄럽다"고 하면서 입으로 나영이의 뺨을 깨물고 나영이의 목을 졸라 기절하게 한 후 머리채를 잡고 머리를 변기에 집어넣었다. 그 후 나영이의 바지와 팬티를 벗기고 조두순의 성기를 삽입하여 1회 강간하였다. 그래도 그놈은 욕정이 다 채워지지 않았는지 다시 변기 뚜껑을 닫고 변기에 엎드리게 한 후 항문에 1회 삽입 하였다. 그 짓거리로 항문에 사정한 뒤 다시 눕혀서 질에 2회 삽입하였다. 처음에는 사정을 하지 않았고 두 번째는 오른쪽 귀에 사정하였다. 욕망의 정점을 지나가자 범행의 발각이 두려웠던 조두순은 나영이의 귀에 남은 정액을 씻어 내기 위하여 나영이의 얼굴을 변기에 밀어 넣어 귓속에 싼 정액을 씻어 냈다. 조두순은 항문의 정액을 없애기 위해 아이를 들어 엉덩이 전체를 변기의 물에 푹 담갔다 뺀 뒤 변기 뚜껑위에 걸쳐놓고 '뚫어뻥'을 붙였다가 힘껏 뺌으로서 탈분을 유도하였다. 하지만 결과가 탈장으로 이어지자 장 째로 변기 물에 담가 휘휘 헹구었다. 조두순은 다시 항문에 대충 '뚫어뻥' 막대기 뒷부분으로 장기를 안으로 밀어 넣었다. 이 과정에서 너무 힘을 주어 민 나머지 (그리고 급히 하느라 조준을 잘못한 나머지) 질과 항문 사이의 가름막을 상당부분 훼손하였고 결과적으로 항문 괄약근이 완전히 파괴 되었다. 그리고 놈은 줄행랑을 쳤다. 나영이는 한참 만에 정신을 차렸다. 피는 끊임없이 흐르고 통증은 온몸에 밀려왔다. 불쌍한 나영이는 화장실을 기어 나와 지나가는 행인들에게 도움을 청하였다. "아파요. 도와주세요"라는 목소리조차 알아들을 수 없을 정도였다. 어느 행인이 119와 112에 신고하였다. 곧 구급차가 왔고 경찰도 도착하였다. 구급차는 병원으로 떠났고 경찰은 수사에 착수하였다.

경찰은 안산 단원서에 수사본부를 설치하고 본격적인 성폭행범의 광범위한 수사에 착수 하였다. 채증반이 현지에 급파되고 목격자를 찾는 탐문수사도 병행하였다. 주변의 성폭행 전력자의 행적도 추적되었다. 채증반에서 채

취한 정액과 이곳저곳에서 발견된 지문이 수거되었다. 수사본부는 지문을 감식하였고 정액의 DNA를 특정 하는 작업이 진행되었다. 다행스럽게 지문의 감식으로 범인이 특정되었다. 범인은 이웃에 살고 있었다. 특정된 범인의 집으로 형사들이 도착하였다. 조두순(남, 당시56세, 전과17범)은 고분고분 문을 열어 주었다. 경찰은 즉각 체포하고 조두순의 집을 압수수색을 실시하였다. 압수물 중 옷가지에서 나영이의 혈흔이 나오고 이불과 베개 밑에서 흉기 두 자루가 발견 되었다. 형사들이 "왜 흉기(칼)를 가지고 있느냐?"고 하자 "집안에 흉기를 둬야 편하게 잠을 잔다"고 말했다. 이미 지문을 통하여 범인임이 명백해 졌는데도 나영이에 대한 성폭행 혐의를 부인하였다. "나는 잠을 자고 있었다"고 변명하고 있었다. 지문감식 결과와 나영이의 피를 이야기 하자 "기억에 없다"고 얼버무렸다. "나영이가 크게 다쳐 죽을지도 모른다. 왜 그렇게 잔인하게 성폭행을 했느냐?"고 다그치자 "나는 그런 사실이 없다. 다른 사람일 것이다"며 횡설수설 하였다. 조두순은 수사본부로 연행되었다. 수사본부에서 여러 번의 조사를 받으면서도 조두순은 끝까지 혐의를 부인하였다. 여러 가지 정황들이 속속 밝혀져 더 이상 부인하기 어렵게 되자 조두순은 "교도소에서 열심히 운동하고 나올 테니까 그때보자"며 담당 형사들을 비웃었다. 경찰의 조사결과 조두순은 1983년 강간치상으로 3년을 복역한 것을 시작으로 폭력 등 전과 17범으로 총 7년 4개월의 수형생활을 한 것으로 조사되었다. 17범의 전과로 경찰서와 검찰·법원을 들락거리는 동안 조두순은 변호사 수준에 이르는 법률지식을 터득하고 있었다. 어떻게 하면 감형이 될수 있는지 어떻게 하면 가석방이 가능한지 등을 꿰차고 있었다. "교도소에서 열심히 운동하고 나올 테니까 그때보자"는 이야기는 "검찰과 법원에서 투쟁하여 빨리 나올 테니까 그땐 가만히 두지 않겠다"는 경찰에 대한 일종의 협박이었다. 조두순 범행의 대부분은 대표적인 반사회적인 성격의 표출이었다. 이러한 성격의 소유자를 범죄심리학에서는 '성도착 사이코패스'라고 한다.

이런 사람은 사회생활에 적응하기 어려운 인간 '하이에나'에 불과하다. 얼굴만 사람이지 그의 생활은 동물본성으로 살아갈 뿐이다. 아동 성범죄자들의 뇌 인지 체계는 보통 사람과 달라 성인여성에게는 성적 만족을 느끼지 못한다. 그들은 여자 어린이들과의 접촉을 통해서만 자신의 욕망을 해소할 수 있다는 생각을 가지고 있다. 이런 비뚤어진 성인식의 이면에는 성인여성으로부터 멸시 혹은 모욕 등을 당하여 여성을 복수의 대상으로 삼고 있다는 특징이 있다. 힘 없는 어린 소녀와의 가학적 성행위를 통해 그들의 복수심을 해소하려는 심리가 잠재해 있다조. 두순의 경우도 어린 여성을 성적 대상으로 하는 음란물을 많이 보았을 것이라고 추정할 수 있다. 이런 음란물은 이들의 변태 성욕을 키우는데 상당한 영향을 미쳐 그를 잠재적인 범인으로 만들었을 것이라고 추정된다. 스스로 인간이기를 거부한 조두순과 이 시대를 함께 살고 있는 것 자체가 부끄럽고 참담한 심정이다. 여러 정황으로 범인임이 확실한데도 잘못을 뉘우치기는커녕 그때그때 여러 변명을 하면서 범행을 부인하고 있는 파렴치한이다. 조두순은 알코올 중독 및 행동통제력 부족으로 재범 위험성이 예견되고 있었는데 사회안전망은 작동되지 못하였다. 경기지방경찰청 이유라 범죄분석관은 조두순을 1시간 반 동안 조두순을 면담한 내용을 분석한 결과 조두순을 연쇄살인마 유영철·강호순보다 더 심각한 정신병자로 결론지었다. 조두순은 "사소한 자극도 쉽게 분노로 연관 지었으며 불편한 감정을 상대에게 위협적인 방법으로 표출했다"고 분석 했다. 전과 17범 중 대부분이 상해와 성폭력이라는 것이 이를 입증 한다. 특이한 것은 조두순은 아내에 대해 상당한 집착과 애정을 가지고 있었으며 면담 내내 처에 대한 이야기를 하며 감정에 북받친 듯 눈물을 흘렸다고 한다. 또한 "나는 아내에게 절대적인 존재이며 아내 이외에는 누구와도 잠자리를 하지 않고 정절을 지켜 왔다"고 주장했다고 한다. 면담과 함께 진행된 PCL-R(Psychopathy Checklist-Revised, 사이코패스 테스트)검사에서 대인관계, 생활방식, 반사회적 특성, 정서적인 문제 등에서 기준 25점을 훨씬 넘은 29점으로 20명을 잇달아 살해한 연쇄살인범 유영철 26점, 7명의 여성을 연쇄 살인한 강호순 27점을 능가한 것으로 확인 되었다.

조두순은 십 수 년 전 전두환 · 노태우 두 전직 대통령을 찬양하는 사람을 때려 숨지게 하기도 하였다. 친구인 임춘식씨(41)와 술을 마시다 합석한 황지현씨(60)가 "노태우, 전두환 만세"라고 외치자 주먹과 발로 마구 때려 숨지게 했는데 "5공 시절 삼청교육대에 끌려가 고생한 생각을 하면 지금도 분이 풀리지 않는데, 황씨가 두 사람을 찬양해 홧김에 일을 저질렀다"고 말할 정도로 잔인한 성격을 가지고 있었다. 조두순 사건은 사건이 발생했을 당시에도 그 잔혹성 때문에 사회적 파장이 컸었는데 그 보다도 조두순에 대한 12년 감형의 선고가 내렸을 때부터 더 큰 사회적 이슈가 되었던 사건이었다. 검찰은 당시 조두순에 대하여 무기징역을 청구하였지만 '만취상태'라는 점이 참작돼 징역 12년형으로 감형되었다. 술에 취하여 범죄를 저지르면 감형된다? 이해할 수 없는 판결이다. 언론과 시민들의 반응은 들 끓었다. "도대체 있을 수 있는 판결이냐? 딸은 키우지 않느냐?"는 격한 반응들이 쏟아졌다. 외국의 판결들은 음주는 오히려 가중처벌의 사유가 되어 감당할 수 없는 수백 년의 징역형이 선고되고 거기에다 치료감호처분 등의 부가형이 추가되기도 한다. 또한 재범방지를 위하여 물리적·화학적거세까지 병과 되고 있는데… 술을 먹고 범행을 하였기 때문에 감형되었다는 법원의 판결에 시민들이 흥분한 것이다. 시민들은 법원을 비난했다. 법을 만드는 입법부에 대한 공격도 이어졌다. 사실 법원의 이러한 관대한 처분이 지속되고 있는 한 죄질이 나쁜 어린이 성폭행 사건이 줄어들지 않을 것임은 명확관화한 일일 것이다. 나영이를 영구 불구로 만들어 놓고 가족들에의 가슴에 대못을 박아놓은 희대의 성폭행범에게 고작 12년이라니… 특히 "어떻게 술이 면죄부가 될 수 있느냐?"에 대한 의문이다. 즉 심신미약을 인정해야 했는지에 대해서는 의문의 여지가 많다. 법원의 논리대로라면 일부러 술을 마시고 또 마시고 인사불성의 상태에서 상해를 가하여 죽여도 살인죄로 처벌할 수 없다는 결론에 다다를 수 있는데 이를 어떻게 설명할 수 있겠는가? 이번의 판결은 사실심 변론 과정에서 조두순의 주장과 변호사의 주장이 받아들여졌기 때문이 아닌가 싶다. 그렇다면 검찰측은 왜 적극적으로 조두순에게 공격을 하지 않았는지 궁금할 뿐이다. 더 이상한 것은 검찰은 특별법을 우선적으로 적용해야 함에도 성폭력 특별법이 아닌 일반 형법으로 범인을 기소한 점이다. 더구나 이 사건 처리를 함에 있어 담당검사는 병원에 입원하여 치료중인 나영이를 한 번도 아니고 여러 번 불러 상황을 파악하는 등의 재조사를 하였다고 한다. 어린이 성폭력사건의 처리의 개선이 요구되는 상황이다. 더구나 이 사건처리를 함에 있어 담당검사는 병원에 입원하여 치료중인 나영이를 한 번도 아니고 여러 번 불러 상황을 파악하는 등의 재조사를 하였다고 한다. 어린이 성폭력사건의 처리의 개선이 요구되는 상황이다. 반면에 '미국판 나영이 사건'으로 불리던 성폭행범에 종신형을 선고하였을 뿐만아니라 신상공개와 가석방도 할 수 없도록 조치하였다. 2012.7.6. 캘리포니아 주 오렌지카운티 법원의 조치 내용이다. 한국법원과 대조적인 판결이었다.

전 국민을 분노케 한 사건을 저지르고도 조두순은 지인들에게 "죄가 없다. 범행 기억이 안 난다"든가 "그때 술을 많이 마셨으며 그런 일을 한 기억이 없다. 그런 일을 했다면 나 자신을 용서하지 못할 것"이라고 하는 등 반성하는 기색이 전혀 없었다. 오히려 "전과자라고 하여 검사에게 부당한 대우를 받았다"고 오히려 불만을 토로했다. 대부분의 어린이 성폭행범들이 그러하듯 조두순도 경제적으로 어려운 가정 환경속에서 성장했다. 모친이 고철수집 등을 하여 힘들게 생활했던 이야기를 하면서 눈물을 흘리기도 했다. 나이 차이가 많이 나는 형제들과 왕래 없이 지냈으며 혼자있는 시간이 많았다. 학창시절부터 동네 형들과 어울려 다니며 물건을 훔치는 등 일탈행동을 시작하기도 했다. 20대 초반까지 공장 등에서 생산직 일을 하였으나 범죄를 저지르기 시작하면서부터는 일정한 직업을 구하지 못하고 유통 상가 등지에서 일용직 노동을 하였다. 범행당시에는 그마저도 그만두고 특별한 직장 없이 집에서 지내며 처의 수입으로 생활하고 있었다. 조두순은 면담도중 자신을 추궁하는 듯한 느낌을 받을 때는 큰소리를 치거나 위협적인 동작을 하는 등 분노를 표출하는 등의 반응을 보였고 처에 대한 자신의 헌신을 이야기 하며 눈물을 흘리는 등 심각한 감정의 기복을 보였다. 그는 매우 공격적인 성향을 가지고 있었고 행동통제에 어려움을 가지고 있었다. 그의 공격적인 성향은 언젠가 순간적인 분노를 참지 못해 애완견을 때려 죽인 과거 경험에 대한 진술은 자신의 공격성을 여지없이 드러낸 것이다. 조두순은 현재 연락하는 친구도 없었고, 술도 대부분 혼자 마셨다. 조두순은 술을 마시면 만취할 때까지 마시는 편이고 술을 줄일 수 없다고 이야기 하는 등 자신이 음주문제를 가지고 있음을 자각하고 있었다. 이 때문에 정신과 치료를 받아보려고 찾아간 적이 있으나 지속적인 치료는 받지 않았다고 한다. 조두순은 죄책감결여, 공감능력 결여, 자신의 행동에 대한 책임수용실패와 기생적인 생활방식, 현실적이고 장기적인 목표부재·충동성·무책임성·행동통제부족 등이 심각한 상태에 있었던 것으로 확인되었다. 그러한 종합적인 심리상태가 범행을 저지르게 된 원인으로 분석된다. 나영이는 걸어다니는 인간하이에나·악한의 흉기·인간시한폭탄에 희생된 것이다. 그런 동물이 거리를 활보하고 돌아다닐 수 있도록 한 어른들의 잘못으로 희생된 것이다. "나영아 어른들을 용서해 달라"고 하는 말조차 부끄럽다. 조두순 사건으로 장애인 여성과 아동을 대상으로 한 성폭행 범죄에 대해 공소시효를 배제하고, 장애인 여성과 13세 미만 아동을 성폭행했을 경우 7년, 10년 이상의 유기징역 외에 무기징역까지 처할 수 있도록 하는 내용의 「성폭력범죄의 처벌 특례법」 개정안이 국회에서 통과되는 등의 결과로 이어졌다.

영등포 초등학생 납치 성폭행사건

어린여아들의 성을 노리는 인간 '하이에나'들은 때와 장소를 가리지 않는다. 심지어 대낮 초등학교 교정에서도 일어난다. 안심할 수 있는 우리사회의 허점공간을 노리는 것이다. 우리사회가 범죄예방을 위한 안전망이 얼마나 허술한가를 보여주는 사건이기도 하다. 범인들이 범죄를 저지르기 위해서는 빛과 소리 주변 환경 등 범죄의 여건이 조성되어야 범행에 착수하는 것이 보통이나 대낮에도 과감하게 저지르는 경우도 있는 것이다. 이들은 자신들의 성적욕망을 채우기 위하여 치안사각지대를 이용하기도 한다. 흉악무도하고 충동적이며 상상 이상의 행태로 범행을 저지르기도 한다. 2010년 6월 10일 영등포의 한 초등학교에서 일어난 어린이 납치 성폭행 사건의 경우가 그렇다. 대개의 여자 어린이 성폭행범들은 특이한 가정 환경에서 성격 등의 장애자로 성장되는 경우가 많은데 김수철의 경우도 그 중 한사람이다.

영등포의 한 초등학교에 새내기로 재학 중이던 이재은(가명, 8세, 여, 초등1)은 학교의 재량휴일인 이날 10시께 시작하는 '방과 후 수업'을 받기 위해 학교 정문에서 출근하는 엄마와 헤어져 9시 55분 경 학교 운동장을 가로 지르고 있었다. 인간 '하이에나' 범인 김수철(가명, 45세, 전과17범, 노무직)은 이날도 아침부터 술에 취하여 초등학교의 교정에서 자신의 욕망을 채우기 위한 먹잇감을 찾고 있었다. 1시간가량을 학교에 서성이던 김수철은 마침 운동장을 가로 지르는 재은이를 발견하고 곧 바로 접근을 시도 하였다. 카터칼을 들이대며 "말을 듣지 않으면 죽인다"고 협박하고 한 팔로 재은이를 껴안고 눈을 가린 채 학교 밖으로 나왔다. 골목을 돌아 또 다른 골목을 접어 들었다. 재은이가 울먹일 때마다 김수철은 칼로 옆구리를 찔렀다. 김수철은 약 400여 미터 떨어져 있는 자신의 집으로 납치하는데 성공했다. 대낮에 어떻게 이런 일이 가능했을까? 학교 안으로 어떻게 들어갔으며 어떻게 백주에 아무도 본 사람이 없다는 말인가? 그것도 초등학교 교정 내에서 납치하여 400여 미터를 데려가는데 아무도 본 사람이 없었던 것일까? 신고하는 사람도 없었다. 허술한 학교 정문 관리에 기가 막힐 뿐이다. 여러사람이 재은이가 범인에게 끌려가고 있는 것을 목격했을 테지만 모두 아버지와 딸의 관계로 알고 그냥 지나쳤을 것으로 보인다. 술에 취해 욕망의 꼭대기로 다다른 김수철은 집에 도착하자마자 재은의 옷을 벗기기 시작했다. 재은이의 반항이 있었지만 곧 진압할 수 있었다. 재은이를 자신이 하고픈 대로의 성폭행을 자행했다. 술이 취한 채 욕심을 채운 김수철은 피곤했다. "재은아 너도 같이 자자"고 한 후 김수철은 잠에 떨어졌다. 김수철이 잠이든 것을 확인한 재은이는 몰래 김수철의 집을 나와 집으로 갔다. 온 몸은 아파왔고 피는 계속 흐르고 있었다. 재은이는 어찌할 줄을 몰랐다. 병원에 가야되겠다는 생각은 있었지만 어른들이 오질 않았다. 2시간을 기다려도 아무도 오지 않자 재은이는 다시 학교로 향했다. 학교의 한 벤치에 앉았다. 바지에는 피가 흘러 뒤범벅이 되었다. 그러나 학교에서도 재은이를 알아보는 사람이 없었다. 오후 2시 30분이 되어서야 울고 있는 재은이를 담임교사가 발견하였다. 담임선생님은 바지에 피가 뒤범벅이 된 재은이를 보고 성폭행 당했음을 직감했다. 담임 선생님은 119를 불러 인근병원으로 옮겼다. 사건발생 5시간 30분이 지난 후였다. 재은이는 항문과 국부 등에 심각한 훼손을 당하여 5-6시간의 대수술을 받았다. "재은이는 회복하기 어려운 후유증이 우려 된다"고 의사들은 말했다. 천인공노할 범행을 저지르고도 잠에 빠져든 김수철은 과연 어떤 놈인가?

그날 아침 재은이의 어머니는 재은이가 학교정문으로 들어가는 것을 보고 직장에 갔으나 담임교사로부터 "재은이가 학교에 오지 않았다"는 불길한 전화를 받는다. 재은이 어머니와 담임선생님은 이곳저곳을 찾아보아도 간곳이 없고, 재은이가 교실에 나타나지 않자 오후 1시 30분경 경찰에 신고 했다. 영등포경찰서 과학수사팀과 형사전담팀은 곧 학교 내 설치된 CCTV를 분석한 결과 김수철의 행위임을 확인하고 김수철을 쫓기 시작하였다. 한편, 잠에서 깬 김수철은 재은이가 없어진 것을 알았으나 찾을 생각은 하지 않았다. 재은이가 방에 흘린 피를 닦고, 3시 30분경 집근처 사우나에 가서 사우나를 하고 나온 시간은 오후 7시 10분경 이었다. 김수철은 자신의 범행이 발각될 수 있다는 판단 하에 일단 부산으로 도주할 것을 결심하고 옷가지를 챙기러 집으로 향하던 중 길목에서 형사들과 마주치게 되었다. 골목 구석진 곳에 몰리자 "자해 하겠다"고 경찰을 위협 하였으나 곧 제압되어 검거 되었다. 범인 김수철은 사건 당일 아침 영등포인력시장에 나갔다가 일거리를 구하지 못하자 동료들과 캔 맥주 3개, 소주 2병, 병맥주 1병을 마셨다. 김수철은 경찰조사에서 "나는 술을 마시면 성욕을 느낀다" 며 술 때문에 우발적으로 저지른 것이라고 주장 하였다. 그러나 경찰은 김수철이 학교에서 또 다른 여아를 유인하려다 실패한 점, 재은이를 납치하는 과정에서 눈을 가리거나 눈을 감게 한 점 등으로 보아 계획적인 범행으로 보고 있다. 경찰조사에서 김수철은 "재은이를 성폭행 후 재은이를 찾지 않았느냐?"는 질문에 "기분이 좋아서 바로 잠이 들었다"고 짐승스럽고 뻔뻔한 진술을 했다. 범인 김수철이 반사회적 인간으로 성장한 배경에는 불우한 어린 시절이 있었다. 15세 때 부모의 사망으로 부산의 모 고아원에서 3년 간 생활 하던 중 형들로부터 성폭행을 당한 뒤 견디지 못하고 서울에 와 절도 등 범죄로 생계를 이어 갔다. 18세 되던 해 같은 공장에서 일하던 경리직원을 짝사랑 했으나 김수철의 심한 주근깨를 이유로 거절당하자 여성에 대한 심한 열등감을 갖게 되었고 이로 인하여 김수철의 반사회적 성격은 더 심화 된 것으로 분석 된다. 범인 김수철은 당시 21세 이던 1987년도에도 부산의 한 가정집에 침입하여 남편을 묶은 뒤 남편이 보는 앞에서 아내를 성폭행하는 엽기적인 사건을 저지르고 강도짓 까지 하였다. 이로 인하여 15년의 형을 선고 받고 복역 후 2002년 출소한 바 있다. 인터넷 채팅으로 만난 15세 남학생을 강제 추행한 혐의로 경찰 조사를 받았으나 피해자 측과 합의해 '공소권 없음'으로 처벌은 면했던 적이 있다. 범인 김수철은 현장검증 중 한 기자의 질문에 "죽을죄를 지었습니다. 술이 웬수입니다. 제 속에는 괴물이 있어서 나쁜 생각이 들었습니다", "지금 심정은 너무도 괴롭고, 죽고 싶습니다" 라고 답했는데 조두순의 범행을 모방한 것으로 보인다. 조두순이 술로 인해 12년이라는 비교적 가벼운 처벌을 받은 것을 염두에 둔 답변으로 보인다. 재은이의 아버지는 심정을 묻는 한 기자의 질문에 "그런 놈은 최소 무기징역이나 최고 사형을 줘야 합니다. 한순간의 쾌락을 위해 한 아이의 인생을 망친 짐승이 살 자격이 있습니까?", "사고가 난 당일 아이가 병원에서 수술을 받는 동안 오만가지 생각이 들었다", "할 수만 있다면 범인을 내가 직접 죽이고 싶다"고 말했다. 딸에게 씻을 수 없는 영혼의 살인을 한 그를 죽여도 분이 가시지 않을 부모의 심정이었을 것이다.

각 급 학교는 1999년부터 범죄에 노출 될 수뿐이 없었다. 당시 교육부는 「고등학교 이하 각 급 학교 시설의 개방 및 이용에 관한 규칙」을 제정 '각 급 학교는 학교교육에 지장이 없는 범위에서 주민이 학교시설을 이용할 수 있도록 개방 한다'고 정했다. 또한 서울시는 학교와 협의해 '학교 공원화 사업'도 벌이고 있다. 학교의 담장을 허물고 그 자리에 나무를 심어 주민들의 쉼터로 이용할 수 있게 하겠다는 것이다. 이러한 개념 없는 학교 개방 정책으로 학교의 안전문제는 뒷전으로 밀려 오늘에 이르고 있다. 이러한 개념 없는 학교의 개방으로 누구나 출입이 가능하게 되면서 동네 불량배의 놀이터가 되기도 하고 밤에는 우범지역으로 변하고 있다. '깨진 유리창 이론'이 그대로 적용되는 사건이라고 할 수 있다. 학교라는 공간을 방치했을 경우 우범자들의 집합 장소가 되고 그로 인해 범죄가 발생한 것이다. 학교의 안전 문제는 당국의 무관심 속에 학부모들이 걱정해야 하는 지경에 까지 왔다. 예산을 핑계로 안전 관리자 한명도 없는 무법지대로 전락하고 있다. 미국, 캐나다, 일본 등의 선진국에서 허락된 자만 학교 출입이 가능 한 것과는 대조적이다. 정치인들은 애초에 학교의 안전에는 별로 관심이 없었다. 표를 의식하고 포퓰리즘을 양산하는 정치인들이 시민들을 위한다는 미명하에 학교인지 동네사람들의 놀이터인지 분간하지 못할 정도로 만들어 놓은 것이다. 재은이의 피해는 이미 예고 되었던 것이나 마찬 가지였다. 이대로 학교운동장이 방치되고 만다면 제2, 3의 재은이와 같은 사건은 계속될 것이다.

2014년도에도 김수철 사건을 떠올리는 사건이 일어났다. 4월 19일과 1주일 뒤인 26일 전남 영암의 한 초등학교에서 아무런 제지 없이 학교에 들어가 총 5차례에 걸쳐 4명의 여아를 성추행한 사건이 발생했다. 범인 박 모(남64세, 선원, 전과2범)은 범행 당시 발기부전 치료제도 소지하고 있었던 것으로 밝혀졌다. 범인 박은 지난 4월 26일 낮 12시쯤 A 초교 운동장에서 "휴대전화

문자메시지 찍는 법을 알려주겠다. 자전거를 태워 주겠다"며 7살 짜리 2명의 아이를 구석진 곳으로 유인했다. 범행하기 쉬운 장소로 이동하기위한 방법이었다. 사람들로부터 발견되기 어려운 곳으로 유인한 후 박은 돌변했다. 카터 칼로 위협해 옷을 벗기고 차례로 성추행하고, 휴대전화를 이용해 나체사진도 찍었다. 같은 날 오후 4시에는 또 한 어린이(9세)를 성추행 했다. 지난 4월 19일에는 또 한 여자 어린이를 학교 운동장에서 추행한 뒤 인근 야산까지 끌고 가 또다시 추행했다. 성추행한 후 카터 칼을 들이대며 "부모님께 알리지 마라"고 협박했다. 4년 전 김수철 사건 이후 학교 출입을 통제하도록 했지만 지켜지지 않았다. 교육부는 전국 초등학교 주변 CCTV를 거리의 방범용 CCTV, 불법 주정차 단속 CCTV와 함께 통합 관리하고 실시간 감시하는 시스템을 운영하겠다고 했으나, 교육부·안전행정부·지자체 간 돈이 없다는 핑계로 무산되었다. 교육부는 2012년엔 학교에 경비실을 설치하고 교문의 자동 개폐 출입문을 설치해 외부인의 출입을 통제하겠다고 했지만 설치된 학교는 39%에 불과하다. 이런 틈을 타 선원인 박은 선글라스를 쓰고 배에 보관했던 자전거를 타고 학교로 유유히 들어왔다. 이를 수상히 여겨 출입하지 못하도록 한 사람은 전혀 없었다. 학교지킴이는 평일 오후에만 근무할 뿐 토요일 오후는 학교지킴이나 경비원, 당직 교사 누구도 없는 무방비 상태였다. 학교의 무책임과 무감각으로 어린이들은 희생되었다. 사건을 수사한 경찰은 "아이들이 보호자 없이 놀았고, 박 씨를 제지할 어른들이 1명도 없었다"고 말했다. 학교당국의 책임이 크다.

깨진 유리창 이론

깨진 유리창 이론(Broken Windows Theory)은 미국의 범죄학자인 '제임스 윌슨'과 '조지 켈링'이 1982년 3월에 공동 발표한 '깨진 유리창'이라는 글에 처음으로 소개된 사회 무질서에 관한 이론이다. 깨진 유리창 하나를 방치해 두면, 그 지점을 중심으로 범죄가 확산되기 시작한다는 이론으로, 사소한 무질서를 방치하면 큰 문제로 이어질 가능성이 높다는 의미를 담고 있다.

부산 여중생 납치 살해사건

어린 여자의 성을 노리는 인간 '하이에나'들은 어린이만 고집하지 않는다. 유성처럼 떠돌다 그들의 범행대상이 나타나면 나이를 불문하고 곧 바로 행동에 옮기기도 한다. 그들의 삐뚤어지고 짐승만도 못한 성욕을 채우면 되기 때문이다. 이들은 조그만 피해자의 방심을 이용하기도 하고 그러한 상황을 만들기도 한다. 부산광역시 사상구 덕포동 집안에 있던 예비 중학생 이미리 양을 납치하여 성폭행 후 살해한 김길태 사건이 바로 그런 사건이다. 평소에 문단속이 얼마나 중요한지를 깨닫게 해주는 사건이라고 할 수 있다. 문 단속만 잘하여도 절도범죄의 반 이상을 막을 수 있다는 것이 나의 경험이자 지론이기도하다.

이제 막 초등학교를 졸업하고 중학교 입학을 앞두고 있던 이미리(가명, 14세, 여, 예비중1)양은 2010년 2월 24일 자신의 집에 혼자 있었다. 오후 7시경 어머니 홍 모(당시38세) 씨와 전화 통화한 후 아무런 이유 없이 흔적도 없이 사라 졌다. 이 양의 오빠가 돌아온 오후 9시경, 당시 이 양은 이미 사라진 상태였다. 집 내부의 불은 모두 꺼져 있었고, 현관문은 잠겨 있지 않았다고 한다. 이 양은 평소 시력이 좋지 않아 안경을 착용했지만 이 양이 사라진 빈 집에는 안경은 물론 휴대전화도 고스란히 남아 있었다. 경찰은 실종 3일 만에 '앰버 경고(Amber Alert)'발령과 함께 이 양 실종 사건을 공개수사로 전환했다. 이어 이 양의 집 화장실에 남겨진 운동화 발자국(족적)주인으로 보이는 김길태를 유력 용의자로 지목해 공개 검거 작전에 돌입했다. 경찰의 이양에 대한 수색은 참으로 답답하였다. 며칠 동안 주변을 수색하였으나 좀처럼 이 양의 행방은 알 길이 없었다. 언론은 경찰의 답답한 수사와 범인을 검거하지 못하는 것에 대한 비난이 연달아 보도되었다. 여론도 점점 악화되고 있었다.

언론의 집중포화와 여론의 비난 속에 전전긍긍하던 3월 7일 경찰은 실종된 여중생을 실종된 집에서 얼마 떨어지지 않은 부근의 가정집 물탱크 안에서 발견하였다. 미리의 옷이 모두 벗겨진 나체의 시체로 발견되었다. 미리의 시신이 발견되자 부산이 발칵 뒤집혔다. 한 가닥 살아 돌아오리라는 희망이 살아졌기 때문이다. 미리가 발견된 한 가정집 물탱크 안에는 석회가루가 뿌려져 있었으며, 벽돌 등으로 위장돼 있었기 때문에 사람의 육안으로 발견되기가 어려웠다. 미리의 시신이 발견된 날 경찰은 발견된 여중생 시신에 목이 졸린 흔적과 성폭행 흔적이 있다고 발표했다. 3월 8일 피살된 여중생의 시신에서 김길태의 DNA가 검출되어 용의자에서 피의자가 되었다. 경찰은 이 양을 찾기 위해 연인원 약 2만 명과 헬기, 수색견을 투입했지만 이양의 시신을 찾는데 근 보름이 걸렸던 것이다. 경찰의 추적을 받던 김길태는 2010년 3월 10일 오후 3시경 부산 사상구 덕포시장 인근 현대골드빌라 주차장에서 검거되었다. 김길태는 빈 집에서 은신하던 중 경찰의 포위망이 좁혀오자 도주를 시도하였지만 경찰과 5분여의 격투 끝에 형사에게 체포되었다. 김길태는 지난달 24일 저녁 7시7분에서 9시 사이 덕포1동의 한 다가구주택에 침입해 혼자 있던 이양을 50여m 떨어진 빈집으로 끌고 가 성폭행한 뒤 살해·유기하였다. 경찰은 이양의 시신에서 채취한 타액 등 증거물에서 김길태의 유전자를 확인한 바 있다. 또 김길태는 지난 1월23일 새벽 4시40분께 같은 동네 골목길에서 집에 가던 여성을 인근 건물 옥상으로 끌고 가 성폭행한 뒤 감금한 혐의(강간치상)도 받고 있다. 한편, 피살된 여중생은 2010년 3월 9일 부산광역시 사상구 감전동 부산전문장례식장에서 영결식을 하고 모교인 사상초등학교 운동장을 한 바퀴 돌아 부산영락공원에서 화장되어 부산광역시 기장군 철마면 실로암 공원묘지에 안장되었다. 또 한 여자어린이가 어른들의 사소한 잘못으로 희생된 것이다.

김길태의 반사회적 '사이코패스'는 이미 그의 성장과정에 잘 나타나 있다. 1979년 부산 사상구 주례동의 모 교회 앞에 버려졌다가 현재의 양부모를 만나 입양됐다. 김길태의 양부모에 따르면 김길태는 초등학교 시절부터 여리고 조용하고 어두운 성격이었으며, 고교시절 자신의 부모가 친부모가 아니라는 사실을 알고 더욱 빗나가기 시작했다고 한다. 김길태는 1994년부터 절도혐의로 소년원에 드나들기 시작하였으며, 그가 다니던 부산의 한 상업계 고등학교는 1년 다니다 중퇴하였다. 이후에는 폭행·절도·성폭행 등 각종 범죄를 저질렀고, 1997년 성폭행 미수와 2001년 부녀자를 감금하고 성폭행하여 교도소에서 8년 동안 복역하고 2009년 6월에 출소하였다. 2010년 1월 30대 여성을 성폭행하고 감금한 혐의로 수배를 받았다. 김길태는 고등학교 1학년 이후 10년 이상의 감옥생활을 한 바 있다. 경찰은 범인의 얼굴을 피의자의 인권보호차원에서 공개하지 않는 것을 원칙으로 하고 있었다. 헌법상 보장되어있는 무죄추정의 원칙 때문이다. 그러나 언론과 여론의 질타가 이어졌다. '가해자의 인권이 중요한가 피해자의 인권이 중요한가'라는 논란이 이어지기도 했다. 김길태가 사회적으로 물의를 빚은 흉악범이며, 공개수배로 이미 얼굴이 알려진 범인이었다는 점에서 경찰은 그의 얼굴을 공개하기로 하였다. 이러한 경찰의 어려운 결정은 국회로 넘어갔다. 2010년 4월 15일 국회에서 흉악범과 성폭력범의 경우 신상정보 공개를 허용하는 방향으로 법률이 개정되었기 때문에 앞으로는 얼굴 등 신상정보 공개가 더 적극적으로 이루어질 전망이다. 개정안에 따르면 공개 요건은 중대한 성폭력 사건일 때와 증거가 충분할 때, 그리고 공익을 위해 필요한 경우와 피의자가 청소년이 아닌 경우 등이다. 2010년 4월 23일 법무부는 이 개정안 시행을 발표했다. 2010년 6월 25일 재판부(부산지법 형사 5부 재판장 구남수 부장 판사))는 "과거에도 성폭행 범죄 전력이 있는데다 반인륜적, 반사회적 범죄를 거듭하는 점, 오로지 성적 욕구 충족을 위해 어린 피해자를 잔혹하게 살해한 점, 잘못을 전혀 반성하지 않는 점, 폭력적인 성향 등을 고려할 때 사회로부터 영원히 격리할 필요가 있다"라는 이유로 극형을 선고하였다. "사형은 문명사회에서 예외적 형벌이어야 하지만, 고통 속에 숨진 피해자의 생명이 피고인의 생명보다 결코 덜 중요하지 않다"고 덧붙였으며 사형선고와 함께 법원은 김에 대해 20년간 위치추적 전자장치 부착도 함께 명령했다. 따라서 가석방 등으로 김수철이 구치소에서 나오면 즉시 전자장치를 부착해야 하는 판결도 받았다. 경찰에서는 김길태를 "혼자 포르노나 보면서 생활하고 그의 성욕을 채우기 위해 희생양을 찾아 잔혹한 수법으로 범죄를 저지르는 '프레데터(predator · 포식자)형 범죄자"라고 분석했다. 김길태는 부모는 물론 친척과도 인간관계를 하지 못하고 학교생활에서도 낙오되어 정상적인 사회생활이 불가능하게 되어 반사회적 성향이 증폭되어 온 것으로 분석 하였다. 중학교 3학년 때의 담임교사는 김길태에 대하여 다음과 같이 말했다. "작은 잘못에도 엉뚱한 거짓말을 하거나 변명을 하던 모습이 지금도 기억에 남는다. 왜 그렇게 잦은 거짓말을 했는지에 대하여는 아는 바 없다. 친구들 사이에서도 거짓말쟁이로 알려져 있을 정도였다"고 증언한다. 친구들 사이에서는 어찌나 거짓말을 밥먹듯이 하는지 따돌림을 당했을 정도였다고 한다. 주변에서 주점을 운영하는 친구는 "처음 만났는데 자기를 '김길태'가 아닌 '김상태'라고 소개해 지금까지 그렇게 알고 지냈다. 나중에 김길태라는 것을 알고 놀랐고 당혹스러웠다"고 말했다. 김길태의 중학교 1학년의 활기록부는 "남성적이고 활달하며 맡은 일을 잘 처리한다"고 기술되어 있었지만 2학년 때는 "정서적으로 안정되지 못한 면이 보인다"로 바뀌었고 3학년 때는 "신중한 가치판단이 요구된다"는 사람으로 변화하고 있다. 이 기록만 봐도 문제가 있는 학생임으로 바뀌고 있었음을 알 수 있다. 겉으로는 쾌활했지만 친구들로부터 따돌림을 당하고 어울릴 수 없게 되자 말수가 적어지고 반사회성 기질로 변해가고 있던 것이다. 어머니 윤 모(당시66세)씨는 "길태가 중학교 들어가면서부터 '난 어디서 왔어?'라고 가끔 묻곤 했다"고 했다고 하는데 출생의 비밀을 알게 되면서부터 정체성에 대한 고민을 했던 것으로 분석할 수 있다. 양어머니는 "어디서 왔느냐?"는 질문에 "하늘에서 떨어진 너를 내가 받았다"고 얼버무렸다고 한다. 이때에 심리치료를 받았어야 했는데 그것을 실기한 것으로 볼 수 있다. 1993년 부산의 한 상업고등학교에 진학한 김길태는 정상적인 학교생활이 불가능했다. 그해 10월 40여일을 결석하게 되어 스스로 자퇴하게 되는데 "공부를 하기 싫어서입니다"라고 자퇴이유란에 적었다. 김길태의 지능검사(intelligence test)결과는 중학교 시절 85, 고등학교 때는 86으로 비교적 적게 나타났다. 그럼에도 운동은 비교적 잘했던 것으로 증언하고 있다. "몸이 민첩하고 빨랐다. 또한 구기종목도 잘했다"고 교사들은 기억하고 있었는데 중학교 1학년 때 성적은 49명 중 49등이었다. 1997년 9세 여아 성폭행 미수 혐의로 징역 3년을 살고 나온 뒤부터 김길태는 더욱 더 사회와 동떨어진 은둔생활을 하게 되었다. 옥탑방에 틀어박혀 밖에 나오지 않는 날이 많았다. 김길태의 외삼촌은 "친구는 물론 친지들과도 교류가 거의 없었고 누나들과도 연락이 끊겨 조카 얼굴도 한번 못 봤을 것"이라고 말했다. 이러한 김길태의 생활은 혼자만의 세계가 형성되고 포르노와 가까이 지내게 되어 잠재적인 성범죄자로 커가게 되었다. 동종의 범죄를 저지르고 있음에도 불구법원에서는 아동성폭행범에게 집행유예 등의 관용을 베풀었고 법무부와 경찰에서는 성범죄자의 관리를 게을리 하였다. 이 같은 결과는 우리사회의 불안요소로 등장하게 될 수뿐이 없었다. 이 사건도 그 연장선에서 발생되었던 것이다.

반사회적 인격장애증을 앓고 있는 사람을 가리킨다. 이들은 발정 · 광신 · 자기현시 · 의지결여 · 폭발적 성격 · 무기력 등의 특징을 지닌다. 이들의 정신병질(Psychopathy)은 평소에는 내부에 잠재되어 있다가 범행을 통하여서만 밖으로 드러나기 때문에 주변 사람들이 알아차리지 못하는 것이 보통이다. 미국 브르크하멜국립연구소의 연구 결과에 따르면, 이들은 감정을 지배하는 전두엽 기능이 일반인의 15%밖에 되지 않아 다른 사람의 고통에 무감각하고 양심의 가책을 느끼지 않는다. 고통에 무감각하므로 자신이 저지른 죄의 대가로 받게 될 처벌을 두려워하지 않음으로써 재범률도 높고 연쇄 범죄를 저지를 가능성도 일반 범죄자들보다 높다. 또 공격적 성향을 억제하는 분비물인 세로토닌이 부족하여 사소한 일에도 강한 공격적 성향을 드러낸다고 한다. 사이코패스는 이 같은 유전적 · 생물학적 요인에 사회환경적 요인이 결합되어 나타나는 전인격적 병리현상으로 본다.

일산초등학생 납치미수사건

언제부터인가 아파트와 건물의 엘리베이터는 자주 어린이의 성을 노리는 장소와 도구로 활용되었다. 인간 '하이에나'들에게 엘리베이터는 먹잇감을 포획 할 수 있는 최적의 장소이다. 기회를 잘 포착하면 둘만이 탈 수 있고 아파트와 건물 옥상이라는 세상과 격리된 장소로 쉽게 이동 할 수 있기 때문이다. 이동하는 엘리베이터는 소리를 질러도 밖에서 잘 들리지 않고 CCTV만 의식하지 않으면 안에서 어떤 행동을 해도 절대 안전한 범죄의 공간이 확보된다. 실제로 범인들은 엘리베이터를 이용하여 많은 성범죄를 저지르고 있다. 이곳에서는 여자 어린이만 성범죄의 제물이 되는 것이 아니다. 성인 여성들도 범인들의 먹잇감이 되고 있다. 특히 아파트단지와 인적이 드문 곳에서의 엘리베이터는 범인들이 좋아하는 범행장소이다. 경비원이 없는 대단위 아파트는 범행 장소로서 '특급'에 속한다. 일산에서 일어난 초등학생 납치

미수사건도 대규모 고층아파트단지에서 일어났다.

안양 초등생 진이와 슬이 사건으로 온 국민이 충격 속에 빠져 있는 가운데 일산에서 여자 어린이 납치미수 사건이 발생한 것이다. 이 사건에서도 경찰의 해묵은 사건축소와 묵살의혹과 늑장대처 등의 고질적 문제점이 여지없이 드러났다. 경찰이 여자 어린이 성폭행에 대하여 얼마나 무감각하고 그 심각성을 모르고 있는가 하는 문제를 여실히 보여주었다. 2008년 3월 26일 오후 3시44분 고양시 대화동의 한 아파트 3층 엘리베이터 안에서 이 아파트에 사는 강나희(가명, 10세, 초3)양이 40-50대로 추정되는 남성에게 주먹과 발로 무차별 폭행당했다. 나희가 언어맞는 아이의 비명소리를 듣고 달려 나온 이웃 여대생에 의해 수 분만에 안전하게 구조됐다. 나희의 엄마는 엉망진창이 된 딸아이의 얼굴을 보니 분명히 성폭행을 하려다 미수에 그친 것으로 판단했다. 나희의 엄마는 즉시 경찰에 신고하였다. 경찰에 접수된 것은 이날 오후 3시59분이었다. 이 아파트 관리실 직원은 일산경찰서 '대화지구대'에 이 같은 사실을 추가로 신고하였다. "용의자의 얼굴이 찍힌 폐쇄회로TV(CCTV)가 있다"는 것도 신고 했다. 3분 후 지구대 경찰관 2명이 도착했다. 관리실에서 CCTV로 폭행의 상황을 확인했으며 용의자가 큰 흉기를 들었다는 진술도 확보했다. 경찰은 또한 과학수사팀에 연락해 CCTV에서 용의자가 맨 손으로 누른 엘리베이터 버튼에서 지문 1점을 채취했다. 대화지구대에서는 이 심각한 여자어린이 성폭행 납치미수 사건을 단순 폭행사건으로 일산경찰서로 보고하였다. 보고 시점도 다음 날인 27일 오전 11시경이었다. 하루를 임의로 묵히고 보고한 것이다. 일산경찰서 폭력1팀은 "용의자 행색이 초라한 데다 술에 취한 것 같아 단순 폭행사건으로 보고 있다"는 지구대 보고서를 믿고 C형사에게 배당 했다. C 형사는 당일 현장 조사에 나서 피해자 어머니를 만났지만 "아이가 충격이 크니 다음에 하자"는 말만 듣고 확인한 CCTV를 확보한 뒤 경찰서로 돌아왔다. 일산경찰서 형사들도 사건의 심각성에 대해 무감각하기는 마찬 가지였다. CCTV로 폭행 장면을 확인하였으면서도 단순폭행사건으로 단정하고 만 것이다. 안양 두 어린이 납치 살해 사건으로 전국이 떠들썩하고 대통령을 비롯한 전 국민이 분노하고 있는 상황이었다. 경찰 수뇌부도 잔뜩 긴장하고 있었던 터에 '여자어린이 성폭행 납치 미수사건'임에도 '일반 단순 폭행사건'처럼 처리되고 있었던 것이다. 경찰에서 아무런 조치를 취하지 않고 늑장을 부리자 분노한 강나희의 부모가 나섰다. 이들은 사건 발생 다음날 오전 아파트 관리사무소를 찾아가 CCTV 화면을 복사했다. 여기에 나온 용의자 모습을 프린트해서 전단지 100여장을 만들었다. 나희의 부모는 이런 일이 일어나지 않게 하기 위해서라도 전단지를 만들어 경각심이라도 고취시키고자 했다. 이런 사람이 범인이니 잡아달라는 의미도 있었다. 아파트 단지 내 각 동 1층 안내판과 근처 아파트 단지를 직접 돌면서 이 전단지를 붙였다. 나희 부모는 이날 복사한 화면에 나희가 폭행당하는 장면이 없자, 28일 다시 관리사무소를 찾아가 범행 장면이 찍힌 CCTV 화면 전체를 복사했다. 추가로 폭행 장면을 복사하여 붙였다. 경찰의 가시적인 조치가 취해지지 않자 혼자 이리 뛰고 저리 뛰고 하다가 모 언론사에 제보하였다. 제보를 받은 언론사에서는 이 미수사건을 취재하기 시작하였고 보도하기 시작하였다. 경찰수뇌부에서는 비상이 걸렸다. 일산경찰서에 문의하였으나 사건내용을 정확하게 알고 있는경찰조차 없었다. 담당형사가 퇴근하였고 지구대장조차도 사건의 전모를 알지 못했다. 상부의 불호령에 일산경찰서에 수사본부가 차려지는 등 부산하게 움직였지만 이미 때는 늦었다. 언론이 한 발 앞서가 있는 상황이었기 때문이다. C형사가 출근한 3월 31일 오전 1시가 되어서야 사건의 전모를 확인할 수 있었다. 사건이 발생한지 5일이 돼가는 시점이었다.

이 사건은 때마침 총선 정국과 맞물려 정치권에서는 총선이슈로 번지는 계기를 만들었다. 안양어린이납치살해사건으로 온 국민이 불안한 가운데 일산 어린이 납치미수 사건에 대한 경찰의 늑장수사와 은폐의혹으로 국민들은 격분하였고 못 믿을 경찰이라고 비난하였다. 더구나 일산의 경찰들은 강양의 어머니에게 "사건을 언론에 알리지 말라"고 말한 것이 알려지면서 더 거센 언론의 공격과 시민의 공분을 자초하게 만들었다. 야당은 야당대로 정치공세를 폈다. 급기야 이명박 대통령은 3월 31일 금융감독원 업무보고에서 "일산에서 있었던 미수 사건은 CCTV에 나타났듯이 아주 잔인했다. 발로 차고 주먹으로 치는 장면이 생생히 찍혀 있었는데 경찰이 매우 미온적으로 처리하는 것을 보고 국민이 많이 분개했을 것이다. 일선 경찰이 아직도 그런 자세를 취하는 것은 아직도 많은 변화가 요구된다고 할 수 있다"며 경찰 당국에 대해 호된 질책과 함께 대규모 징계가 있을 것임을 예고했다. 한나라당에서는 "잇따른 유괴사건으로 국민의 불안감이 높아지고 있다. 경찰은 전력을 다해 사회 불안을 근절하고 어린이에 대한 폭력·폭행·성범죄 예방을 위한 대책을 세워야 한다. 대통령이 어린이 안전에 대한 특단의 대책을 주문했는데도 일선 민생치안 담당자들은 이렇게 손을 놓고 있다니 충격적이다. 진상조사와 책임자 문책이 있어야 한다"고 비난하였다. 야당은 "민생치안능력 부재가 이명박 정부의 책임이다. 경찰이 정말로 집중하고 신경 써야 할 민생치안은 뒤로 하고 정치경찰화 하고 있다. 이번 정권 들어 검찰과 경찰 사람들이 특정 지역에 집중되고 정치적인 성향을 노골적으로 보여주고 있다. 안양 어린이 유괴사건으로 국민이 공포에 떠는 상황에서 경찰 정예요원들로 애꿎은 대학생을 잡는 체포 전담조나 만들고 있으니 민생치안은 고양이에게 생선을 맡긴 것이다"라고 경찰을 비난하였다. 여자어린이 납치미수사건이 정치문제화 되자, 31일 오후 이 대통령은 예정에 없이 일산 경찰서를 깜짝 방문해 이기태 서장으로부터 수사 상황을 보고 받았다. 이 대통령은 "상식적으로 생각해서 어린 여자아이에게 한 것을 폭행사건으로 다뤘다는 것은 '별 일 아니다'라며 간단히 끝내려는 일선 경찰의 안일한 생각 때문이다"라고 질타했다. "국민들이 경제도 어렵고 힘든데 어린아이들에게 참혹한 일이 일어나서 심란하다. 연이어 나오는 일들을 일선 경찰들이 소홀히 다루고 있는데, 미수에 그쳤으니 다행이지 더 큰 일이 일어날 수도 있었다. 경찰이 '유괴 사건을 철저히 하자'고 한 그날 이런 일이 일어났는데, 일선 경찰이 너무 해이해져 있다. 사건만 생기면 피해를 입고 사후 약방문으로 처리하는데 일선 경찰들이 새로운 각오를 갖고 일해야 한다. 범인을 빨리 검거하라"는 지시를 내렸다.

2008년 3월 26일 나희는 학교를 마치고 집으로 향하고 있었다. 큰길에서 골목길을 지나 아파트 정문으로 접어들었다. 아동 성범죄 전문가 이명칠(가명, 41세, 성범죄 전과자)은 오늘도 한 건 하기위해 일산의 한 아파트단지를 서성이고 있었다. 이명칠은 한 여자 어린이를 뒤쫓고 있었으나 엘리베이터에 이르러 어른과 동행하게 되자 아파트계단으로 올라 가는 척했다. 또 다른 범행대상자를 찾던 중 나희가 나타나자 기다렸다는 듯이 범행의 착수에 돌입했다. 초등학교 저학년이고 귀여운 여자어린이였다. 그가 찾고 있던 범행 대상이었다. 동행하는 부모나 어른들도 주위에는 없었다. 혼자서 집에 가고 있는 나희를 뒤따르기 시작했다. 나희도 이명칠이 뒤따르고 있는 것을 눈치 챘다. 그러나 그를 나쁜 사람으로 생각하지 못했다. 엘리베이터를 탈것 같지 않다가 나희가 타는 순간 한 갑자기 이명칠이 탔다. 그 남자는 같은 라인에 살고 있는 이웃집 아저씨 정도로 알았다. 엘리베이터 문이 닫히자 이명칠은 마각을 들어냈다. 카터 칼(문방구용)로 나희를 위협하며 "조용히 하고 시키는 대로 하지 않으면 죽인다"고 위협했다. 나희가 공포에 질려 "살려 달라"며 울부짖었다. 이명칠도 당황했다. 보통 어린이들은 공포에 질려 아무소리 못하였는데 나희는 소리치며 울부짖었기 때문이다. 당황한 이명칠은 수차례 발

과 주먹으로 나희를 때리고, 3층에서 나희를 강제로 엘리베이터 밖으로 끌어
내리려 했다. 마침 4층에는 용감한 여대생이 있었다. 나희의 비명소리를 듣
고 본능처럼 비명소리가 난 3층으로 달려갔다. 여대생이 3층에 도착하기 전
이명칠은 인기척에 놀라 범행을 더 이상 진행시키지 못하고 도망쳤다. 나희
가 범행으로부터 구조되는 순간이었다. 이명칠은 어린이 성폭행 전문가였
다. 12년 전에도 엘리베이터에서 여자 어린이를 폭행하고 옥상으로 끌고 가
성폭행한 혐의로 징역 10년형을 선고받았던 동종범죄의 전과자로써 그 후에
도 5차례에 걸쳐 5살−9살의 어린 여자아이들을 전문적으로 성폭행한 것으
로 드러났다. 이놈은 주기적으로 어린이들에게 입에 담기도 힘든 짐승 같은
짓을 저지르는 인간 '하이에나'나 다름없는 어린이 성맹수범이었다. 이런 어
린이 성폭행이 반복되도록 솜방망이 처벌을 계속하고 있는 법원, 아무런 대
책 없이 가석방을 하고 있었던 법무부와 검찰, 어린이 성폭행범이 출옥해도
관리를 하지 않고 있었던 법무부와 경찰, 심각한 여자어린이 성폭행 납치미
수 사건을 일반 단순폭행범으로 처리하려는 경찰 등의 합작품이 망라한 적폐
가 만들어낸 결과물이었다.

  대통령까지 나서 범인을 빨리 잡도록 불호령을 받은 경찰은 광범위하게
수사에 박차를 가하기 시작했다. 광범위한 수사를 시작한지 몇 시간 뒤 범인
의 윤곽이 잡혔다. 범인이 특정되고 형사들의 추격이 시작되었다. 범인 이명
칠은 납치 미수 사건 직후인 26일 오후 4시16분 대화역 개찰구를 통과해 4시
26분 수서행 지하철에 탑승해 수서역에서 하차한 것으로 확인됐다. 이어 경
찰이 범인 이명칠을 체포한 것은 31일 오후 8시30분쯤. 서울 대치동의 한 사
우나 앞에서였다. 이명칠은 형사들의 신문에 "술에 취해 전철을 탄 뒤 대화
동에서 내려 아파트 단지를 걷던 중 강 양을 발견하고 뒤따라가서 때렸다. 애
를 데리고 가려고 했다"고 진술하다가도 "기분이 나빴는데 걔(강양)가 째려

봐서 혼내주려고 했는데 소리를 지르니까 그랬다"고 진술했으나 나중에 "성폭행 하려고 했다"고 실토 했다. 성폭행범들이 자주 사용하는 수법이다. 이들은 처음에는 어린애를 귀여워서 그랬다느니, 예뻐서 그랬다느니 늘어놓지만 모두 새빨간 거짓말이다. 어린이 성폭행범의 특징 중의 하나가 성폭행 사실을 부인하든지 다른 사고로 둘러 댄다는 것이다. 경찰은 이런 강력사건에 대하여 미수사건이라 할지라도 초기에 즉응체제를 갖추어야 하고 사건을 축소·은폐하는 경찰관은 업무에서 배제시켜야 한다.

이명칠은 소아기호증 환자였다. 소아기호증은 일종의 정신적인 질환으로 알려져 있는데 정확히 어른들이 사춘기 이전의 아이들과 성행위를 하는 것을 말하며 이를 통해서만 성적 흥분을 느낀다. 대인관계를 맺을 용기와 기술이 없기 때문에 비교적 쉬운 대상인 어린이를 선택하게 되며 환자의 약 80%가 어린 시절에 성추행을 당한 경험이 있는 자들이 많고 여성에 대한 적개심이 많은 경우에는 심한 신체적 손상을 입힌다. 소아기호증을 부추기는 중심에는 인터넷이란 괴물이 자리하고 있다. 이명칠도 음란물의 중독자임이 밝혀졌다. 그는 어린이와 관련된 음란물을 다수 소지하고 있었으며 자주 인터넷 음란사이트를 들어간 것으로 확인되고 있다. 아이들을 대상으로 한 흉포한 성범죄의 범인들은 '음란물 중독자'들로서 손쉬운 범행대상으로 어린아이들을 택한다. 야한 동영상에서 여성이나 어린이, 노인들은 어떤 인격적인 존재가 아닌 감각적이고 폭력적인 성의 대상일 뿐이다. 음란물에 자주 접할수록 점점 더 자극적이고 폭력적인 것들을 찾게 되고, 성적 환상과 현실을 구분하지 못하게 된다. 음란물을 자주 보다 보면 자신도 한번 해보고 싶은 유혹을 느끼게 되고, 한 번의 무사한 시도는 여러 번의 시도를 낳게 된다. 음란물과 성범죄는 서로 밀접한 관계를 가지고 있고 앞으로도 심각한 사회문제로 대두될 것이 분명하다.

4살 '슬기' 성폭행 살해사건

우리사회가 여자어린이 성폭행에 대하여 무감각하고 거의 무대응으로 방치되고 있다는 사실에 대하여 반성해 볼 일이다. 충격적이고 끔찍한 사건이 일어나면 언론이나 사회가 관심을 갖다가도 또 얼마의 시간이 흐르고 나면 '강 건너 불보기'로 되고 마는 것이 현실이니 말이다. 법무부·여성부·경찰 등 관계 당국에서 이런저런 대책을 내놓지만 땜질처방에 불과하다. 보다 본질적이고 재발방지를 위한 방안은 요원한 상황이다. 어린 여자어린이의 성을 노리는 인간이기를 거부하고 있는 '하이에나'와 같은 존재를 이 사회에서 영원이 추방하지 못하는 이유는 무엇인가? 심지어 4살 갓난아기의 성까지 인간 '하이에나'에 의하여 유린되도록 방치되었다. 이 나라에 같이 그놈들과 살고 있다는 사실만으로 부끄럽고 약이 오른다. 여자 아기의 성을 노려 납치했지만 너무 어려 삽입이 잘 되지 않자 살해한 것은 물론 이도 성에 차지 않았는지 토막까지 내 유기한 사건까지 있었다. 안양 두 어린이 납치 성폭행 후 토막 살해사건과 함께 가장 잔혹한 어린이 성폭행 사건으로 기록될 것이다. 서울 성동구 송정동에서 발생한 사건이 그러하다. 도대체 인간의 잔인함은 어디까지 갈 수 있는가를 시험하는 사건과도 같다.

2001년 5월 10일 날씨가 화창하였고 따스한 바람까지 부는 날이었다. 전날 비가 내렸기 때문에 사방이 깨끗했다. 날씨도 포근했다. 누구라도 이런 날 집에 있기는 어려웠을 것이다. 일요일 집에서 쉬던 김 모 씨는 딸 슬기(가명, 4세, 여)와 아들(당시6세)을 데리고 중랑천변으로 산책을 나왔다. 어느 동네에나 유독 이웃들의 관심과 사랑을 독차지하는 아이가 있게 마련이다. 슬기는 얼굴이 인형처럼 예뻤고 애교까지 많아 부모는 물론 이웃주민들로부터도 친딸처럼 사랑을 받았던 아이였다. 산책을 나온 김 모 씨는 두 남매를 중랑천변에서 놀게 한 후 조깅을 할 요량이었다. 김 모 씨는 아들에게 "아빠가 저 다리까지 뛰어갔다 올 테니 슬기를 잘보고 있어라"하고 조깅을 떠났다. 그 광경을 지켜보고 있던 어떤 놈이 있는 것을 슬기 아빠는 알 수가 없었다. 아빠가 조깅을 떠난 후 슬기남매는 중랑천 둑에 핀 꽃과 풀들을 뜯으며 놀고 있었다. 슬기 오빠는 오빠대로 나비잡기에 바빴다. 범인은 이 때를 노렸다. 그 놈은 "슬기야 아이스크림 사먹으러 가자"며 슬기를 데리고 어디론가 사라졌다. 불과 20여 분 사이에 벌어진 일이었다. 조깅에서 돌아 온 슬기 아빠는 아들에게 "슬기는 어디 있냐? 어떻게 된 것이냐?"고 물었다. 여섯 살 아들은 "금방 여기 있었는데… 몰라 몰라"라는 말만 계속 했다. 김 모 씨는 아내에게 전화를 했고 엄마는 동네 아줌마들 몇 명과 함께 중랑천 둑으로 나왔다 슬기네 가족들과 이웃 주민들은 슬기를 찾기 시작하였다. 세로로 가로로 이 골목 저 골목으로 만나는 사람마다 "이런 아이를 보지 못했느냐?"고 물어보면서 동네와 방죽 주변을 샅샅이 뒤졌지만 슬기는 보이지 않았다. 1시간 여 동부간선로 중랑천변 골목길을 수색한 후 오후 5시 30분께 송정동 교통통제센터에 실종신고를 해 달라고 부탁했다. 슬기 아빠와 엄마는 사색이 되어 이리 뛰고 저리 뛰었다. 속이 새까맣게 타들어 가고 있었다. 오후 10시께 슬기를 찾는 전단을 제작 동네 민방위 대원들을 통해 배포하기도 하였다. 5월 11일 새벽 1시께 성수3가 파출소에 정식 실종신고를 했다. 그러나 파출소의 경찰은 별다른 움직임이 없었다. "어디서 놀고 있겠지요"라는 말만 되풀이했다. 경찰의 무감각이 하늘을 찌르는 순간이었다. 슬기부모는 경찰들의 미온적인 태도에 화가 났지만 어쩔 수 없는 일이었다. 혹시 유괴된 것일까? 불길한 생각이 들기도 하였지만 제발 살아있기만을 빌고 또 빌었다. 하지만 슬기 양이 사라진 후 집으로 금품을 요구하는 단 한 건의 협박전화도 걸려오지 않았다. 유괴인지 단순실종인지조차 짐작할 수 없는 답답한 날들이 계속됐다. 미온적으로 사건을 보던 경찰도 실종신고 며칠이 지나서야 반응을 보이기 시작했다. 처음에는 파출소 직원들이 나왔다. 이곳저곳을 탐문하는 것이 목격되었다. 경찰이 탐문에 나서자 5월 12일 "슬기양을 데리고 가는 사람을 봤다"는 증언이 나왔다. 그래도 경찰은 몇 명의 전·의경을 동원 형식적수색만 할 뿐이었다. 5월 14일이 되어서야 단순실종에서 유괴로 수사방향을 전환한 것인가 대규모의 경찰이 투입되어 수색하기 시작 하였다. 경찰의 어린이 실종에 대한 불감증이었다. 보통 어린이 실종사건이 신고 되면 강력사건의 가능성이 있으면 유효한 수사를 하는 것이 강력사건에 임하는 자세이다. 경찰의 뒷북치는 대규모 수색과 탐문수사가 계속되었으나 성과는 없었다. 5월 15일 괴 전화가 걸려왔다. 오후 11시 50분께 "슬기가 개를 좋아하나, 고양이를 좋아하나?"를 묻는 전화였다. 그러나 경찰은 발신자 추적에는 실패했다. 5월 16일 경찰은 슬기부모와 함께 근처 장안초등교에서 목격자 진술 청취하기로 하였다. 그러나 단서확보에는 실패하였다. 5월 19일 오전 8시 송정동 주택가 골목에서 여자 어린이의 상반신 토막시체가 검은색 배낭에 담긴 채 발견되어 신고 되었다. 배낭이 놓여 있던 곳은 사건현장에서 200m, 슬기네 집에서 500m뿐이 떨어지지 않은 곳이다. 배낭을 발견한 이는 파지 줍는 사람이었는데 "무심코 배낭을 열어본 순간 뒤로 나자빠져버렸다"고 진술하였다. 가방에 담긴 3개의 검은색 비닐봉지 안에 토막 난 여자아이 시체가 들어 있었기 때문이다. 칼과 톱으로 잘려진 시체는 냉동된 상태였는데 차마 눈뜨고 볼 수 없을 정도로 끔찍했다. 하지만 수사팀이 더욱 치를 떨 수밖에 없었던 이유는 따로 있었다. 토막 난 시체가 바로 실종된 슬기 양의 것이었기 때문이다. 그것도 온몸이 잔혹하게 토막 난 상태로 말이다. 그런데 그 시신은 상반신만의 시신이었다. 슬기의 하반신은 도대체 어떻게 된 것일까? 경찰은 발견된 시체를 국립과학수사연구원 감정을 의뢰하고 송정동 일대 정밀 탐문수사 돌입 하였다. 그러나 범인의 윤곽은 좀처럼 드러나지 않았다. 유일한 단서는 얼어 있던 슬기 양의 몸통에 남아 있던 의문의 줄 문양 자국이었다. 수사팀은 몸통이

꽁꽁 얼려 있었던 점으로 보아 그 자국이 냉장고 내부의 플라스틱 줄 문양이라는 것을 알아냈다. 문제의 문양이 한 전자제품 회사에서 나온 구형 냉장고 모델의 것이라는 것을 확인한 수사팀은 송정동 일대의 가정집과 업소들을 일일이 탐문하며 해당 냉장고를 사용하고 있는 곳을 찾아 나섰다. 5월 21일 오전 9시경 경기도 광주시 경안동에 있는 한 여관에서 연락이 왔다. 여관 종업원이 한 객실에서 물 내려가는 소리가 계속 들려 가보니 변기 안에 검정 비닐봉지가 걸려 있었다고 한다. 확인 결과 그것은 특정 부위가 있는 여아의 하반신이었다. 경찰은 종업원으로부터 "아침에 어떤 남자가 그 방에 투숙했다가 나갔다"는 진술을 확보하고 수사에 더욱 박차를 가했다. 경찰은 "이 남자가 키 167cm 가량에 약간 마른 체형으로 투숙당시 베이지색 상의와 검은색 계통의 바지를 입고 검정색 가방을 들고 있었다"는 여관집 주인의 진술에 따라 '검은 가방을 든 남성'을 수배하는 한편 중부고속도로 등 주변도로에서 검문검색을 강화하였다. 수사팀은 슬기 양 부모의 주변 인물들을 상대로 원한관계 등을 조사하였다. 또한 송정동과 인근 군자동 일대 동일수법 전과자, 어린 아이를 상대로 범행을 저지른 유사 전과자 등 수백 명의 리스트를 뽑아 탐문수사에 들어갔다. 경찰 몽타주반은 5월 22일이 되어 목격자 진술을 토대로 몽타주를 만들려 하였으나 진술의 불확실로 인하여 몽타주를 만드는 데 실패 하였다. 목격자에게 용의선상 인물을 보여 주었으나 사진 조회에 실패하였기 때문이었다. 경찰은 동일 전과자를 중심으로 용의선상에 있는 수명을 쫓고 있었다. 그 무렵 용의선상에 올릴 만한 요주의 인물들을 샅샅이 훑은 결과 유력한 용의자로 떠오른 인물들이 몇 있었다. 슬기네 집 인근 2평짜리 반지하 방에 살고 있던 최달수(가명, 당시 40세, 성폭행 전과자)도 그중 하나였다. 최달수는 98년 2월에도 서울 황학동에서 5세 여아를 강제 추행해 징역 2년 6월을 선고받고 실형을 살았던 인물로 당시 출소한 지 1년도 채 되지 않은 상태였다. 수사팀이 최달수의 집을 찾아갔을 때 그는 이미 자취를 감춘 상태였다. 하지만 집안을 수색한 결과 우리는 최달수가 범인이라고 확신할 수 있었다. 우선 그의 집에 있던 냉장고가 슬기가 냉동됐던 줄 문양의 냉장고와 동일한 모델이었다. 슬기의 시신 줄 문양과 냉동고의 줄 문양은 일치했다. 또한 최 씨의 방에서는 슬기 양의 멜빵과 머리핀·피가 묻어 있는 이불·칼·톱·도마 등 범행을 말해주는 증거품들이 속속 발견됐다. 벽면 곳곳에는 혈흔이 묻어 있었고 시체가 담겨 있던 * * 슈퍼마켓의 비닐봉지도 나왔다. 두 번째 시체 토막이 발견된 지 꼭 일 주일만의 일이었다. 수사팀은 즉시 최달수의 행방을 찾아 나섰다. 조사 결과 최달수는 공장에서 비닐·플라스틱 사출공으로 근무했던 인물이었는데 작업 도중 왼손의 둘째, 셋째 손가락을 잃은 3급 지체장애자였다. 경찰이 최달수가 근무하던 하남시에 위치한 * * 상사를 찾아갔는데 예상대로 그는 그곳에 출근하지 않는 상태였다. 회사 관계자는 "최 씨가 21일 찾아와 밀린 월급 170만 원을 수표로 받아서 돌아갔다"는 진술을 확보했다. 경찰은 수표번호를 역추적 하는 동시에 최달수가 하월곡동에 소재한 단란주점에서 24만 원을 사용한 카드내역 등을 확인했다. 또 수표에 적힌 전화번호를 토대로 그의 동선을 바짝 뒤쫓았다. 이제 범인을 검거하는 것은 시간 문제였다. 수사팀은 최달수가 은신해 있을 만한 여관촌 골목 골목을 일일이 탐문했고 그 결과 5월 29일 오후 4시 50분 하월곡동 '달' 여관에 은신해 있던 최 씨를 검거하였다.

최달수의 자백으로 드러난 범행 과정은 이렇다. 평소 술을 즐기던 최 씨는 사건 전날에도 화양동의 주점에서 새벽까지 술을 마셨다. 그 다음날 오후 송정동 동부간선도로변 방죽에 앉아 있던 그는 혼자 있던 슬기 양을 보고 범행을 마음먹는다. 최 달수는 슬기 양에게 '아이스크림을 사 주겠다'며 접근해 자신의 반지하방으로 데려갔다. 슬기 양의 경계심을 풀기 위해 최달수는 실제로 아이스크림을 사줬고 이로 인해 슬기 양을 수월하게 유인할 수 있었던 것으로 드러났다. 그러나 막상 반지하방으로 데려오자 슬기 양은 울기 시작했다. 최달수가 집 전화번호를 물어봤으나 슬기는 울기만 했다. 급기야 최 씨는 슬기 양의 목을 조르게 되는데 아이는 코피를 흘리고 입에서 거품을 토해내며 발작을 일으켰다. 이에 당황한 최 씨는 화장지로 슬기 양의 입과 코를 막아 살해하고 만다. 시체 처리 방법을 고심하던 최달수는 자신의 방에서 사체를 여러 토막으로 절단한 후 냉동실과 냉장고에 나눠서 보관했다. 그리고 며칠 후 4개의 비닐봉지에 사체를 나눠 담고 유기하려던 중 시체가 배낭에 다 들어가지 않자 일단 3개만 담아 이른 새벽 송정동 주택가에 놓고 사라졌다. 그리고 이틀 후 남아 있던 비닐봉지 1개를 배낭에 넣고 경기도 광주의 한 여관으로 가서 변기 속에 유기하고 잠적했다. 이후 최달수는 청량리와 하월곡동의 사창가 여관을 전전하며 숨어 지냈던 것으로 드러났다. 하지만 최달수의 범행은 여기서 그친 게 아니었다. 수사팀을 더욱 분노케 한 것은 최 씨가 어린 여아를 상대로 차마 입에 담을 수 없는 몹쓸 짓을 벌였다는 사실이었다. 조사과정에서 최달수는 모든 혐의를 인정했지만 "성폭행만큼은 절대 안 했다"고 완강히 주장했다. 그러나 그의 말은 사실이 아니었다. 검찰 송치 후 국과수에서 시체 감정결과가 나왔는데 이게 웬일인가. 신체 특정 부위 두 곳에서 모두 최달수의 정액반응이 나온 것이었다. 네 살짜리 여아를 상대로 행해진 변태적인 범행에 수사팀은 일대 충격에 빠졌다. 인간의 탈을 쓰고 이럴 수는 없었다. 경찰은 최달수를 다시 데려와 성폭행 부분에 대해 추가 조사를 했다. 감정결과를 들이대자 최달수는 고개를 숙이며 "여러 번 삽입을 시도했는데 아이가 너무 어려서 잘 들어가지 않았다. 몇 번을 시도하였으나… 아이가 소리를 지르며 울어대니 겁이 나서 그만 목졸라…"이라고 털어놨다. 형사들은 "어찌나 화가 나던지 도저히 가만있을 수 없었다"고 한다. "정말 그때 수사팀 전체가 느낀 분노는 이루 말할 수 없었다"고 말한다. 도대체 최달수는 어린아이를 상대로 왜 이런 끔찍한 범행을 저지르게 된 걸까? 처음 범행동기에 대해 최달수는 "돈이 필요했기 때문"이라고 주장했다. "벌이도 시원치 않은데다가 두 손가락이 없는 장애인으로서 살기가 막막해 아이를 납치해 부모에게 돈 500만 원을 요구할 생각이었다"고 둘러댔다. 하지만 조사결과 이것도 순전히 거짓말이었음이 드러났다. 경찰은 최달수의 목적은 돈이 아니라 '아이의 몸'이었다는 것을 밝혀냈다. 최달수는 어린아이를 성적 대상으로 보고 성적 욕구를 느끼는 소아기호증을 갖고 있던 인물이었다. 이는 그의 전력에서도 쉽게 확인되는 부분이다. 최달수는 98년에도 5세 여아를 상대로 성폭행을 시도하다가 검거돼 실형을 살았다. 슬기 양 사건 당시 최달수는 의정부교도소에서 출소한 지 열 달밖에 안된 상태였다. 돈이 목적이었다는 주장과는 달리 최달수는 범행 후 슬기 양 부모에게 단 한 차례도 돈을 요구하는 전화를 하지 않았다. 또 사건 당일 아이를 살해한 것도 수면제 5알을 먹이고 아이를 상대로 몹쓸 짓을 시도하던 과정에서 이뤄진 것이었다. 보통 유괴살해범들은 우는 아이의 목을 졸라 죽이는 경우가 대부분이다. 하지만 최달수는 아이에게 몹쓸 짓을 시도하고 죽인 것도 모자라 사체를 토막으로 잘라 유기했다는 점에서 여느 살인사건들에 비할 수 없는 충격을 줬다는 것이 형사들의 얘기였다. 그렇다면 최달수는 대체 어떤 인물이었을까? 조사 결과 최 씨는 불우한 가정환경에서 성장한 인물로 제대로 된 사회화 과정을 밟지 못한 것으로 드러났다. 최종학력도 초등학교 졸업이 전부였다. 어린 시절 가출한 최 씨는 76년경부터 공장을 전전하며 간간히 생계를 꾸려왔다. 최 씨는 수년 전 작업도중 손가락 두 개를 절단당하는 사고를 입었으나 제대로 보상조차 받지 못한 채 2평 남짓한 월세 20만 원짜리 반지하방에 홀로 기거해왔다. 가족은 물론 가까이 지내는 친구나 여자도 없었던 것으로 알려진다. 슬기 양 사건을 계기로 사회 각계에서는 성범죄자 특히 어린아이를 대상으로 삼는 성범죄자에 대한 국가의 체계적인 관리와 감시의 필요성이 여론화되기도 하였다. 담당형사는 증언한다. "숱한 살인사건을 다뤄봤지만 네 살짜리 어린 여아를 상대로 한 끔찍한 범행이었기에 더욱 충격을 받았다. '악몽'을 꾸고 있다는 생각으로 수사에 임했다. 사건의 내용이나 범행수법으로 볼 때 내가 형사생활을 하는 동안 과연 이처럼 잔혹하고 끔찍한 사건이 또 있을까 싶다. 여아를 성적 대상으로 느낀 나머지 돌이킬 수 없는 범행을 저지른 '소아기호증' 남자의 만행에 이루 말할 수 없는 분노를 느꼈다"고 증언했다. 가족들은 슬기가 실종되자마자 납치·유괴사건으로 신고했으나 사건 발생 닷새 뒤에야 수사에 들어갔다고 분통을 터트린다. 부모는 속이 타들어 가는데 경찰은 본연의 임무에 소홀했다는 것이 그들의 주장이다. 경찰의 변명은 "슬기가 실종된 뒤 돈을 요구하거나 협박성 전화가 없었고 슬기의 아버지가 평범한 회사원이었던 것으로 보아 처음부터 유괴 사건으로 단정 짓기는 어려웠다"고 말하고 있으나 경찰이 강력사건을 대하는 태도는 비난받아 마땅했다. 최달수는 동부지방법원에서 사형을 선고 받았으나 고등법원에서는 무기징역으로 감형되었다. 차마 인간으로서 입에 담지 못할 끔찍한 일을 저질렀지만 처벌은 심급을 올라갈수록 관대해진다. 사형을 받아도 부모의 분은 풀리지 않을 테지만 1999년도 황학동 5세 어린이를 성추행 했을 때 왜 징역 2년 6월뿐이 받지 않았으며 출소 후에 아무런 감시도 받지 않고 거리를 활보할 수 있었는지 의문에 의문을 더한다. 슬기는 범인이 치료감호나 사회에서 영원히 격리할 수만 있었다면 슬기의 주검은 예방되었을 테지만 어른들의 잘못으로 슬기를 지켜주지 못했다. 어린 여자어린이를 납치하여 성폭행하고 이를 은폐하기 위해 살해하는 이런 끔찍한 뉴스를 언제까지 들어야 하는지 가슴이 답답하다. 전문가들은 이처럼 아동성폭력 사건이 끊이지 않고 있는 이유를 '가벼운 처벌수준'을 들고 있다. 이러한 법원의 관대한 처벌은 법의 가벼운 형량의 규정에 있고 감경사유를 여러 가지를 두고 있고 또한 아이의 법정진술이 증거로 채택되지 않기 때문이다. 이러한 공판절차의 여러 문제점으로 대부분의 여자어린이 성폭행범들이 집행유예나 가벼운 실형을 받는 것에 그친다면 아동성폭력은 근절되지 않을 것이다. 이러한 현상은 아동성폭력사범의 재범률이 높은 것에서도 추론이 가능하다.

통영 여자어린이 납치살해사건

여자 어린이의 성을 노리는 놈들의 대부분은 이웃 남자들인 것은 어제 오늘의 일이 아니다. 그래 왔고 앞으로도 그럴 것이다. 오랫동안 친분관계도 유지한다. 친한척하고 뭔가 도와 줄 것 같은 여운도 남긴다. 이들은 장시간 범행의 기회를 엿보다가 결정적인 시기가 오면 범행에 착수한다. 범죄 심리학자들은 이들을 '기회주의형범죄자'라고 부른다. 평소에도 범행에 대한 의지는 있지만 기회가 오지 않았기 때문에 범행에 착수하지 못하는 것이지 늘 범행에 착수할 심리적 준비는 하고 있다는 것을 의미한다. 가해자나 피해자가 서로 얼굴을 아는 경우에 그럴 수 있는 확률이 많다. 또한 부모들의 사회적인 상황이나 재력에 영향을 받을 때가 많다. 범죄기회주의자들은 이웃에 가까이 살고 있기 때문에 범죄의 기회는 많다. 이들은 보다 완벽한 범죄를 만들기 위하여 노력하고 있으며 의심을 받지 않을 상황을 스스로 만들어 내기도 한다. 2012년 7월 16일 오전 7시 30분 경 경상남도 통영시 산양읍 신전리 중촌마을에서 일어난 여자 어린이를 납치 성폭행 후 살해 암매장 사건의 경우가 그렇다.

초등학교 4학년생 한아름(가명, 여, 당시10세, 초4)양이 실종되었다. 한 양이 실종된 것은 2012년 7월 16일 오전 7시 30분경의 일이었다. 한아름이 실종된 것을 알고 있는 사람조차 없었다. 목격자도 없었고 학교에서도 아름이가 학교에 왜 안 오는지에 대하여 확인조차 안 하고 있었기 때문이다. 단순

결석으로 처리하였기 때문이었다. 아름이가 실종된 것을 안 최초의 사람은 아버지였다. 전국을 무대로 막노동을 하고 있었던 아름의 아버지는 이날도 늦게 귀가하였다. 그러나 당연히 집에 있어야 할 아름이가 집에 없었다. 여기저기 지인들에게 전화를 해봐도 모른다는 이야기만 했다. 아름이의 아빠는 그날 밤 10시까지 집에 들어오지 않자 경찰에 실종 신고를 했다. 오빠(당시20세)도 아르바이트를 하기 때문에 아버지보다 더 늦게 귀가하였다. 엄마가 집에 있었으면 아름이를 챙겼을 테지만 엄마도 없었다. 한 양의 부모는 몇 년 전 이혼했다. 아이들은 아버지가 키우기로 했다. 이혼한 이후 아버지가 생계를 위해 다른 지역에서 일하면서 자주 집을 비워 왔기 때문에 아름이는 오빠와 단둘이 생활했던 때가 많았다. 오빠도 사건 당시 아르바이트를 하느라고 늦게 들어와 최근에는 혼자 외롭게 생활해 온 것으로 알려져 주위를 안타깝게 하였다. 두 남매는 평소 마을주민들에게 밥을 얻어먹거나 등교길에도 차를 얻어 타고 학교에 다니곤 했던 것으로 알려지고 있다. 왜 그들 부모가 이혼했는지에 대하여는 알려진 바가 없다. 경찰은 실종사건에 무게를 두고 주변수색과 탐문수사를 병행 했다. 경찰은 7월 18일 오후 한 양의 집에서 버스정류장으로 가는 도로변 하수구를 수색하다 아름이의 휴대폰을 찾아냈다. 분석 결과 한 양의 휴대전화는 실종 당일인 16일 오전 7시 56분쯤 꺼진 것으로 확인됐다. 휴대폰이 당일 꺼졌다면 이는 실종이 되었다는 것을 의미하고 범죄와 관련성이 크다는 것을 의미 하였다. 경찰은 아름이의 휴대폰이 발견되자 곧바로 7월 19일 오전부터 '실종아동경보'를 발령하고 공개수사에 나섰다. 경력을 동원한 대규모의 주변 수색과 함께 탐문수사도 확대 되었다. 경찰의 수사·수색이 확대 되던 중 7월 22일 오전 11시경 유리의 집에서 10여 km 떨어진 인평동 한 야산에서 암매장된 시신으로 발견되었다. 실종신고 6일만의 일이었다. 범인은 한 양이 살던 마을에서 100여m 가량 떨어진 반대편 마을에 사는 고물수집상 김점덕(남, 당시44세, 전과12범)인 것으로 확인되었다. 경찰은 22일 오전 9시 40분쯤 김점덕을 한 양의 살인 및 사체유기 혐의로 긴급체포했다. 지난19일 그는 한 방송사 인터뷰에도 태연하게 응했던 것으로 알려져 충격을 주고 있다.

경찰에서 조사한 바에 의하면 아름이는 2012년 7월 16일 오전 7시 30분 경 마을 버스정류장에서 학교에 가려고 버스를 기다리고 있었다. 아름이의 학교는 집에서 2.6km 떨어져 있었다. 아름이는 버스정류장에서 10분이 넘게 기다렸으나 버스는 오지 않았다. 아름이는 김점덕에게 "아저씨! 학교까지 태워주시면 안 돼요?"라는 부탁을 하였다. 아름이와 김점덕은 서로 잘 아는 사이었다. 전에도 가끔씩 아름이를 학교에 데려가기도 하고 데려오기도 하였던 사이었다. 더구나 김점덕은 아름이의 아빠와 형님 동생하고 지내고 있었기 때문에 아름이는 김점덕을 친척처럼 생각하고 있었다. 포르노물의 탐닉에 빠져 한번 어린아이와 해봐야겠다는 생각을 늘 하고 있던 김점덕이었다. 또한 그 대상자로 아름이를 지목하고 있던 차에 아름이의 뜻밖의 제안에 횡재를 만난 듯하였다. 김점덕은 두 가지를 물었다. "아빠는 어디 있냐? 오빠는 어디 있냐?"였다. 아름이는 "모두 없다"고 대답했다. 그리고 아름이를 자신의 트럭에 타라고 했다. 주위를 두리번 거리던 김점덕은 목격자들이 없는 것을 확인한 뒤 차에 올랐다. "네가 차에 타고 있는 것을 남들이 알면 안 된다. 차 안에 엎드려라"고 한 후 트럭에 있던 라면박스로 아름이를 가렸다. 기회를 보고 있던 잠재범죄자가 드디어 행동을 개시하였던 것이다. 김점덕은 범행을 실행할 장소를 생각하였으나 좋은 곳이 얼른 떠오르지 않았다. 차를 몰고 이리가고 저리가고 하였다. 동네와 떨어진 후미진 빈집을 가려고 하였으나 마침 들에는 일하는 사람들이 있어 포기하였다. 한 30여분을 돌아다니던 끝에 김점덕의 집이 제일 안전할 것이라는 결론을 냈다. "그래, 왜 진작 이 생각을 못했지?"고 혼잣말을 하면서 급하게 자신의 집으로 향하였다. 세 살배기 딸은 어린이 집에 갔고 처도 회사에 출근한 상태였기 때문에 비어 있었다. 차를 집안 깊숙하게 세워 놓고 아름이를 끌고 방안으로 들어갔다. 겁에 질린 아름이는 놈이 시키는 대로 할 수밖에 없었다. 방에 들어가자 마자 아름이의 입을 테이프로 붙였다. 소리를 지를 것에 대비한 것이다. 그 후 아름이의 팬티를 벗기고 몹쓸 짓을 했을 것이다. 그러나 부검결과는 시신이 너무 부패되어 정액반응을 검사할 수 없었다. 김점덕은 성폭행은 하지 않았다고 주장하고 있으나 확인할 수 없다. 범인은 "아름이의 옷을 벗긴 뒤 음부에 손가락을 넣는 등 여러 차례 성추행했다"고 하여 성추행 사실은 인정했다. 대부분의 여자 어린이 성폭행범들이 "나 했수다"하는 범인들은 없었다. 모두 정액반응으로 추측할 수 있는 일인데 죽은 자는 말이 없고 부패되어 반응은 없으니 추측만 할 수 있을 뿐이다. 김점덕은 성폭행 후 아름이를 죽이기로 했다. 면식범이기 때문이다. 현재는 아버지가 출타 중이지만 돌아와 혹여 이 사실을 알게 된다면 골치 아파질것이 분명했기 때문이다. 계획대로 점덕은 아름이를 목졸라 죽여 시신을 마대자루에 싸서 트럭에 싣고 유기할 장소를 찾았다. 이곳저곳을 저울질하다가 한 양 집에서 10여km 떨어진 통영시 한 야산에 이르러 삽으로 파서 암매장하였다. 암매장 한 곳엔 낙엽으로 은폐시키는 치밀함도 보였다. 김점덕은 경찰이 마을 주민들을 대상으로 한 탐문 수사에서 발목을 잡혔다. 경찰은 김점덕의 말들이 사건 현장에서의 CCTV 분석과 다르자 거짓말탐지기 조사를 진행하겠다는 것을 김점덕에게 통보했다. 도둑이 제발 저리던 김점덕은 통보한 날 20일 도주하였다. 경찰이 진범임을 확신케 하는 행동이었다. 김점덕의 행방을 쫓던 경찰에 의해 이날 오전 9시 20분쯤 통영스포츠파크 근처에서 긴급체포 되었다. 체포되기 전 압박감을 느낀 나머지 길에 떨어진 농약 비슷한 통을 들고 마시기도 하는 등의 추태를 부린 것으로 확인되었다. 경찰은 트럭에 있던 카터 칼에서 나온 혈흔과 숨진 한 양의 DNA와 일치하여 김점덕을 진범으로 확정하였다. 카터 칼은 피의자가 "범행

당시 검은색 테이프로 피해자의 입을 막은 후 다시 테이프를 풀기 위해 사용했다"고 진술했다.

한편 김점덕은 지난 2005년 62세 여성에게 성범죄를 저질러 실형을 살았고 이 외에도 폭력 등의 전과 12범인 것으로 알려졌다. 4년 전 베트남 여성과 결혼해 3살 된 딸을 두고 있었다. 경찰은 김점덕의 가택을 압수수색 하였다. 그의 컴퓨터의 하드디스크에서 동영상 등 파일 218개가 나왔는데 이중 70개가 야한 동영상이었고 나머지는 야설이었다. 전체 파일 중에서 동영상을 제외한 나머지는 음란 소설인 것으로 확인됐다. 동영상 가운데 일부는 아이들이 출연하는 것도 있었다. 18세 미만 아동이 출연하는 포르노 제작 및 유포, 컴퓨터로 다운로드 받는 행위가 모두 범죄 행위로 분류된다. 영리 목적으로 제작, 수출ㆍ입한 경우 5년 이상의 징역을, 영리 목적으로 배포한 경우 7년 이하의 징역에 처해지고 배포 행위 없이 이를 소지하는 것만으로도 2000만 원 이하의 벌금을 부과 받게 된다. 아동문제 전문가들은 "나주 사건 뿐 아니라 통영 초등학생 살인사건, 2007년 안양초등학생 살인사건, 2010년 김수철 사건에서도 범죄자의 컴퓨터에서 다량의 아동 포르노가 발견됐었는데, 이는 아동 성폭력의 증가와 밀접한 연관이 있다"는 증거임이 틀림없다고 분석하고 있다.

그는 사실 이전에 TV에 나온 적이 있는데 7월 19일 무렵 실종사건을 취재하러 간 MBC 기자에게 "한 양을 버스 정류장에서 마지막으로 목격했고, 나는 그 후로 밭에 일하러 갔다"고 인터뷰했던 목격자였다. 평소에 잘 알던 사이였고 가까운데 살았으며 자기가 죽인 아이를 목격했다고 목격자로 인터뷰에 아무 죄책감 없이 나온 점은 인면수심, 후안무치의 극치를 보여주었던 대목이다. 결국 아름양은 7월 22일 오전 집에서 10km 정도 떨어진 인평동 한 야산에서 암매장된 채 발견됐다. 알몸 상태로 양손이 등 뒤로 묶인 채 마대자루에 들어 있었다. 경찰은 경남 일원에서 벌어진 부녀자 실종사건을 전체적으로 재점검하며 김점덕과의 연관성을 찾았지만 결국 추가 혐의를 밝혀내지 못했다. 그는 성범죄자 신상공개 대상자가 아니었으며, 단지 3개월마다 경찰에서 관리를 하는 성범죄 우범자였다. 김점덕은 2012년 10월 18일 무기징역을 선고받았고 항소심에서도 무기징역형이 선고되었다. 법원은 "죄질이 극히 나쁘지만 그래도 피해자가 한 명에 그친 점. 어려서부터 불우한 삶을 살아온 점 등이 고려되어 사형선고를 하지 않았다"고 한다. 그는 2013년 9월 무기징역이 확정되어 교도소에서 복역 중이다.

부산 강동동 여자어린이 강간살해사건

어린이의 성을 노리는 인간 '하이에나'들의 나이는 어떨까? 10대에서 70대의 노인까지 다양한 연령분포를 보이고 있다. 이들은 힘없고 반항할 수 없는 어린이의 성을 탐욕 할 기회가 포착되면 그만이다. 전후좌우를 고려하지 않고 욕정을 해소하기 위한 방출구로 줄달음 칠 뿐이다. 인간이기를 거부하는 인간말종의 범인들은 그러한 기회를 만들기도 하고 그러한 기회를 포착하기도 한다. 그러한 기회를 만들거나 포착하면 인간생명의 존엄성이나 인격권 등은 이미 멀리 보내고 난 뒤의 일이다. 여자 어린이의 성은 그들을 위한 노리개나 무주동물 정도로 생각한다. "살려 달라"는 어린 생명의 절규도 그들에게는 시끄럽고 성가신 목소리로 들리고 오히려 사건이 발각 될 것이 두려워 어린생명의 입을 막고 범죄를 저지르며 결국에는 어린생명을 빼앗고 결국 훼손하고 마는 것이다. 부산 강동동 어린이 성폭행 살해사건의 경우가 그러하다.

초등학교에 다니던 초등학교 4학년인 기민희(가명, 11세, 초4)의 집에는 인간 하이에나 강성호(가명, 노동, 26세)가 세 들어 살고 있었다. 애초에 그가 '하이에나'와 같은 성범죄자인 줄 알았다면 민희의 부모들이 세를 줄 리 만무했지만 그것을 알 수도 알 수 있는 방법도 없었다. 부산의 강서경찰서는 2005년 6월 2일 민희의 어머니로부터 민희의 미귀가 신고를 받는다. 신고를 접수한 부산 강서경찰서는 강력4개팀 27명을 동원하여 민희의 최종 행적과 학교와 학교주변, 민희의 집주변과 민희가 자주 간다는 가게 등을 대상으로 탐문수사를 전개하였으나 흔적을 찾지 못하였다. 민희 어머니는 "학교와 집만 아는 민희가 이렇게 흔적도 없이 귀가하지 않는 것이 이상하다"며 발을 동동 구르고 있을 뿐이었다. 그래도 민희 어머니는 길을 잃었거나 친구네 집에서 늦게 놀다 미안하기 때문에 연락을 하지 않겠거니 하면서… 스스로 위안하는 모습이 역력했다. 사건이 하루 이틀 해결의 실마리를 찾지 못하자 민희 부모와 경찰은 불길한 예감에 휩싸이게 된다. 강서경찰서는 공개수사에 들어가 인근 불량배 전과자 등을 비롯하여 교통사고 발생 후 유기 등 여러 가지 가능성을 염두에 두고 수사범위를 확대하였다. 그러나 사건의 해결 실마리를 찾지 못하던 중 세들어 사는 강호성(가명, 26세, 노동)의 행적에 주목하게 되었다. 평소보다 술을 마시는 횟수가 많아진 점, "민희가 멀리 도망갔을 것이다"라는 등 민희 실종사건에 대하여 횡설수설 하는 수상함을 발견하여 용의선상에 올려놓고 일거수일투족을 감시하기 시작하였다. 강호성은 일용직 노동에 종사하는 자로서 경찰의 수사가 본격화 되자 불안함을 보이면서 수상한 행동을 보였다. 더구나 술만 취하면 민희에 대하여 횡설수설 하였다. 경찰은 강호성을 유력한 용의자로 지목하고 잠복근무에 들어갔다. 일자리를 알아보기 위해 외출했던 강 씨가 같은 날 오후 8시20분께 귀가하였다. 오후 8시 50분께 취재진의 요청에 의해 강 씨의 방문을 열었다가 방안에 앉아있는 강 씨를 붙잡았다. 경찰은 수색을 시작한지 얼마 안 되어 집안의 퀴퀴한 냄새를 추적하여 다락방에서 40kg들이 쌀 포대에 무참하게 살해되어 들어있는 민희의 시신을 발견하였다. 사건 발생 8일 만에 민희의 시신은 부패된 채로 발견되고 만 것이다. 경찰은 범행의 직접적인 원인과 과정을 밝히기 위하여 부검을 실시하는 한편 범인 강호성을 살해혐의로 긴급 구속하였다.

2005년 6월 2일 부산의 날씨는 화창하고 맑았다. 범인 강호성은 노동일이 없어 집에서 쉬는 중 이었다. 장가들 나이가 되었으나 직업이 없다보니 누구 하나 거들 떠 보는 사람이 없었고 사귀는 여자도 없었다. 그날따라 민희 엄마 는 집안에 일이 있어 외출하였고 집에는 인간 '하이에나' 강호성만 있었다. 무료한 오후 15:00시경 민희는 학원에 들려 집으로 오고 말았다. '하이에나' 가 기다리고 있는 줄도 모르고… 강호성은 민희를 보자마자 욕정을 느꼈다. 강호성은 다짜고짜로 민희의 목을 감아 자신의 방안으로 들어갔다. 이 순간 이집은 자신의 성채나 다름 없었다. 자신의 방으로 끌고 들어온 강호성은 민 희의 옷을 벗기고 강간하려 하자 민희는 "아저씨 왜 이러세요. 제발 살려주 세요" 비명을 지르며 반항했다. 입을 막고 코를 막았다. 민희는 기절해 있었 다. 짐승만도 못한 욕망의 꼭대기에 오르는 순간 강호성은 욕심을 채우는데 여념이 없었다. 반항과 애원의 목소리가 들릴 리 없었다. 욕망의 꼭대기에서 급하게 내려온 순간 민희는 벌써 살해되어 있었다. 시체 처리를 고민하던 중 우선 시신을 쌀 포대(40kg)에 담아서 날이 어두워지면 변두리의 산속에 파묻 기로 하고 날이 어두워지기를 기다렸다. 그런데 집에 경찰이 들락거렸고 사 람들이 오고 가고 하여 그날은 뜻을 이루지 못하였다. 사건이 신고 되고 경찰 의 강호성의 집 주변에 대한 순찰이 강화되자 강호성은 더더욱 기회를 잃고 말았다. 만약 시신의 처리를 끝냈을 경우 이 사건이 미궁으로 빠져들었을 수 도 있었던 사건이었다. 법원은 흉악무도한 범인에게 15년의 형을 선고 하였 다. 판결의 요지는 "피고인은 초등학교 4학년인 피해자를 살해한 죄질이 극히 불량하고 피해자 유족들도 엄벌을 탄원하고 있다. 하지만 피고인이 범행을 반성하고 있고 피해자 유족에 일부 손해배상을 한 점, 초범인데다 어렵게 자라온 점을 고려할 때 피고인에 대한 교화개선의 가능성이 남아있는 것으로 보인다"고 이 같은 형을 선고한 것이다. 사람을 무참하게 죽였는데 피해자에게 일부 손해배상을 하고 초범이고 교화개선의 가능성이 있다는 점을 들어 이처럼 관대한 처분을 내린 것이다. 법이 무르기 때문인가 개념없는 법관들의 변명인가?

마포 여자어린이 성폭행사건

여자어린이 성을 노리는 놈들은 연령의 고하가 정해져 있는 것도 없고, 배우고 덜 배우고의 차이가 없다. 청소년에서부터 노인까지 다양한 연령대를 가지고 있고, 무학자로부터 대학교수에 이르기 까지 다양한 직업군을 가지고 있다. 새로운 범인들이 전국각지에서 발생하고 있고 형기를 마친 범인들에 의한 재범자도 계속 증가하고 있다. 이러한 끔찍한 한국의 사회병리현상들은 우리에게 엄청난 충격과 좌절을 안겨주고 있다. 범인들은 술을 마신다든지, 본드를 흡입한다든지, 정신 병력을 가장 한다든지 심신미약이라는 감형사유를 사전에 만들어 범행을 하는 경향까지 나타나고 있다. 감형의 조건을 미리 준비하는 지능범들이라 할 수 있다. 그런데도 법원은 여러 가지 사유를 들어 감형처분의 관용을 베풀고 있으니 할 말이 없다. 마포 여자어린이 성폭행 사건의 경우도 그렇다.

서대문구에 사는 황필균(가명, 22세, 전과없음)이란 범인도 정신병을 이유로 감형을 미리 예견하고 범행을 저지른 사건이다. 2008년 대학을 졸업하고 사법고시를 준비하는 고시생이었다. 황필균은 고시를 준비하고 있었으므로 형법상 범행의 감형요건을 잘 알고 있었다. 마침 정신병원에서 치료를 받았던 것을 이유로 여자어린이를 유인 성폭행하기로 마음을 먹는다. 집근처에 초등학교가 있었기 때문이다. 고시공부 한답시고 고시원엘 들락거리는 길목에 예쁜 여자 초등학생들이 지나다니는 것을 많이 보아왔다. 2008년 4월 10일 날은 흐리고 공부도 안 되었다. 평소 후미진 곳을 잘 알고 있는 황필균은 교회로 통하는 길목에서 여자초등학교 어린이를 기다리고 있었다. 마침 혼자 등교하는 여자 어린이를 발견하였다. 여자어린이는 초등학교 3학년생이었다. 여자어린이의 해맑은 모습에 잠시 머뭇거리다가 용기를 내 "얘야 소변을 보려고 하는데 망을 봐 줄래"하면서 접근하였다. 김은영(가명, 9세여, 초3년)어린이는 친구들과 가끔 용변 보는 것을 서로 보아주었기 때문에 아무런 의심 없이 흔쾌히 승낙하고 황필균이 가는 데로 따라 갔다. 교회 문을 들어서기에 더더욱 의심하지 못했다. 교회는 좋은 사람들이 예배 보는 곳으로 은영이는 알고 있었기 때문이다. 황필균은 교회의 평일은 빈집이 되고 만다는 사실을 이미 간파하고 있었다. 그가 소변을 보겠다는 화장실로 따라 들어갔다. 황필균은 갑자기 태도가 돌변하여 "소리 지르면 죽인다"고 은영을 협박했다. 범인의 갑작스런 태도 돌변에 은영은 당황하였다. 그렇지 않아도 사람들이 많이 있었을 줄 알았는데 사람들이 없어 이상하다고 생각하고 있었던 터에 … 범인의 소리를 지르면 죽인다는 말에 소리도 지르지 못하고 … 황필균은 은영이의 팬티를 벗겼다. 그리고 음부도 만지고 가슴도 만지면서 몹쓸 짓을 하였다. 범인 황필균은 일을 끝내고 범행발각이 두려웠다. 서둘러 이곳저곳에 남아있을지도 모를 지문을 지우고 은영이보다 먼저 도망쳤다. 은영이는 졸지에 봉변을 당하고 학교 가는 것을 포기하고 집으로 향하였다. 엄마에게 이 황당한 봉변을 이야기 하였다. 은영이 엄마는 딸을 달래며 신속하게 경찰서에 신고하였다. 신고를 접수한 마포경찰서에서는 형사와 과학수사팀을 현장에 급파하였다. 현장에 남아있을지도 모를 증거물을 찾아내기 위해서다. 범행현장에는 이미 지문이 지워진 상태였다. 그래도 다행스럽게도 범인이 미처 지우지 못한 화장실 벽면에서 지문 몇 점을 확보하는데 성공하였다. 서둘러 지문감식을 의뢰하고 광범위한 탐문수사에 들어갔다. 목격자를 확보하는 데는 실패했으나 지문감식결과 황필균이라는 사실이 확인되었다. 황필균이 거주하는 곳에서 잠복근무에 들어갔다. 혹시 범행을 부인할 수 있기 때문에 우선 황필균의 사진을 찍어 은영이에게 보여 보기로 했다. 범인 황필균은 범행 후 며칠을 집에서 칩거했다. 경찰에서 자신을 쫓고 있을지도 모른다는 두려움 때문이었다. 며칠이 지나간 후 황필균은 경찰에서도 아무런 연락이 없자 수사가 미궁으로 빠진 것이라고 단정했다. 평소처럼 고시원에 다니기 시작했다. 형사들의 카메라에 담겨져 확인하는 과정에 있는 줄도 모르고 … 황필균의 사진을 확보한 경찰은 은영에게 보여주었다. 은영이는 놀라 "이 사람이 맞아요! 범인이 확실하다."면서 눈물을 흘렸다. 경찰은 곧바로 집에서 나오는 황필균을 긴급체포했다. 은영이의 영혼을 앗아간 범인을 그래도 신속하게 체포할 수 있을 수 있었던 것은 은영이와 엄마의 신속한 신고와 경찰의 수사에 많은 협조가 있었기 때문에 가능하였다. 어떤 부모들은 신고를 꺼리다가 며칠 후 신고하는 경우가 많아 증거의 확보가 어렵고 범인이 증거를 완벽하게 훼손하는 경우가 많기 때문에 수사에 어려움이 많게 된다.

마포에서는 은영이 사건이 일어나기 2년 전인 2006년 4월22일에도 어린이 유인 성폭행 사건이 일어났다. 오후 3-4시 경에는 초등학교 어린이들이 제일 많이 귀가하는 시간이다. 범인들은 이 시간대가 어린이들을 유인하기 제일 쉬운 시간인 것을 알기 때문이다. 범인 이홍식(가명, 31세, 성폭행전과자, 자동차판매상)은 여자 어린이 전문 성폭행범이다. 중고자동차 판매상이라 차는 얼마든지 바꾸어 가면서 바꾸어 탈 수 있었던 점을 십분 활용하였다. 중고지만 고급 승용차와 중형급 승용차를 오가면서 마음대로 자신을 숨겨가면서 자동차를 이용할 수 있었다. 마포구에 있는 모 초등학교에서 얼마 떨어져 있지 않은 거리에 검은색 승용차가 멈추어 섰다. 어린이 성폭행 전문범인 이홍식의 범행용 대포차량이었다. 방과 후 집으로 돌아가던 초등학교 여자어린이 옆에 세운 이홍식은 다급한 목소리로 본색을 드러냈다. "자동차 의자 사이로 볼펜을 떨어뜨렸는데 손이커서 뺄 수가 없네. 네 손은 작으니까, 네가 좀 꺼내주겠니?" 이홍식의 다급한 목소리에 놀라 이것저것 생각할 겨를도 없이 임가은(가명, 11세여, 초교5)은 범인이 볼펜이 떨어져 있다는 차에 올라타고 말았다. 범인은 가은이가 차에 타자마자 차문을 잠그고 미리 물색해 놓은 후미진 장소로 달리고 있었다. 범인이 은 이미 범인의 수중에 들어가고 만 가은이는 공포에 질린 목소리로 울고불고 하였으나 소용이 없었다. 밀폐된 차 안의 가은이의 가는 흐느낌은 어느 누구도 관심의 대상이 아니었다. 이홍식은 자신도 모르는 서울의 외곽의 인적이 없는 한적한 곳에 차를 세웠다. 범인은 평소 하던 대로 가은이의 바지와 팬티를 벗기고 인간으로서 도저히 할 수 없는 몹쓸 짓을 하고 말았다. 가은이는 살이 잘리는 고통에 소리를 질러대고 있었지만 후미진 그곳에는 아무도 들어주는 사람이 없었다. 일을 마치고 난 이홍식은 그래도 아이에게 집에는 갈 수 있는 택시비 3000원을 쥐어주고 마포의 가은의 집에서 먼 장소(본인도 기억 못하는)아무데나 내려 줬다. 가은이는 집으로 온 뒤에 이를 소상하게 엄마에게 말했고 가은이 엄마는 바로 경찰서에 신고했다. 신고만이 수사의 시작이고 범인을 검거할 수 있다. 신고를 접수한 경찰은 형사대와 과학수사반을 범행 장소에 급파하고 목격자를 탐문하고 혹시 남겨있을지도 모를 증거수집에 집중하였으나 증거물수거에는 실패하였다. 경찰은 주변의 주정차 단속용 CCTV녹화 화면을 정밀하게 분석하여 그 시간대에 통과한 차량의 판독에 수사력을 모으는 수밖에 없었다. 다행스럽게도 범인의 차량이 특정되고 범인도 특정할 수 있었다. 범인의 검거는 시간문제였다. 경찰은 범행 하루 만에 서대문구 북가좌동에서 일을 보고 있는 이홍식을 검거하였다. 경찰은 동일수법의 사건이 자주 일어났던 점을 중시 추가범행을 밝혀내는데 주력하여 범행을 저지르기 한 달 전인 3월에도 같은 학교 앞에서 똑같은 수법으로 초등학교 여학생을 성폭행했던 것이 밝혀졌고 2004년과 2005년에도 초등학생 두 명을 성폭행한 사실이 밝혀졌다. 다급한 목소리로 "자동차 의자 사이로 볼펜을 떨어뜨렸는데 손이커서 뺄 수가 없네. 네 손은 작으니까, 네가 좀 꺼내주겠니?" 요청하는 수법도 똑같았다. 1993년에도 두 차례 특수강간으로 검거되었으나 모두 집행유예로 석방되었던 것이 이홍식을 더 큰 범인으로 키운 꼴이 되었다.

2014년 4월 29일 오후 4시30분께 서귀포시내 A초등학교 인근 주택가 화장실에서도 이와 유사한 어린이 성폭행사건이 일어났다. 초등생 이선주양(가명, 여, 10세, 초4)이 30대로 추정되는 남성으로부터 성추행을 당했다. 이 남성은 귀가하는 선주양에게 "길을 잘 모르는 데 화장실 위치를 말해 달라"며 접근 하였다. 친절한 선주양은 화장실에 도착하자 범인은 돌변하여 음란한 행위를 요구했다. 선주어린이가 거절하자 범인은 선주양을 강제로 옷을 벗기고 성추행하고 달아났다. 경찰은 범인을 특정하여 소재를 추적하고 있다.

전북 무주 지적장애아동 집단 성폭행 사건

우리사회가 건강하지 못하다는 증거는 수도 없이 많다. 그 중 하나가 장애인들에 대한 무관심과 그들에 대한 홀대와 비인격적인 취급이다. 자신의 욕심을 채우기 위해 지적장애인의 무지를 이용해도 괜찮다는 인식이 그것이다. 최근까지도 곳곳의 지적장애인 시설에서 벌어지고 있는 관리자들의 성폭행과 인격이하의 홀대사건들이 그러하다. 마치 동물처럼 사육당하고 있다는 느낌과 선입견을 지울 수가 없다. 이웃하여 살아가는 사람들에 의하여 저질러지는 성폭행사건들은 우리의 상상을 초월한다. 무주에서 일어난 지적장애아동의 집단 성폭행 사건이 그러하다.

전북 무주군의 한 시골마을에서 지적장애(2급)가 있는 김수지(가명, 여, 13세, 초5)양을 50대부터 70대의 이웃 남자 5명이 무려 4년간이나 '성노리개'로 삼았던 것으로 밝혀져 충격을 주었던 사건이 있었다. 성폭행범들은 수지를 어린 시절부터 잘 알고 있을 뿐 아니라 지적장애가 있다는 사실을 알고 그의 성을 탐하기 위하여 접근했다. 특히 수지의 부모가 농사일로 집을 자주 보이는 틈을 노렸다. 성폭행 피의자 중엔 수지 친구의 할아버지, 수지 아버지의 친구도 포함돼 있다. 도대체 왜 이렇게 우리 사회 도처에는 인면수심의 '들개 떼'가 많은지 모를 일이다. 2013년 5월 27일 전북 무주경찰서는 지적장애가 있는 수지양(13)을 성폭행한 혐의로 김 모(당시 70세)씨 등 3명을 구속하고 이모(당시 57세)씨 등 2명을 불구속 입건했다. 수지 친구의 할아버지인 김 씨는 지능지수가 낮은 수지양에게 "용돈을 주겠다"며 접근해 상습적으로 성폭행해 온 혐의를 받고 있다. 김 씨의 범행을 알게 된 이 모 씨는 이 사실을 권 모(당시 53세)씨에게 알리고 권 씨와 함께 수지 양을 성폭행하는 등 수지양은 마을 주민 5명으로부터 4년간 성폭행당한 것으로 조사됐다. 4년 넘게 이어진 이들의 범행은 다리가 불편한 이 씨의 집을 정기적으로 방문하던 장애인 '돌보미'의 신고로 전모가 밝혀졌다. 이 '돌보미'는 이 씨 집을 방문할 때마다 항상 수지양이 있는 것을 수상히 여겨 경찰서에 신고했다. 형사들은 "성폭행범들이 수지양의 휴대전화로 연락했기 때문에 가족과 이웃들도 성폭행 사실을 장기간 알아채지 못했다. 인심 좋고 청정지역인 마을에서 생각할 수도 없는 일이 벌어졌다는 게 황당하기 짝이 없다"고 말했다. 전주지방법원 제2형사부(재판장 은택)는 정신지체 2급 소녀와 성매매를 한 혐의(아동·청소년의 성보호에 관한 법률 위반 등)로 기소된 김 모 씨에 대해 징역 3년을 선고했다. 또 함께 기소된 또 다른 김 모 씨 등 3명에게 징역 2년에서 징역 2년6월을 선고했다. 이와 함께 이들에 대한 신상정보를 각 5년간 정보통신망을 이용해 고지하고 성폭력치료프로그램 각 80시간을 이수하도록 명령했다. 재판부는 "이들이 피해자 모친과 합의하고 초범이거나 동종전과가 없는 등 유리한 점이 있지만 한 마을에 사는 어른들이 보호대상인 어린 피해자를 상대로 장기간에 걸쳐 반복적으로 돌아가면서 유린한 것은 범행 대상과 수법, 기간, 횟수, 내용 등이 사회적 비난 가능성이 크다. 또 이 범행으로 인해 피해자와 가족들이 입은 정신·육체적 상처가 깊고 치유되기 쉽지 않은 점 등을 감안해 형량을 정했다"고 판시했다. 이 사건은 '들개들'이란 이름으로 영화화되기도 하였다.

서울경찰청 방범지도과는 2002년 7월 15일 안주리(가명, 12세, 초6)양과 조희주(13, 정신지체 2등급) 등 10대 어린이 둘을 상습적으로 성폭행한 혐의(성폭력범죄의 처벌 및 피해자보호등에 관한 법률위반)로 김성주(가명, 60세, 목사)를 구속했다. 또 이를 알고도 방치한 혐의(아동복지법 위반)로 조양의 어머니(41. 여)를 구속하고 아버지(42)를 불구속입건했다. 경찰에 따르면 김 씨는 지난 99년 자신이 만든 모 선교회에서 조양 가족 등 10여명과 생활하며 자신을 하나님의 종이라고 믿고 있는 안 양에게 "하나님의 계시"라고 속이고 수차례에 걸쳐 성폭행하는 한편 같이 살던 안 양의 사촌 조 양을 여러 차례에 걸쳐 상습적으로 성폭행한 혐의다. 안 양의 부모는 딸이 성폭행 당하는 것을 알면서도 이를 묵살하고 방조한 혐의를 받고 있다. 조사결과 김 씨는 세계종말 즉 '휴거'를 믿는다는 이유로 교단에서 퇴출된 뒤 전남 모 지역에 2천100여 평규모의 선교회를 건립, 안 양 가족 등 10여명과 함께 이른바 '공동체 생활'을 하며 이 같은 범행을 저지른 것으로 드러났다. 경찰은 안 양 부모도 사실을 알면서도 "다 너를 위해 그런 것"이라며 안양과 조양의 구조요청을 묵살해 온 것으로 밝혀졌다.

성남 야탑동 어린이 강간사건

범인들은 성폭행 대상 어린이를 찾기 위해서 사용하는 방법도 대양하지만 장소도 다양하다. 통학로, 학교주변, 주택가, 아파트, 어린이놀이터 등 여자 어린이들이 있는 곳이면 어디든 가리지 않는다. 고층아파트의 옥상이나 계단도 중요한 범행 장소로 활용되고 있다. 범인들은 어린이를 사람으로 보지 않고 짐승 같은 성충족의 대상으로 볼 뿐이다. 범인들은 대규모 고층아파트 단지나 주택가의 근처에서 범행대상의 어린이를 탐색한다. 보호자 없이 혼자 귀가하는 여자어린이가 주요 타깃이다. 사람이 많은 곳은 일단 피하는 경향이 있고 주로 한적한 곳을 선호하는 편이다. 마치 아파트단지에 제집이 있는 것처럼 가장하여 침착함과 태연함을 잃지 않는다. 아파트 입구까지 어린이가 혼자일 경우가 범행 포착의 순간이 된다. 2인 이상이 타더라도 층이 다를 경우에도 범행착수에는 별 지장이 없다. 어린이 혼자 탔을 경우는 범행의 최적의 조건이 된다. 사전에 아파트 옥상으로 통하는 문이 개방되어 있는지 확인하는 것도 잊지 않는다. 엘리베이터에 여자어린이가 타 문이 닫히는 순간 여자어린이는 범인의 협박과 함께 입이 봉해지고 아파트 꼭대기 층 옥상 계단으로 끌려간다. 그곳에서 몹쓸 짓거리를 시작한다. 짐승 같은 욕심이 채워진 후 태연스럽게 엘리베이터를 타고 아무 일도 없었던 것처럼 유유히 사라진다. 성남 야탑동 어린이 강간사건이 그런 경우이다.

김종세(가명, 노동, 당시45세)는 2008년 3월 12일 분당구에 있는 한아파트 입구에서 범행 대상 여자어린이를 기다리고 있었다. 초등학교 저학년이 귀가하는 시간대였다. 13:40분경 김현주(가명, 9세, 여, 초3)는 인간'하이에나'가 뒤쫓는 줄도 모르고 부지런히 집에 가는 중이었다. 그놈은 늘 하던 방식대로 입구에서 혼자오던 현주를 아파트 입구에서 뒤따라가고 있었다. 10여 미터를 뒤에 두고 아파트에 가까워질수록 속도를 내어 엘리베이터까지는 거의 같은 거리를 유지하다가 현주가 엘리베이터 버튼을 누르자 잽싸게 뛰어 동승하였다. 그놈은 현주가 자기 집인 5층에서 내리려하자 입을 막고 닫힘 버튼을 누르고 맨 끝층으로 향하였다. 겁에 질린 현주의 몸부림과 비명소리는 엘리베이터 안에서만 메아리 칠 뿐이었다. 옥상계단으로 현주를 데려간 그놈은 현주의 옷을 벗기고 짐승 같은 짓을 하고 현주를 옥상에 가둔 후 유유히 사라졌다. 인간 '하이에나' 김종세는 이러한 수법으로 2명의 여자어린이, 1명의 여중생, 강간미수2회, 수회의 강도까지 저질렀다. 범인들이 고층아파트 옥상을 선호하는 이유가 옥상은 범행을 저지르기에 최적의 조건을 갖추고 있기 때문이다.

　경찰은 보호자로부터 어린이 성폭행사건의 신고를 접수하고 곧바로 수사본부를 설치하여 수사에 착수하였다. 우선 아파트의 CCTV에서 김종세의 사진을 발췌확보하고 성남시 야탑동에 거주하는 20대 30대의 1,000여명의 사진을 대조하여 범인 김종세를 특정할 수 있었다. 이를 바탕으로 주거지에 형사들을 급파하여 체포하는 한편 구강세포를 채취하여 국과수에 DNA를 분석하여 그간 미제 사건으로 남아있는 사건과 대조하여 추가범행을 밝혀냈다. 범인 김종세는 성남일대에서 어린이를 비롯하여 여러 건의 강간과 강도를 일삼았던 성폭행 전문가였다. 재판부는 판결문에서 "피고인이 누범기간 중에 수차례에 걸쳐 여자 어린이를 비롯한 부녀자들을 상대로 강제추행하거나 강간하고 재물을 빼앗는 등 죄질이 극히 좋지 않다. 특히 피고인의 강간 범행으로 나이 어린 피해자들은 극심한 공포와 육체적 고통을 겪었을 것으로 보이고, 성적으로 미숙한 피해자들로 하여금 건전한 성적 가치관을 가질 수 있는 기회를 박탈함으로써 피해자들이 평생 씻을 수 없는 정신적 고통을 짊어지고 살아가야 할 것으로 보이는 점 등에 비추어 중형을 선고하는 것이 불가피하다"고 판시했으나 형량은 징역 10년에 불과 했다. 피고인이 범행을 시인하고 잘못을 뉘우치고 있는 점, 일부 피해자들을 위해 금품을 공탁한 이유를 설명했으나 얼른 납득이 가지 않는 판결이다. 여러 어린이에게 씻을 수 없는 영혼에 상처를 주고 부모들의 가슴에 못을 박은 범인에게 고작 10년의 징역이라니… 그는 10년의 형을 살고 사회에 복귀하면 또 다른 어린이나 여성들을 희생시킬 가능성이 크다. 성폭행범은 재범률이 높기 때문에 추가적으로 사회에서 격리시켜야 한다.

2013년 9월 30일 오후 4시쯤 서울 노원구 한 아파트에서도 이와 비슷한 유형의 여자어린이 성폭행사건이 일어났다. 조현길(가명, 30세, 대학원생, 전과2범)은 학교에서 귀가하고 있는 김가람(가명, 여, 13세, 중1)을 따라가고 있었다. 오후 4시의 아파트는 오고가는 사람이 거의 없을 정도로 한적하였다. 김가람은 뒤에 누군가 따라오고 있다는 것을 알고 있었으나 한 아파트에 사는 이웃 아저씨로만 생각하였다. 자신이 희생될 것이라는 생각은 하지 못한 채 아파트 엘리베이터를 같이 탔다. 그런데 이상하게도 같은 층에 내리는 것이었다. 조현길은 가람이의 방향으로 또다시 따라왔다. 가람이는 집에 이르러 열쇠로 현관문을 열었다. 뒤따라오던 조현길은 이때를 놓치지 않았다. 커터 칼을 들이대며 가람이를 아파트 안으로 밀어 넣었다. 가람이의 핸드폰과 열쇠를 빼앗고 가람이를 안방의 침대로 데려가 몹쓸짓을 하고 "신고하면 당장 죽일것이다"고 협박하고 유유히 사라졌다. 가람이가 열쇠로 현관문을 여는 것이 화근이었다. 열쇠로 현관문을 여는 것은 '집에 아무도 없다'는 것을 의미하기 때문에 조현길이 이것을 노렸던 것이다. 신고를 접수한 경찰에서는 CCTV를 분석하여 조현길을 특정하여 체포하였다. 동종의 추가 범행을 밝혀낸 것은 물론이다. 서울동부지법 제12형사부(최승욱 부장판사)는 10대 여자 어린이를 상습적으로 흉기로 위협해 성폭행한 혐의(강간치상)로 기소된 대학원생 조 모 씨(30)에게 징역 13년을 선고했다.

2006년 3월 중순에도 이와 비슷한 사건이 있었다. 학교의 수업을 마친 한 여자어린이가 아파트로 들어오자 군복을 입은 한 남자가 이 어린이를 따라가 엘리베이터를 같이 탔다. 범인은 말했다. "아저씨가 갑자기 배가 아파서 볼일을 봐야겠는데 옥상에서 망 좀 봐 주겠니?"하고 물었다. 아이는 부탁을 들어주기로 하고 남자를 따라갔다. 옥상에 도착하자, 남자는 여덟 살 여자아이에게 주먹을 휘두른 후 몹쓸 짓을 한 후 도망쳤다. 결국 CCTV에 찍힌 얼굴 때문에 덜미가 잡혔다. 검거된 범인은 이 사건 뿐만 아니라 다른 여자초등학생 7명과 여자 고등학생 1명을 같은 방법과 수법으로 여자어린이들을 성폭행 한 것으로 밝혀졌다.

인제어린이 연쇄성폭행 사건

어린이 성폭행은 고등학교 학생에 의해서도 저질러진다. 이제 중학교를 졸업하고 고등학교에 갓 입학한 나이의 어린 청소년에 의하여도 저질러지고 있는 것이다. 2008년 3, 4월 강원도 인제군 북면 원통리에서 잇따라 일어난 여자어린이 성폭행 사건이 그것이다. 여자어린이 성폭행범의 연령이 점차 저 연령화 되고 있다는 증거이다. 비행청소년에 의하여 저질러지는 범죄의 원인을 한가지로 요약하긴 어렵다. 다만 큰 원인을 몇 가지 요약하면 결손가정의 증가, 학교 성교육의 부재, 인터넷의 성 오락물의 범람 등에 기인한다고 보고 있다. 이를 하루아침에 개선시킬 수는 없겠지만 관계당국이 관심만 가지면 쉽게 해결될 문제도 많다. 대한민국의 남자! 어른이고 아이들이고 왜 그토록 비정상적이고 비인간적인 섹스에 매달리고 있는가? 도대체 이런 현상들은 왜 무엇 때문에 발생되는 것인가?

2008년 3월 15일 13:50경 강원도 인제군 북면 원통리에서는 12세 여자어린이가 강제로 끌려가 강간당하는 사건이 발생하였다. 뒤이어 2008년 4월 6일 16:40경 강원도 인제군 북면 원통리 소재 원통초등학교 운동장에서 놀고 있던 김세희(가명, 여9세, 초교3년)에게 "물건을 옮길 일이 있으니 도와 달라"는 것을 피해자가 거절하자 강제로 피해자의 손목을 잡아끌고 학교 체육관 뒤로 데려가 강제 성폭행 한 사건이 연쇄적으로 발생하였다. 경찰은 대낮에 대담한 범죄를 저지를 수 있다는데 놀랐다.그러나 잡고 보니 갓 고등학교를 들어간 청소년이었다. 교통사고나 가벼운 도난사건이나 발생하던 인제에서 연쇄 어린이 성폭행이라는 강력사건이 일어나자 인제가 발칵 뒤집혔다.

경찰은 수사본부를 설치하고 형사요원을 증원하여 목격자 등을 상대로 광범위하게 탐문수사를 전개하는 한편, 피해 어린이들로부터 범인의 인상착의를 들어 몽타주를 작성하였다. '성폭행범은 가까운 곳에 있다'는 점에 착안 원통리를 중심으로 한 인제 지역에 몽타주를 수천 장 배포하였다. 그 이튿날 '몽타주와 비슷하다'는 제보에 의하여 범인은 검거 되었다. 범인을 잡고 보니 15세의 고등학교 1학년 학생이었다.

나이어린 청소년이나 같은 연령대의 어린이들이라고 하여 딸 키우는 부모들은 안심해서는 안 된다. 성폭행범은 연령에 관계없다는 것은 이미 통계적으로 증명되고 있다. 성폭행범은 지리적으로 가까운 사람에 의하여 저질러지는 경우가 많다.

외국인까지 어린이 성(性)을 …

우리나라에 상주하는 외국인은 백만 명을 넘어 섰다. 서울의 어느 곳을 가도 외국인을 쉽게 볼 수 있다. 안산시의 어느 동(洞)은 한국인 보다 외국인이 더 많이 거주하고 있는 곳도 생겨나고 있다. 농촌에서는 외국인과 결혼하는 다문화가정이 늘어나고 있다. 다양한 국적의 외국인들이 우리나라 인구의 2.2%를 차지하고 있는 셈이다. 외국인들이 아니면 대한민국의 경제가 돌아가지 않을 정도라고 하니 외국인들이 우리경제에 기여하는 바는 크다 하겠다. 그러나 외국인들에 의하여 저질러지는 범죄도 심각한 수준에 이르고 있다. 경찰청통계에 따르면 2005년에 9,042건의 외국인범죄가 발생하였는데 2012년도에는 24,379건이 발생된 것으로 나타나고 있다. 불과 몇 년 사이에 배 이상 늘어난 것이다. 외국인들에 의하여 저질러지는 강간사건도 2012년도에 355건이나 되었다.

방글라데시가 국적인 무굴라(가명, 39세)는 불법체류자인 신분으로서 여중생을 비롯하여 20여명의 한국여성을 농락한 치 떨리는 파렴치한이다. 2003년에 입국한 그는 주로 이태원에서 셋방을 얻어놓고 유흥업소에서 일을 하고 있었다. 무굴라의 범행수법은 이랬다. 한국인들이 영어에 약하다는 사실을 간파하고 영어를 사용하면서 관광객행세를 하고 다녔다. 옷을 말끔하게 차려입고 금팔찌, 금목걸이, 가짜 다이어반지 등을 차고 돈 많은 외국인으로 위장하였다. 주로 혼자 다니는 여중생, 여고생, 대학생, 회사원 등에 접근하여 "한국어를 배우고 싶다"고 수작을 걸었다. 외모도 멀쩡하고 "같이 밥 먹으러 갑시다. 같이 술 한 잔 할래?"라는 말에 대부분의 여성들이 쉽게 식당이나 술집으로 유인되었다. 유인된 후 음료수에 몰래 환각성물질의 약을 몰래 넣는다. 음료수를 마신 여성들이 몸을 가누지 못하는 상태가 되면 여성을 부축하여 자신의 셋방으로 데려가 성폭행하는 수법이다. 그는 성폭행만 하는 것이 아니고 여성들의 나체사진과 성교장면을 찍어 고소에 대비하고 촬영된 비디오는 외국으로 팔아 넘겼다. 중학교 1학년인 이지민(가명, 13세, 여중1년)은 이태원에 친구들과 함께 옷을 사러 나갔다. 쇼핑을 마치고 친구들은 버스를 먼저타고 가고 지민이도 버스를 기다리고 있었다. 차를 기다리는 중 비가 내리고 있어 상점 비가림막에서 비를 피하고 있었는데 무굴라가 접근하여 "영어를 쓰는 관광객인데 한국어를 배우고 싶다"고 말하고 "같이 식사를 하러 가자"고 꾀었다. 지민이는 무굴라가 사준 음료수를 마셨음은 물론이다. 얼마의 시간이 흐른 후 지민이는 정신을 잃고 말았다. 몸을 가누지 못하는 지민이를 데리고 자신의 셋방으로 향하였다. 지민의 옷을 벗긴 후 성폭행하고 전라의 사진도 찍고 동영상도 찍었다. 무굴라는 지민이를 31시간 동안 농락한 뒤 주변 지하철역 주변에 갔다 버렸다. 무굴라는 몇 년 전에도 같은 수법의 감금혐의로 구속되었던 적이 있었다. 그러나 법원은 증거의 불충분을 들어 무혐의로 방면하고 말았다. 구속 당시 유죄에 필요한 증거를 보완하여 감금죄로 처벌하고 형기를 마친 후 강제 출국시켰다면 더 이상의 희생 여성은 없었을 것이다. 안타까운 일이다.

기타의 사건들

2013년 7월 대전경찰은 이웃집에 사는 초등학생을 8년간 성폭행 한 혐의로 한모(56세)씨를 구속했다. 한씨는 B양(당시 8세)이 심장병을 앓는 할머니와 지낸다는 것을 알고 집안일을 도와주겠다고 접근하여 범행했다고 한다. 또한 제주경찰은 2013년 6월 25일 새벽 집에서 혼자 자고 있던 10대 여아를 목을 조르고 성폭행하고 달아난 혐의로 A(21)씨를 구속했다. 제주지법 제2형사부(부장 김양호)는 징역 15년을 선고하고 10년간 신상정보공개와 위치추적 전자장치(전자발찌) 부착 20년을 명령했다. 범인은 노동일을 하며 지내는 사건발생지에서 불과 50m 떨어진 곳에 살고 있었다. 성폭행범의 70%는 가까이 거주하는 이웃들에 의하여 저질러지고 있다. 강원지방경찰청은 2013년 10월 29일 이웃집 4세 아동을 성폭행한 혐의로 A씨(당시57세)를 구속했다. 경찰에 따르면 A씨는 2011년 초부터 2014년 초까지 이웃에 살고 있는 B양(당시4세)에게 아이스크림을 사주겠다며 환심을 산 뒤 수차례 성폭행 한 혐의를 받고 있다. B양은 할머니와 단둘이 살고 있는 조손가정으로 알려져 안타까움을 더하고 있다. 조손가정에서 일어나는 경우도 있지만 이러한 사건들의 이면에는 부모들의 자녀에 대한 무관심과 문단속의 허술함이 자리하고 있다. 부산에서 일어난 김길태사건도 문단속의 허술함이 사건발생의 단초였다. '문단속'은 범죄예방수칙1조 1항이다.

학교도 여자어린이에게는 안전한 장소가 아니다. 조두순·김수철사건도 그러하거니와 일반인이나 학교의 경비원에 의하여 자행되기도 하고 성추행 사건은 교실의 선생들에 의에서도 일어난다. 2013년 7월 14일 대전 중부경찰서는 초등학생을 성추행 한 혐의(아동청소년의 성보호에 관한 법률 위반)로 A(당시58세)씨를 붙잡아 조사 중이다. 한 초등학교 운동장에서 혼자 귀가하던 B(당시10세)양을 뒤에서 껴안고 가슴과 엉덩이를 만지는 등 성추행한 혐의를 받고 있다. 2013년 11월 18일 저녁 서울의 한 초등학교 경비원인 임 모 씨는 이 학교 학생 A(당시10세)양을 "저녁밥을 차려줄 테니 먹고 가라"며 숙직실로 데려가 음란동영상을 보여준 뒤 "동영상처럼 해보자"며 자신의 신체 부위를 강제로 만지도록 하고 A양의 옷을 벗겨 성추행했다. 학교의 선생들 중에도 여자 어린이를 성폭행하는 일이 잦다. 2013년 가을 부산 남구 한 초등학교 방과 후 수업 중 교실에서 교사가 2학년 A(당시9세) 양의 옷 속에 손을 넣어 성추행 하였다. 2001년도에는 교감으로 재직하고 있던 이 모 씨가 지난 2002년도 1학기부터 이 학교에 재학 중인 김 모(5학년)양을 자신이 근무하는 사무실 및 사택 등지에서 상습적으로 성폭행해온 경우도 있었다. 이 교감은 김 모양을 꾀어 교감실과 학교의 사택으로 불러 여러 차례에 걸쳐 김양을 성폭행해오다가 어린이들에 의하여 발각되어 사건화 된 사례이다. 한 날 이 학교 어린이들은 교감실에서 어린이와 이상한 짓을 하는 것을 목격하였다. 어린이들은 이 사실을 부모들에게 알렸고 이를 알게 된 부모들이 이 교감의 행동을 추적하다가 사실의 현장을 발견 고발하였다. 왜 이 여학생은 부모에게 이 사실을 알리지 않았을까? 그 교감은 김모양에게 "발설하면 죽이겠다"고 협박하고 얼마의 용돈을 주면서 어린이의 입을 막아 온 것으로 밝혀졌다.

여자어린이의 성 안전에 관하여 "세상에 믿을 놈이 없다"는 말은 많은 사건이 이를 증명하고 있다. 2012년 7월 8일 창원지법 제4형사부(재판장 이완회 부장판사)는 지역아동센터 사무장으로 근무하던 당시 어린 자매(8세, 12세)를 성추행한 혐의로 기소된 A(당시52세)씨에 대해 징역 2년6월을 선고했다. 재판장은 "위탁한 아동을 보호할 지위에 있는 피의자가 자매를 강제로 추행한 사실은 죄질이 매우 나쁘다"면서 이같이 판시했다. 경찰은 2011년 11월 함께 사는 친조카인 A양과 B양을 각각 세 차례에 걸쳐 성폭행한 혐의로 구속

기소했다. A씨의 범행으로 임신까지 하게 된 자매는 정신적 충격을 받고 이런 사실을 숨겨오다 임신 8개월이 돼서야 주변의 도움을 받았다. 자매는 성폭행과 출산 충격 등으로 정신과 치료를 받으며 현재 보호기관에서 지내는 것으로 알려졌다. 청주지법은 A씨에 대해 징역 18년을 선고했다. 재판부는 또 A씨의 신상정보 공개 및 위치추적 전자장치 부착 10년을 명령하는 부가형도 병과 했다. 이 밖에도 세상에 어린이 성문제와 관련하여 "믿을 놈이 없다"는 사례는 수없이 많다. A씨는 2002년 8월 아내와 이혼 한 후 친딸인 B(당시14세)양을 혼자 양육해 오다가 B양이 10세가 된 2010년 8월부터 2013년 7월까지 수차례에 걸쳐 자신의 집에서 강간과 강제추행을 한 혐의로 기소됐다. 범행은 지난해 8월 성폭행을 견디다 못해 친구 집으로 가출한 B양의 신고에 의해 발각되었다. 청주지법 형사합의12부(정도영 부장판사)는 21일 의붓손녀를 성폭행한 혐의(13세 미만 미성년자 강간 등)로 구속 기소된 B씨에 대해 징역 12년을 선고했다. 재판부는 또 B씨에게 120시간의 성폭력 치료 프로그램 이수를 명령했다. 재판부는 "어린 의붓손녀를 2년여에 걸쳐 지속적으로 추행하거나 성폭행해 그 죄질이 매우 나빠 중형이 불가피하다"고 이같이 판시했다. 재판부는 "이 범행으로 임신해 출산까지 하게 된 어린 피해자가 지금도 불안한 심리상태에서 살아가는 점을 고려하면 비록 피고인이 죄를 인정하고 반성하고 있더라도 그 책임을 엄히 묻지 않을 수 없다"고 강조했다. 인면수심의 성범죄는 여기에서 머물지 않는다. 10대 의붓딸을 수년간에 걸쳐 성적으로 학대한 계부에게 중형이 내려졌다. 울산지법 제3형사부(재판장 정계선)는 「성폭력범죄의처벌등에관한특례법」 위반(13세미만 미성년자 강간 등, 친족관계에 의한 강제추행 등) 혐의로 기소된 A(53)씨에게 징역 10년을 선고했다고 2일 밝혔다. A씨는 2008년부터 2013년까지 울산 울주군 자신의 집에서 의붓딸인 B양을 수차례에 걸쳐 추행하고 1차례 성폭행한 혐의로 기소됐다. 재판부는 "보호할 책임이 있는 의붓딸인 어린 피해자를 자신의 성적 욕구 해소 대상으로 삼았다. 범행 내용이 반인륜적이고 죄질이 극히 불량해 엄벌이 필요하다"고 이같이 판시했다. 재혼하는 가정이 늘면서 의붓딸을 성폭행하는 사례가 많다. 전주지법은 2010년 9월부터 지난해 5월까지 자신의 집에서 동거녀의 미성년 딸을 4차례에 걸쳐 성폭행하거나 강제적인 유사성행위를 한 혐의로 기소된 A(당시40세)씨에 대해 징역 8년을 선고했다. 또 신상정보 공개 · 고지 10년, 위치추적 전자장치 부착 20년을 명했다. 대구지법 제12형사부(최월영 부장판사)는 지난 9일 동거녀의 어린 딸을 수차례 성폭행한 혐의(성폭력범죄의 처벌 등에 관한 특례법 위반)로 기소된 재판부는 "피해자를 보호하고 지도해야 할 책임을 버리고 피해자를 성적 욕구를 해소하는 대상으로 삼았다는 점에서 죄질이 매우 불량하다"며 이같이 판결했다.

농촌에서는 학교의 등하교길이 비교적 원거리임을 이용하여 자신의 차량으로 귀가시켜주겠다고 꾀어 성폭행하는 경우가 많다. 충남 당진경찰서는 여자어린이 11명을 학교나 집에 데려다 주겠다며 자신의 차에 태운 뒤 저수지 등으로 데려가 성폭행한 혐의(강간치상)로 이 모 씨(34 · 농업)에 대해 2003년 8월 5일 구속영장을 신청했다. 마을에서 논길을 걷고 있던 A양(7)을 집에 데려다 주겠다며 자신의 트럭에 태운 뒤 성폭행해 3주간 입원 치료를 받게 하는 등 4일까지 4개월 동안 초등학교 1~3학년 어린이 9명을 비롯해 모두 11명을 성폭행한 혐의다. 2013년 4월 31일 경기 용인경찰서에 붙잡힌 이모(38)씨의 경우는 용인과 수원 등을 돌며 1년 동안 초등학생 11명과 중학생 1명을 성폭행했다. 모두 같은 방법이었다.

범인은 19년 후에도 잡힌다.

1990년 어느 여름날 자기 집에서 잠자던 제니퍼 슈에트(현27세, 당시8세)는 창문을 뚫고 들어온 데니스 얼 브래드포드(40세, 당시21세)라는 범인에게 납치되었다. 슈에트를 납치한 범인은 '나는 비밀업무를 수행하고 있는 비밀경찰이며 엄마아빠와는 잘 알고 지내는 사람이다'라고 슈에트를 속인다. 브래드포드는 불안해하는 슈에트를 안심시키려 '저달을 보렴 달의 색깔이 바뀌면 네 엄마가 올거야' 하면서 슈에트를 슈에트가 다니던 초등학교 옆 풀숲으로 데려가 성폭행했다. 슈에트는 실신했고 의식을 회복했을 때 범인이 휘두른 칼에 후두가 손상되어 말도 하지 못하는 상태가 되었다. 범인이 칼을 휘두른 것은 죽이려는 의도가 있었다. 다행스럽게 슈에트는 다른 어린이에 의하여 14시간 만에 발견되었고, 헬기로 후송되어 목숨을 건지게 되었던 사건이다. 미연방수사국(FBI)은 최첨단 DNA분석시스템을 보완했고, 납치성폭행 미제사건 가운데 수사에 적극 협조할 피해자를 찾았다. 대부분 사건자체를 숨기거나 더 이상 수사를 원치 않았으나 슈에트는 당당하게 수사에 적극 응하였고 한발 더 나아가 CNN과 공개 인터뷰를 하면서 FBI수사를 활기차게 만들었다. 그를 19년 전 성폭행한 범인은 검거되었고 99년의 유기징역이나 종신형을 받게 되었다. 슈에트는 한 인터뷰에서 '지금까지의 과정을 통하여 나는 두가지 목적을 가지고 있었습니다. 하나는 나를 납치해 성폭행하고 죽이려 했던 범인을 찾아 다른 사람들에게 더 이상 가해를 못하도록 만드는 것이고, 또 다른 하나는 내 목소리를 통해 나의 이야기를 알림으로서 다른 피해자와 희생자들에게 범죄에 저항할 수 있도록 만드는 것이었습니다.'

고등학생 시절 성범죄를 저질렀던 20대 남성이 DNA 감정으로 10년 만에 붙잡혀 실형을 선고받았다. 광주지법 제11형사부(부장판사 홍진호)는 여자 초등학생을 성폭행한 혐의(성폭력범죄의 처벌 및 피해자 보호 등에 관한 법률 위반)로 기소된 차모(27)씨에게 징역 6년을 선고했다고 2일 밝혔다. 법원은 차 씨에게 위치추적 전자장치(전자발찌) 부착 20년과 신상정보 공개 · 고지 5년, 아동시설 출입금지, 성폭력 치료 프로그램 이수 120시간도 명령했다. 법원에 따르면 차 씨는 지난 2004년 1월5일 오후 2시10분쯤 광주시 북구의 한 학원 건물에서 여학생(당시 12세)을 흉기로 위협해 화장실에서 성폭행한 혐의다.

제1부에서 우리는 여자어린이를 상대로 인간이기를 거부한 인간'하이에 나'들에 의하여 저질러지는 충격적이고 끔찍한 성폭행의 현장을 살펴보았다. 여자어린이를 상대로 한 성폭행은 동서고금을 통하여 세계 어디에서나 있어 왔다. 그러나 우리나라에서처럼 처참하게 토막까지 내어 살해하는 현장은 그리 흔하지 않았다. 여자어린이의 성을 헌 신짝처럼 짓밟고 한 인생에게 씻을 수 없는 악의 그림자를 남기게 하는 여자어린이 성폭행! 한 여자어린이의 일생을 망치고 영혼까지 말살시키는 성폭행 사건은 왜 자꾸 반복되고 있는 것일까? 범인의 개인적인 병적 현상인가, 우리의 법과 제도가 미흡하여 그런가, 아니면 사회안전망이 허술하여 그런 것인가. 많은 학자들의 연구에 의하면, 성폭력범죄를 유발하는 개인적 원인으로는 공격적 성향이 강한 경우, 충동을 절제할 수 있는 자아통제력이 약한 경우, 성에대한 부정적 태도가 있는 경우, 여성에 대한 분노와 적개심이 있는 경우, 유아기 부모와의 애정적 접촉이 부족한 경우, 성에 대한 호기심이 강한 경우, 약물남용의 증상을 보이는 경우에 성폭력범죄를 저지를 가능성이 크다고 한다. 법과 제도적 측면에

서도 원인을 찾아 볼 수 있고, 사회안전망의 부족에서도 그 원인을 찾을 수 있다. 요즘 초등학교 교문에 가면 자가용차들이 줄줄이 서 있다. 모두 자녀의 하교를 기다리는 학부모들이다. 어린이들의 안전을 확보하기 위한 궁여지책의 풍경들이다. 어쩌다 한국사회가 이렇게 되었단 말인가? 아이들조차 맘 놓고 키울 수 없는 사회가 된 것 같아 씁쓸하다. 각 초등학교와 유치원에서는 아동유괴 예방 인형극을 공연하는가 하면, 자녀 위치추적 서비스가 가능한 휴대폰을 사주는 부모들이 부쩍 늘고 있다. 하루가 멀다하고 어린이 성폭행 사건이 일어나고 있는데 따른 자연스러운 현상들이다. 가뜩이나 저 출산의 문제로 대한민국의 미래가 불투명한데 어린이들까지 하나 둘 사라지고 있는 것이다. 경찰청의 통계에 따르면 2007년에서 2012년까지 실종아동 숫자는 284명에 이르고 있다. 2012년 한해에는 무려 118명의 어린이가 실종되었다고 한다. 어린이가 실종되었다면 시신이 발견되지 않는 한 범죄로 취급되지도 않는다. 그저 실종 상태로만 통계가 잡혀 있을 뿐이다. 아직도 부모 곁으로 돌아오지 못하는 실종어린이들은 어디에 있는 것일까? 대한민국에는 이 의문에 답해줄 수 있는 사람도 없고 기관도 존재하지 않는다. 다만 그 통계가 경찰청에 의하여 누적되고 있을 뿐이다. 대한민국은 어린이 실종공화국인가? 자괴감을 갖기에 충분하다. 물론 이 숫자는 가출 청소년이 포함되어 있을 것으로 추정되고 있기는 하다. 2013. 6. 4 「종아동 등의 보호 및 지원에 관한 법률」 개정으로 실종아동의 범위가 '실종당시 14세 미만'에서 '실종당시 18세 미만'으로 확대되었다고 한다. 그래도 너무 많은 어린이가 실종되고 있다는 사실에 놀라지 않을 수 없다. 이 장에서는 어린이 실종이 자주 발생하는 원인과 실태를 살펴보려고 한다. 그래야 해답을 찾을 수 있기 때문이다.

아동성폭행이란?

「아동 · 청소년의 성보호에 관한 법률」(법률제11574호, 2012.12.18.)에 의하면 아동청소년의 범위는 19세 미만의 자를 말하고 "아동 · 청소년대상 성범죄"란 아동 · 청소년에 대한 강간 · 강제추행, 장애인인 아동 · 청소년에 대한 간음, 강간 등 상해 · 치상, 강간 등살인 · 치사, 아동 · 청소년이용음란물의 제작 · 배포, 아동 · 청소년 매매행위, 아동 · 청소년의 성을 사는 행위, 아동 · 청소년에 대한 성강요행위, 아동 · 청소년의 성을 알선영업행위를 말한다. 또한「성폭력범죄의 처벌 등에 관한 특례법」에 규정한 특수강도 · 강간, 특수강간, 친족관계에 의한 강간, 장애인에 대한 강간 · 강제추행, 13세 미만의 미성년자에 대한 강간, 강제추행, 강간 등 상해 · 치상, 강간 등살인 · 치사, 업무상 위력 등에 의한 추행, 공중 밀집 장소에서의 추행, 성적 목적을 위한 공공장소 침입행위, 통신매체를 이용한 음란행위, 카메라 등을 이용한 촬영하는 행위도 포함된다.「아동복지법」제17조 아동에게 음행을 시키거나 음행을 매개하는 행위가 포함 되어 있음도 물론이다. 형법상 규정되어 있는 강간, 유사강간, 강제추행, 준강간 · 준강제추행, 강간 등 상해 · 치상이 포함되고 강간 등 살인 · 치사, 미성년자 등에 대한 간음, 업무상위력 등에 의한 간음, 미성년자에 대한 간음 · 추행, 강도강간이 포함된다. "아동 · 청소년대상 성폭력범죄"란 청소년이용음란물의 제작 · 배포, 아동 · 청소년 매매행위, 아동 · 청소년의 성을 사는 행위, 아동 · 청소년에 대한 성강요행위, 아동 · 청소년의 성을 알선영업행위를 제외한 범죄를 말한다. 구체적으로 행위를 살펴보면 폭행 또는 협박으로 아동 · 청소년을 강간하는 것을 말한다. 가장 기본적인 행위라고 할 수 있다. 폭행이나 협박으로 어린이의 구강 · 항문 등 신체(성기는 제외한다)의 내부에 성기를 넣는 행위와 성기 · 항문에 손가락 등 신체(성기는 제외한다)의 일부나 도구를 넣는 행위도 성폭행의 대상이다. 폭행 또는 협박으로 어린이에 대하여 추행을 한 자와 어린이의 심신상실 또는 항거불능의 상태를 이용하여 간음 또는 추행행위와 위계(僞計) 또는 위력으로써 아동을 간음하거나 아동 · 청소년을 추행하는 것도 포함된다. 장애인으로서 신체적인 또는 정신적인 장애로 사물을 변별하거나 의사를 결정할 능력이 미약한 13세 이상의 아동 · 청소년을 간음하거나 장애 아동 · 청소년으로 하여금 다른 사람을 간음하게 하는 행위도 처벌대상이고 장애 아동 · 청소년을 추행한 경우 또는 장애 아동 · 청소년으로 하여금 다른 사람을 추행하게 하는 행위도 포함되고 있다. 어린이를 강간 등으로 상해하거나 상해에 이르게 한 행위와 살해하는 행위 또는 사망에 이르게 한 경우를 말한다.

성폭행과 구분해야 하는 것은 성희롱이다. 직장 등에서 상대방 의사에 반하는 성과 관련된 언동으로 불쾌하고 굴욕적인 느낌을 갖게 하거나 고용상의 불이익 등 유무형의 피해를 주는 행위인 '성희롱'과는 다른 개념이다. 우리나라에서도 한국에서는 여성의 사회 진출이 많아지자 이제까지 가벼이 여겼거나 묵과해 온 직장 · 학교 등에서의 여성에 대한 성희롱이 사회적 관심이 높아지고 있다. 「남녀고용평등법」에서는 직장 내 성희롱을 사업주 · 상급자 또는 근로자가 직장 내의 지위를 이용하거나 업무와 관련하여 다른 근로자에게 고용상의 불이익을 주거나, 또는 성적 굴욕감을 유발하게 하여 고용 환경을 악화시키는 것으로 정의하고 있다. 직장 내의 성희롱 유형은 크게 육체적 행위, 언어적 행위, 시각적 행위로 나눌 수 있다. 육체적 행위는 입맞춤 · 포옹, 뒤에서 껴안기 등의 신체적 접촉이나 엉덩이 등 특정 신체 부위를 만지는 행위, 안마나 애무를 강요하는 행위 등이 포함 된다. 언어적 행위는 음란한 농담이나 음담패설, 외모에 대한 성적인 평가나 비유, 성적 사실관계를 묻거나 성적인 내용의 정보를 의도적으로 유포하는 행위, 성적 관계를 강요하거나 회유하는 행위, 음란한 내용의 전화 통화, 회식석상 등에서 무리하게 옆에 앉혀 술을 따르도록 강요하는 행위 등이 포함된다. 또 시각적 행위는 외설적인 사진·그림·낙서·음란 출판물 등을 보여 주는 행위, 직접 또는 팩스나 컴퓨터 등을 통해 음란한 편지·사진·그림을 보내는 행위, 성과 관련된 자신의 특정 신체 부위를 고의적으로 노출하거나 만지는 행위 등이 해당된다. 아동이 자신의 경험을 성적피해로 인식하지 않더라도 성인이 성적인 호기심이나 욕구에 의하여 아동에게 성적인 행동을 가한 경우에는 명백히 성범죄를 저지른 것으로 보아야 할 것이다. 그리고 이와 같은 입장을 따르면 성적인 접촉행위는 물론 비접촉성 성적행위도 아동에 대한 주요 성폭력의 하나로 간주할 수 있다. 결국 아동상대 성범죄는 아동을 대상으로 성적행위를 하도록 허용하거나 유도하는 것으로, 특정의 성적행위만을 포함한다기보다는 탈의 및 성기노출, 음란물 제공, 언어적 희롱에서부터 성기접촉, 손가락의 성기삽입, 구강성교, 항문성교, 성기삽입에 이르는 행동들을 모두 포괄하는 것으로 이해하여야 할 것이다. 미국 국립아동학대 및 방임센터(National Center for Child Abuse and Neglect : NCCAN)의 정의에 의하면 성학대는 가해자가 아동을 돌보는 위치에 있는 경우에 사용하고, 근친상간의 경우가 주로 포함된다. 아동을 돌보는 위치에 있지 않은 사람에 의한 성학대는 성폭력이라 지칭하고 낯선 이에 의한 성적학대가 주로 해당된다. 만 16세 이하의 가해자와 피해자의 나이 차이가 5세 이상 되어야 한다는 정의도 내리고 있다.

아동 성폭력의 후유증

성폭행사건의 어린이를 진료한 의사들에 따르면 거의 대부분의 어린이들이 "외상 후스트레스장애"(Post Traumatic Stress Disorder) 증상이 나타난다고 한다. 고통, 해리현상(Dissociation)과 기억상실증(Amnesia), 불안과 긴장

(anxiety disorder), 과잉경계 및 각성증상이 나타난다고 보고하고 있다. 성폭력이라는 충격으로부터 야기되는 현상들이다. 이런 증상은 사건과 함께 오기도 하지만 일정한 시간이 지난 후 오는 경우도 있다고 한다. 이밖에도 우울·두려움·분노와 자살의 충동도 일으키기도 한다. 성폭행을 당한 후 어린이들은 짜증이 늘어나고 잠을 설치며 대인공포증이 동반되기도 한다. 사람을 만나는 것을 기피하고 밖에 나가는 것을 싫어하기도 한다. 경우에 따라서는 범인에 대한 분노의 표시로 저주의 글을 남기기도 하고, 나영이와 같이 그림으로 범인을 망치로 때려주는 그림을 그리기도 한다. 심한 불안 증세가 나타나기도 하는데 심하게 떨림·비틀거림·경기(쉽게 놀람)·근육의 경련 현상이 수반되기도 한다. 땀이 많이 난다든가 가슴이 계속 두근거린다든가 하는 현상이 나타나기도 한다. 입이마르고 현기증·설사·구역질 등의 증상이 동반되기도 한다. 심한 성폭행의 경우 처녀막 파열·다양한 성기 및 생식기손상·항문파열열상 등의 상해가 있을 수 있으며 대부분 수술적 치료와 단기 의학적 진료로 치료가 되는 것으로 보고된다. 해바라기 아동센터의 자료에 의하면 피해 아동의 61%가 외상 후 스트레스 장애 증후군에 시달리고 있다. 정신적 고통으로 추가되고 있는 것도 물론이다. 우울장애와 불안장애로 분류되는 주의력 결핍 및 과잉행동장애, 적대적 반항장애 같은 현상도 일반 아동에 비해 10배 이상 증가한다. 유뇨증(소변실수)과 유분증(대변실수)도 많이 나타나고 있다. 어린이 성폭행을 당한 부모에게서도 정신적 피해증상이 나타나고 있다. 성폭행을 당한 여자어린이들은 가끔 심리테스트에서 남자성기를 연상한다든지 그림에서 남자는 성기부근을 크게 그린다든지 가슴을 크게 그리는 등 성과 관련하여 집착과 공상이 증가되는 상황을 볼 수 있다. 이 경우 부모들의 과잉 반응은 오히려 것을 여자어린이의 병적인 증상을 악화시킬 우려가 있으므로 전문가와 상담하여 치료케 하여야 한다. 아이는 아무도 자신을 믿지 않을 것으로 생각하기도 하고 아이스스로가 곤경에 처할 것이

라는 두려움을 가진다. 아이들은 모든 것이 그들의 잘못이라고 느낄 수 있으며 아이들 자신이 그 학대가 일어나도록 했다고 생각한다. 성적으로 가해자들이 협박한 말이 실현될 것에 대한 두려움이 있을 수 있다. 오히려 아이들은 가해자들을 보호하려고 애쓰는 경우도 있다. 아동은 어떻게 말해야 하는지를 모를 수 있다. 그들은 정확한 용어를 알지 못하거나 불분명한 말로 상황을 설명할 수도 있다. 아이들은 그러한 성행위가 잘못이라는 것을 알지 못하거나, 안다 하더라도 남에게 알리기를 주저할 수 있다. 일부 아이는 또래 친구들이 알게 된다면 따돌림을 받거나 비웃음을 사거나 친구들 사이에서 인기가 떨어질 것이라고 생각하기도 하고 동성애자 또는 변태라고 불릴지 모른다는 두려움을 가지기도 한다. 아동들은 선생님이나 경찰 등의 권위적인 윗사람들에게 성문제를, 그리고 은밀한 성적 세부사항까지 자세히 이야기 하는 것을 두려워하거나 꺼린다. 어떤 아동은 누구한테 이야기할지를 모르거나 기회를 포착하지 못하기도 한다. 이러한 점을 감안하여 딸을 키우는 부모들은 늘 대화의 창이 열려있어야 한다는 점을 명심하여야 한다.

외상후 스트레스장애 (post traumatic stress disorder)

PTSD · 충격 후 스트레스장애 · 외상성 스트레스장애라고도 한다. 전쟁·천재지변·화재·신체적 폭행·강간·대형사건(자동차 · 비행기 · 기차)등에 의한 사고에 의해 발생한다. 생명을 위협하는 신체적 · 정신적 충격을 경험한 후 나타나는 정신적 질병이다. 증세는 개인에 따라 충격 후에 나타나거나 수일에서 수년이 지난 후에 나타날 수도 있다. 급성의 경우 비교적 예후가 좋지만 만성의 경우 후유증이 심해서 환자의 30% 정도만 회복되고, 40% 정도는 가벼운 증세, 나머지는 중등도의 증세와 함께 사회적 복귀가 어려운 상태가 된다.

해리(解離)는 원래 화학 용어로, 어떤 화합물이 간단한 구성 성분으로 분해되는 화학적 현상을 말하는 것이지만 정신의학적으로 보면, 사람이 어떤 큰 충격을 받았을 때 그 사람의 성격 일부가 따로 떨어져 나와 독자적으로 행동하는 것을 말하며 이 때 그 사람은 전혀 다른 사람처럼 말과 행동을 하고 나중에는 그런 자신의 행동을 전혀 기억하지 못하는 일종의 빙의적 질환이다. 해리현상을 흔한 말로, 정신 나간 놈, 미친 놈, 헛소리 하는 놈, 귀신에 홀린 놈 등으로 표현하기도 한다.

법이 무르기 때문인가?

조두순 사건(일명 나영이사건)에서 조두순은 검찰에서 구형한 무기징역을 법원에서 만취상태에서 저지른 점을 참작 12년의 형을 선고했다. 언론과 국민들은 인간 같지 않은 끔찍한 범죄를 저질렀는데도 고작 12년의 형을 주었다고 법원을 질타했다. 급기야 대법원 양형위원회는 향후 13세 미만 아동 대상 성범죄 등 성범죄에 대하여는 종전보다 50% 가량 높이고, 9~13년과 가중형을 11~15년 또는 최대 무기징역으로 상향시키기로 했다. 가학·변태적 범죄자 또는 상습범의 경우 '특별보호 장소에서의 범행(어린이집, 보육원, 유치원 등)·다수 피해자 대상 계속적 반복적 범행'을 특별 가중사유로 추가했다. 음주 등으로 인한 명정(酩酊, 몸을 가눌 수 없을 정도로 술에 몹시 취함)상태에 이른 경우 기존 일반 감경인자였던 '심신미약(본인 책임 있음)'부분을 삭제하여 술을 마시고 감형하는 것을 원칙적으로 봉쇄했다. 국회도 형을 가중시키는 법을 만들었다. 2010년 4월 15일부터 시행된 형법 제305조의 2는 성폭력범죄에 대하여 법정형의 2분의1까지 가중하는 상습범 가중 처벌규정을 신설하였다. 2012년 12월 18일 「형법」 개정(2013. 6. 19. 시행)으로 성폭력범죄의 객체를 '부녀'에서 '사람'으로 확대 하였고, 폭행 또는 협박으로 사람에 대하여 구강, 항문 등 신체의 내부에 성기를 넣거나 성기, 항문에 신체의 일부 또는 도구를 넣는 유사강간행위를 한 자는 2년 이상의 유기 징역에 처하도록 하는 유사강간죄를 신설하였으며, 추행·간음 목적의 약취·유인·수수·은 닉죄 및 강간죄 등 성범죄에 관한 친고죄 조항을 삭제하고, 실효성이 미약하고 여성의 성적 주체성을 훼손하는 혼인빙자 간음죄를 폐지하였다. 유사강간죄의 신설은 변화된 시대 상황을 반영하여 다양화된 성범죄에 효과적으로 대처하기 위한 것으로 풀이 된다. 상습범 가중처벌의 조항을 신설한 것은 성범죄가 반복·상습적으로 범죄를 저지른다는 특수성에 대비하기 위해 신설된 것으로 보인다. 특히 그간 논란의 대상이던 '혼인빙자간음죄'의 폐지는 여성계에서 주장하던 것을 법에 반영한 것이다. 여성이 혼전 성관계를 요구하는 상대방 남자와 성관계를 가질 것인가의 여부는 여성스스로가 결정하는 것으로 남녀평등의 사회를 지향하고 실현해야 할 국가의 헌법적 의무(헌법 제36조 제1항)에 반하는 것이라고 여성계에서 주장해 왔다. 여성을 어린애 같이 취급하게 되는 것으로서 여성을 보호한다는 미명 아래 사실상 국가 스스로가 여성의 성적자기결정권을 부인하는 것이 되므로, 결국 이 사건 법률조항이 보호하고자 하는 여성의 성적자기결정권은 여성의 존엄과 가치에 역행하는 것으로 폐지하게 된 것이다. 이와는 별도로 「성폭력범죄의 처벌 등에 관한 특례법」은 13세 미만의 여자와 장애가 있는 여자 및 사람에 대하여 강간죄를 범한 사람을 무기징역에 처할 수 있도록 법정형을 상향조정 하고 공소시효를 배제시키는 한편, 성범죄자에 대한 친고죄를 삭제하고 변호사선임·증인지원관·진술조력인을 두도록 하여 피해자를 법률적으로 조력하도록 했다. 성범죄자에 대한 법원의 관용을 원천적으로 차단하겠다는 입법부의 의지를 보인 것이고 국민의 일반적 여론을 입법에 반영한 것이라고 보여진다. 특히 공소시효를 배제키로 한 것은 어린 시절(당시9세)자신을 성폭행한 남자를 21년 만에 살해했던 김부남사건의 결과로 보여진다. 김부남씨의 살해동기가 공소시효의 경과로 법적으로 추궁을 하지 못해 살해하게 되었다는 주장에 따라 아동성폭행의 경우는 공소시효를 배제할 것을 여성계에서 꾸준하게 주장해 왔다. 「아동·청소년의 성보호에 관한 법률」은 아동·청소년을 대상으로 한 유사성교행위 및 성매수 유인행위 처벌규정을 신설하고 합의를 강요하는 행위를 처벌대상으로 하였다. 아동청소년에 대한 성범죄로 유죄 판결을 받은 자에 대하여는 일정기간 정보통신망을 이용하여 신상정보를 공개하도록 하였다. 정부가 「형법」을 비롯하여 성범죄 관련 법률을 대폭 개정한 것은 "성범죄자에게 관용은 없다"는 강력한 의지의 반영으로 볼 수 있다. 특히 성범죄를 저지르고도 성범죄 합의를 위하여 피해자 집으로 가해자들이 찾아와 큰 소리를 치는 경우가 많았다. "너 때문에 아들 인생을 망쳤다. 합의를 안 해주면 나중에 보자"는 식으로 제2차 피해를 보는 경우가 많았다. 이러한 피해를 예방하기 위해 피해자 의사와 상관없이 가해자의 처벌이 가능해져 성범죄에 대한 강력한 대처와 예방 효과가 있을 것으로 보인다. 그동안 논란이 있었던 '아동·청소년 이용 음란물'의 정의를 '아동·청소년 또는 아동·청소년으로 명백하게 인식될 수 있는 사람이나 표현물 등'으로 개정하고 '소지'의 개념을 '아동·청소년 이용 음란물임을 알면서 이를 소지한 자'로 개정함으로써 처벌범위를 보다 명확히 했고 징역형까지 가능케 하였다. 성범죄의 대상 연령에 상관없이 성범죄자 등록·관리는 법무부, 공개·고지는 여성가족부로 각각 일원화했고 경찰 등이 고해상도로 찍은 범죄자 사진을 공개하도록 했다. 안양어린이 성폭행 후 토막살인사건, 조두순 사건을 거치면서 어린이 성범죄에 대한 형벌은 강화되었지만 성범죄는 줄지 않고 있다. 여성가족부에서 2014년도에 발표한 자료에 따르면 아동·청소년 대상 성범죄 발생추이를 보면, '08년 이후 '11년까지 성폭력 범죄의 범위 등이 확대되어 오면서 전체적으로 성범죄가 늘어났고 '12년은 '11년보다 다소 감소한 것으로 나타났다. 아동·청소년 대상 성폭력 범죄 피해자(8,545건) 중 13세 미만 아동 대상 성폭력범죄는 41.6%(3,548건)를 차지하고, 친족을 대상으로 한 성폭력범죄는 12.7%(1,051건)를 차지했으며, 아동대상은 강제추행 범죄비율(52.8%)이 높고 친족관계는 강간범죄 비율(17.0%)이 상대적으로 높았다.

유사강간이란?

유사강간이란 폭행 또는 협박으로 사람에 대하여 구강, 항문 등 신체의 내부에 성기를 넣거나 성기, 항문에 손가락 등 신체의 일부 또는 도구를 넣음으로써 성립하는 범죄를 말한다. 유사강간의 보호법익은 개인의 성적 자기결정의 자유에 있고 남자와 여자는 각각 주체와 객체가 될 수 있다.

세계속 한국의 성범죄

2014년 여성가족부는 아동·청소년대상 성범죄 '신상정보 등록대상자' 1,075명의 분석결과를 발표했다. 이 발표에 의하면 아동을 대상으로 하는 성범죄가 줄어들지 않고 있는 것으로 확인되고 있다. 우리나라는 여전히 성폭력범죄는 친족을 포함하여 아는 사람에 의한 피해율이 48.7%이며 유형은 강제추행이 55.9%(936명)로 가장 많고, 강간은 38.8%(650명), 성매매 강요·알선, 성매수, 음란물 제작은 5.3%(89명) 순으로 나타났다. 아동·청소년대상 성범죄자의 특성 등을 보면, 우선 13세 미만 아동을 대상으로 저지른 성범죄자가 31.0%를 차지했다. 성범죄자의 평균연령은 37.1세로 강간범죄자는 10대(30.8%)·20대(28.0%)가 많고 강제추행범죄자는 40대(28.7%)가 상대적으로 많은 것으로 나타났다. 아동·청소년대상 범죄 발생시 법원의 관대한 판결이 여론의 뭇매를 맞았음에도 법원의 최종심 선고형량을 살펴보면 전체 신상정보등록대상자의 47.0%가 집행유예를 받았고, 43.2%가 징역형, 9.8% 가 벌금을 선고받았다. 범죄유형별로 보면 강간의 경우에는 징역형 선고 비율(58.0%)이 가장 높고, 집행유예는 42.0%로 나타났는데 법원의 무른 판결이 계속되고 있는 것으로 확인되고 있다. 우리나라의 인구 10만 명당 성폭력 (Sexual violence) 피해자 발생 비율이 40명을 처음으로 넘어섰다. 유엔마약범죄사무소(UNDOC)가 지난해 전 세계 주요 68개국 인구 10만 명당 성폭력 범죄 발생 비율(2011년 기준)을 집계한 자료에 따르면, 한국은 이 비율이 40.3명으로 나타났다. 한국은 2007년(28.3명)이후 2008년 31.5명, 2009년 32.7명, 2010년 37.8명, 2011년 40.3명으로, 10만 명당 성폭력 발생 비율이 꾸준히 증가하고 있는 것이 특징이다. 이 자료에 사용된 성폭력 데이터는 각국 경찰청이 작성한 성범죄(sexual offences) 자료를 바탕으로, 아동성범죄(sexual offences against children)를 포함한 강간과 성추행(sexual assault)을 의미한다. 비교 국가들 중 스웨덴(180.9명)이 가장 높았고, 핀란드(60.4명), 노르웨이 (54.0명) 등 유럽 국가들이 상위권에 속했다. 한국은 알제리(10.8명)와 케냐 (11.4명)의 4배에 달했고 멕시코(29.6명), 브라질(23.0명), 콜롬비아(17.1명) 등 남미 국가들의 2배를 웃돌았다. 유럽 국가 중에서는 네덜란드(39.9명), 프랑스(37.8명)와 비슷했다. 아시아에서는 이스라엘 다음으로 높았고 일본(6.4명) 보다는 6배가 넘었다. 전문가들은 성범죄의 경우 피해자가 문제 삼지 않는 한 겉으로 드러나지 않는 암수범죄라는 특성 때문에 통계가 갖는 '이중성'이나 '착시 효과'에 주의해야 한다고 말한다. 성범죄 자체가 증가했다기보다는 피해자들의 의식 전환으로 신고 횟수가 늘어 범죄 통계에 잡히는 데이터가 전보다 많아진 것으로 봐야 한다는 것이다. 특히 스웨덴 등 복지국가들이 성폭력 피해자 발생 비율이 높은 것은 신고정신이 투철하고, 또 사회적으로 경종시스템이 강화됐기 때문이라는 것이다. 후진국의 경우 발생 비율은 높지만, 신고가 안됐거나 그냥 지나가는 경우도 많을 것이라는 게 전문가들의 평가다. 이에 이 데이터는 착시현상이 강할 수도 있다는 것이다. 우리나라의 경우도 마찬가지다. 최근 들어 성범죄 피해자 지원 시설이 확충되고 성범죄 처벌 규정이 세분화된 것도 데이터 증가에 일조했다는 분석이다. 때문에 단순히 발생 비율이 높다고 해서 안전하지 않다고 단정 짓긴 어렵다는 것이다. 전문가들은 성범죄 처벌 규정이 세분화돼 있는 유럽 국가들의 경우 이 비율이 높은 반면 성폭력 피해를 당해도 신고하지 않는 문화가 일반적인 일본에서는 수년 째 낮은 수준을 유지하고 있는 것도 이런 분석과 무관하지 않다고 말한다. 여성가족부가 한국형사정책연구원에 의뢰하여 한국·미국·영국·일본·독일 등 각국의 2006년-2008년도 까지 성범죄 실태를 분석한 결과 19세 미만 청소년을 대상으로 저지르는 성범죄는 한국이 가장 높은 것으로 나타났다. 그 다음은 미국·영국·일본·독일 순으로 나타났다. 성폭행공화국! 자살공화국이라는 오명과 함께 그 부끄러운 1등을 하고 있는 것이다. 인구 10만 명 당 한국의 청소년 대상 성범죄는 8.6건으로 독일(1.0건)의 8.6배, 일본(2.7건)의 3배, 영국(5.1건)의 1.7배, 미국(6.2건)의 1.4배에 달하는 것으로 확인되었다. 경찰청 통계에 의하면 20세 이하의 피해자는 2005년도에 3,784명에서 2009년도에는 6,782명으로 4년 만에 90%가량 늘어났다. 청소년에 의하여 저질러지는 성범죄도 2005년도에 1,329명이던 것이 2009년도에는 2,934명으로 증가속도가 빨라지고 있다. 청소년에 청소년을 가해하는 비율이 높아지고 있는 것이다. 한국형사정책연구원 자료에 의하면 13세 미만의 어린이 성폭력도 심각하기는 마찬가지다. 어른들의 협박과 유인, 거짓과 폭력에 의한 성접촉을 경험하게 된다. 어린나이에 무엇인지도 모르는 채 그 무시무시한 폭력 앞에 노출되고 마는 것이다. 신고율 2%라는 사실을 감안하면 우리나라에서는 30만 건이 넘는 어린이 성폭행사건이 일어난다고 추정할 수 있다. 0세부터 14세 까지의 어린이 인구가 약 900만 명이라고 추정할 때 14세가 될 때 까지 3명 중 1명꼴로 성폭행을 당하게 되는 수치이다.

무엇을 노리나

범인들은 무엇 때문에 어린이들을 유혹하고 유인하여 끔찍한 사건으로 몰아가고 마는 것일까? 경찰청의 통계를 살펴보면 범인들이 아동을 유혹·유인한 목적은 성이 65%로 가장 비율을 점하고 있고 금품요구가 16%, 노동착취 9%, 복수6%, 양육4%순이다. 이 수치는 남여어린이를 합한 수치이고 여자어린이만 따로 분석하면 대부분 성(性)을 목적으로 여자어린이를 유혹·유인하고 있는 것이다. 여자어린이의 성(性)을 노리는 범인들은 도대체 어떤 심리를 가지고 있는 것일까? 저 연령층 어린이를 상대로 성범죄를 저지르는 가장 큰 이유는 '싸이코패스'로 불리는 사회에 적응하지 못하는 소아기호증, 인격장애와 성도착증과 같은 일종의 정신병적 요소가 공동으로 작용되어 빚어지는 것으로 알려지고 있다. paedophilia라는 용어를 정신의학이나 심리학에서는 소아기호증·아동기호증으로 번역한다. 아이들을 대상으로 성범죄를 저지르는 사람을 통칭해서 소아성애자라고 한다. 소아성애는 문학적으로는 로리타 콤플렉스(Lolita complex)로 표현하기도 한다. 나보코프의 작품 '롤리타'는 열두 살 소녀를 향한 중년 남자의 사랑과 욕망을 담고 있는 것으로부터 유래하였다. 범인의 대부분은 동네사람, 가족의 친구, 자주 만나는 친척으로, 아이에 대하여 잘 알고 있는 경우가 많다. 대부분의 환자는 결혼한 남자로, 여아를 대상으로 삼고 있으며, 결혼생활이나 성생활에 문제가 있는 경우가 많다. 범인의 약 80%가 어린 시절에 성추행을 당한 경험이 있는 것으로 알려져 있다. 대인관계를 맺을 용기와 기술이 없기 때문에 비교적 쉬운 대상인 어린이를 선택한다. 성적인 어려움과 함께 일상생활에서 많은 스트레스를 받고 있으며, 대부분 알코올 남용의 문제가 있는 경우가 많다. 여성에 대한 적개심이 많다. 대상 어린이를 공격하여 심한 신체적 손상을 입히기도 한다. 2006년 용산 신발가게에서의 어린이 성폭행 후 살해하여 부자와 같이 포천에서 소훼한 사건, 2007년 제주 서귀포의 한 과수원에서 에서 성폭행 후 살해하여 방치한 사건, 2007년 크리스마스 날 안양에서 있었던 어린 초등학생 두 명을 살해하여 시신까지 훼손 하였던 성범죄 사건들은 하나같이 어린이의 성을 노린 대표적인 범죄이다. 또한 이들은 어린 피해자를 약취·유인하여 성폭행 후 잔혹하게 살해하여 되는대로 파묻거나, 쓰레기처럼 버렸다는 점에서 공통점을 갖는다. 이 사회에 적응하지 못하는 변태성환자들이 이런 끔찍하고 잔인한 범죄를 저지르고 있는 것이다. 인간이기를 거부하는 반인륜적 패륜적 범죄의 목적은 바로 변태적인 성에 있다. 대낮 일산에 있는 아파트 단지에서 엘리베이터를 탔던 여자 어린이가 40대 남자에게 흉기로 협박되어 성폭행을 당할 뻔 했던 사례도 어린여자아이의 성(性)을 노렸다는 점에서 유사성을 갖는다. 여자어린이를 납치·유괴·유혹하는 목적은 이렇듯 성의 만족을 위하여 행동으로 옮기는 것이 대부분이지만, 고아원 등의 시설에서 자신의 보호 또는 하에 있는 아동을 성추행하거나 혹은 아이 혼자 집을 보는 가정을 골라서 들어가 성범죄를 저지르는 경우도 있고, 외진 놀이터나 학교의 교실이나 공터 등에 혼자서 머무는 여자아이를 남자교사나 다른 남자들에 의하여 성추행 당하는 경우도 있다.

짐승보다 못한 범인

　여자어린의 성을 노리는 자들은 이웃이나 친·인척 등 아는 사람들에 의해서도 저질러진다. 경찰청 자료에 의하면 유아 성폭력의 경우 17.6%가 이웃이었고, 13.1%는 3촌 이내의 친척으로 나타났다. 가해자의 연령을 보면 79.7%가 성인이었고 7.5%가 고등학교 학생, 4.8%는 중학생인 것으로 나타났다. 최근에 고등학교 학생들이나 중학교 학생들의 어린이 성폭행이 늘어나고 있는 것도 특징 중의 하나이다. 이는 인터넷 상의 음란물의 범람이 가져온 결과로 보여 진다. 또한 반사회성 인격 장애자들이 양산되고 있는 것도 어린이 성범죄와 흉악범죄가 끊이지 않고 있는 이유로 파악되고 있다. 반사회성 인격 장애자들이란 많은 사람들에게서 볼 수 있는 평균범위를 일탈한 특이한 성격의 소유자를 일컫는다. 이들은 유연성이 부족하고 사회생활의 적응이 어려우며 신체적 기능장애를 가지고 있는 경우가 많다. 유전적인 것과 후천적인 것이 있는데 후천적인 경우는 최근 결손가정이 늘어나고 있는 것과 관련이 있다고 보여 진다. 이들은 왜 변태적인 방법으로 그들의 성욕을 충족시키려 하는가? 변태적 성욕의 유형은 학대적인 새디즘(Sadism)과 피학적인 마조히즘(Masochism)으로 나누어진다. 어린여자어린이를 상대로 하는 범죄는 일종의 새디즘이다. 이들이 성인 여성이 아닌 아동을 상대로 새디즘의 변태행위를 하는 것은 아동들이 어른에 비해서 힘이 약하기 때문이며 동정유발, 과자나 돈 등의 유혹수단이 상대적으로 많아 범행을 저지르기 위한 장소로 유인이 수월하기 때문이다. 국내에서 일어난 어린이 성폭력 사건의 대부분이 새디즘 변태성욕자들에 의해서 저질러지고 있다. 정상적인 성인 여성과 정상적인 만남으로서의 성생활을 할 수 있는 능력을 상실한 남성들이 방어능력이 없는 여자어린이를 상대로 공격하는 것이다. 아동성도착자들은 혼자 사는 경우가 대부분이고, 그 피해자들은 접근이 용이한 친족이거나 이웃인 경우가 많다. 일부의 경우에는 피해아동을 살해까지 하는데, 범행이 탄로날 것이 두렵거나 더 강렬한 성적 만족을 위해서이다. 제주도 서귀포 어린이 살해사건과 안양의 여자어린이 살해사건이 대표적이라고 할 수 있다. 2005년도 연쇄살인범 유영철사건, 여성으로 부터 입은 정신적 상처나 열등감으로 인하여 다른 여성을 상대로 공격적 행위나 범죄행위를 저지르는 경우도 있다. 이들은 반사회적 성격의 소유자가 대부분으로 여성에 대한 복수심과 적개심이 어느 경우에 증폭되어 아동을 상대로 폭력적인 방법으로 성범죄를 저지르고 심지어 살해까지 한다. 많은 전문가들은 최근 아동과 청소년들을 상대로 성폭행범이 횡행하고 있는 배경으로 인터넷에 의한 음란물의 무차별적인 배포를 그 원인으로 지적하고 있는 연구결과도 있다. 유아포르노 일명'로리타포르노'의 유행, 안양 어린이살해사건의 범인인 정성국의 컴퓨터에도 포르노 동영상 700편과 아동 음란물 다수가 발견되었을 뿐만 아니라 '스너프' 영상물 70여 편도 검색되었는데 이 영상물에는 사람을 상상이상으로 끔찍하게 살해하는 과정이 담겨져 있다. 이러한 음란물의 부차별적인 배포는 여성을 인간으로 보지 않고 성 노리개의 대상 또는 심장 없는 장난감 정도로 보게 되는 환경이 조성되는 것이다.

그들은 환자인가?

어린 여아들을 보면 성욕이 생기고 실제로 이를 행동으로 옮기는 경우를 의학적으로는 소아성기호증(Pedophilia)이라고 한다. 성도착(paraphilia)의 일종으로서 변태성욕자이고 성장애자(Sexual disorder)이다. 이러한 성적 장애자들은 정신병으로서 치료되지 않으면 어린이 성폭행을 상습적으로 저지를 가능성이 크다. 소아성기호증은 죽을병이 아니기 때문에 환자들의 치료

동기가 낮다. 또한 완치도 어렵기 때문에 사법절차에 의한 처벌만으로는 안 되고, 사후 치료를 위한 감호처분과 범죄자에 대한 관리감독을 철저히 해야 한다. 이들은 자신이 환자라는 것을 인정하지도 않는다. 이러한 환자들은 성적 욕구나 동기가 강하고 많은 시간과 돈을 범죄행동에 투자하는 경향이 있다 범행 후에도 후회나 죄책감을 가지지 않으며 사회나 피해자에게 책임을 떠넘기는 등 자기행동 합리화에 뛰어나고 자기애가 강한 것이 특징이다. 소아기호증은 어린이를 발가벗기고 자신의 성기를 노출 시키거나, 자위행위를 하거나 소아를 만지는 정도에 머물기도 하지만 오럴 섹스를 하거나 손가락·이물질·성기 등을 소아의 질·입·항문에 넣으면서 다양한 폭력을 행사하기도 한다. 이들은 보통 여성과의 정상적인 관계로 성적 만족감을 얻지 못하며 어린이를 상대로 성적 쾌감과 지배감을 충족시킨다. 성인들과의 정상적인 성적관계가 이루어 지지 못하거나 불안하기 때문에 어린이를 찾게 되고 어린이는 성인보다 덜 저항하고 불안도 적게 일으키게 하여 만족을 얻게 된다는 것이다. 또한 나이를 먹고 죽어 간다는 불안이 어린이와의 성행위를 통하여 극복하기도 한다. 영국의 연구결과에 의하면 소아기호증 환자는 유전요인과 환경요인이 모두 관련된다고 하나 후천적인 원인에서 발생되는 것이 대부분이고 어릴 적에 어른으로부터 성적학대를 받은 사람들이 소아기호증을 나타낸다고 한다. 어릴 때 성적학대를 받은 사람들은 어른이 되어서 어린시절 '패배감'을 어린이를 성폭행함으로서 '승리감'으로 보상받게 된다고 한다. 2011년 영국의 의사들이 런던의 한 병원에서 소아기호증 환자 225명을 조사한 결과이다. 성폭행은 상대방의 동의 없이 성을 취하고 한 사람이 다른 한 사람을 침해하는 일이다. 성폭행은 성적만족을 위한 행위라기보다 다른 사람을 지배하고자 하는, 격앙되고 과격한 욕구의 표현이다. 일종의 폭행범이다. 어린이 성폭행범의 원인이 정신병적 요소에 의하여 저질러지든 고의성을 가지고 저질러지든 그것은 과격성과 폭력성이 수반된 폭력의 한 형태이다. 말하자면 성욕에 의한 정욕죄(crime of passion)가 아니라 분노의 표현, 즉 가증스러운 폭력죄(crime of violence)이다. 우리나라 국립법무병원에서 성폭력 범죄자들을 진단한 결과 74%가 비정상적인 호르몬 수치, 27%가 경성·연성의 신경증상, 24%가 염색체 이상, 9%에서 난독증(dyslexia), 뇌파 이상·정신장애·정신지체도 각각 4%인 것으로 나타났다는 보고도 있다. 이러한 환자들이 득실거리는 현실에서 여자 어린이 성폭행 사건은 앞으로도 끊이지 않을 것으로 보인다.

난독증(dyslexia)

난독증(dyslexia)이란 듣고 말하는 데는 별 다른 지장을 느끼지 못하는 소아 혹은 성인이 단어를 정확하고 유창하게 읽거나 철자를 인지하지 못하는 증세로서, 학습 장애의 일종이다. 이는 지능저하나 부모의 사회·경제적 지위와는 관련이 없는 것으로 알려져 있다. 난독증은 크게 시각적 난독증, 청각적 난독증, 운동 난독증으로 분류하기도 한다. 시각적 난독증이란 단어를 보고 이를 소리로 연결시키는 데 어려움을 겪는 경우를 말하며, 청각적 난독증이란 비슷한 소리를 구분하고 발음하는 데 어려움을 겪는 경우이다. 운동 난독증은 글씨 쓰기를 할 때 손을 움직이는 방향을 헷갈리는 경우를 말한다.

법원의 지나친 관용

아동이나 청소년 대상 성폭행 사건은 자꾸 늘어나고 있지만 성폭행범 열에 넷은 집행유예 선고를 받는 것으로 나타났다. 최근 몇 년 새 집행유예 선고가 느는 경향을 보여 '처벌 효과'에 의문이 제기된다. 여성가족부가 2014년 4월 발표한 '아동·청소년 대상 성범죄 발생 추세와 동향(2007-2012)이라는 보고서를 보면, 성폭행범에 대한 집행유예 비율은 2007년 30.4%에서 2012년 42.0%로 크게 높아진 것으로 나타났다. 반면 징역형을 선고받은 비율은 2007년 67.8%에서 2012년 58%로 낮아졌다. 강제추행범에 대한 집행유예 비율도 같은 기간 44%에서 51.5%로 올랐다. 이런 상황에서 아동이나 청소년을 대상으로 한 성폭행·강제추행·성매매 알선·성매매강요 등 성범죄가 2008년 777건(가해자 기준)에서 2011년 1666건으로 크게 늘고 있는 추세다. 2012년에는 1631건으로 다소 줄었다. 성폭행 사건만 해도 2007년 385건에서 2012년 650건으로 계속 늘었다. 성범죄는 늘어나는데 처벌은 관대해지고 있는 것이다. 조사 기간 동안 파악된 전체 성범죄자 가운데 19살 미만 미성년자의 비율은 8.5%에 불과했다. 전반적으로 성년인 범죄자에 대한 '솜방망이 처벌'이 아니냐는 비판이 제기되는 이유이다. 성범죄자의 나이는 29살 이하가 34.1%로 가장 많았고 40-49살 24.1%, 30-39살 20.7%, 50-59살 13.2%, 60살 이상 7.9% 차례였다. 한국여성민우회 성폭력상담소는 "법적으로는 미성년자에 대한 성범죄자 처벌 기준이 강화됐음에도 재판부에서 실질적으로 반영되지 않는 부분이 과제로 남은 것 같다. 아동·청소년 대상 범죄에 대한 사법부의 인식에 변화가 필요하다"고 밝혔다. 대표적으로 나영이사건의 가해자 조두순에게 법원은 무기징역을 선고했다가 사건당시 술에 취해 있었다는 이유로 징역 12년으로 감형시킨 바 있다. 그는 경찰조사를 받으면서도 자신의 죄를 뉘우치지 못하고 '교도소에서 열심히 운동하고 올 테니 그때 보자'고 위협까지 하였다. 이에 대한 법원의 결정에 비난이 빗발치게 된 것은 물론이다. 법원자체에서도 양형기준에 대한 논란이 있었고, 국회에서도 판사의 임의로운 감형에 대한 제동을 걸기위한 논란도 전개 되었었다. "8살 여자어린이를 잔혹한 방법으로 성폭행하고 그것도 모자라 대장까지 꺼내어 수돗물에 씻어내는 등 증거를 없애려고 한 흉악한 성범죄자이고, 나영이의 인생을 송두리째 유린하고 부모들의 가슴에 대못을 박아놓은 범인에게 고작 12년이라니… 인간의 탈을 쓰고 짐승만도 못한 짓을 한 성폭행범에게 술을 마셨다는 이유로 감형을 하다니…" 이런 비난이 일었다. 당연한 이야기다. 이런저런 이유로 집행유예와 벌금을 몇 푼 내면 사회에 복귀할 수 있는 사법체계를 가지고 있는 현실에서 어린이 성폭행범죄를 근절되기를 바라는 것조차 사치스러운 생각인지 모르겠다. 조두순 사건은 법원의 이러한 관용적 태도에 제동이 걸리는 계기가 되는데, 35개 시민단체는 기자회견을 열어 양형기준의 고려대상에서 음주를 배제해야 한다고 주장하였다. 음주감경을 비난하는 사회적 여론이 비등하자 대법원양형위원회는 2009년 말 양형기준의 고려대상에서 음주를 배제하기로 했다. 그러나 그 대상범죄에서는 '아동대상성범죄'로 국한되고 만다. 도대체 아동과 여성이 우리사회의 약자로서 무슨 차이가 있다는 것인가?

송방망이 처벌의 사례들

서울고등법원 형사합의8부는 보육원 아동을 폭행하고 성추행한 혐의로 기소된 보육원 교사 33살 이 모 씨에게 징역 2년 6월을 선고한 원심을 깨고 징역 2년 6월에 집행유예 4년을 선고했다. "피고인이 피해아동 부모와 합의하고 깊이 반성하고 있고, 훈계할 목적으로 폭행을 한 점, 성추행도 성적 욕구를 충족하려는 것보다는 피해 아동과 더 친근해지려는 의도가 지나쳐 벌어진 범행으로 보이는 점 등을 고려했다"고 설명했다. 법원의 이상한 판결이 아닐 수 없다.

서울의 한 주부 이 모 씨는 딸(5)의 성추행범을 피해 서울 동작구 흑석동으로 도망치다시피 집을 옮겼다. 2011년 9월 아파트 엘리베이터와 주차장 등에서 이 모 씨 딸의 몸을 상습적으로 더듬다 발각돼 실형을 선고받은 김(37)씨가 6개월 만에 출옥했기 때문이다. 이 모 씨는 "지난 일을 두고 성추행범

김 씨 한테 이사 가라고 할 수도 없는 노릇이어서 아예 우리가 짐을 꾸려 도망 왔다"고 했다. 주객이 전도된 일이다. 아동 성폭력 피해 부모들의 경우성폭력 범죄자가 처벌을 받은 뒤 한 동네에 살면서 또 자녀들에게 접근할지 모른다는 불안감에 시달리고 있는 실정이다. 실제로 한국 성폭력상담소 따르면 피해 아동 부모 대부분이 사건이 발생한 동네를 떠나 다른 곳으로 이사를 간다는 것이다.

내연녀의 딸인 정신지체 소녀를 5년간 상습 성폭행한 50대에게 법원이 무죄를 선고했다. 울산지법 형사1부는 정신지체 2급 장애인이자 내연녀의 딸인 이 모(14)양을 상습 성폭행(성폭력 범죄의 처벌 및 피해자 보호에 관한 법률위반)한 혐의로 기소된 김 모(51.환경미화원)씨에 대해 무죄 선고를 내렸다. 재판부는 판결문에서 김 씨는 지난 99년 10월 피해자 이양을 집 근처 야산에서 성폭행한 뒤 지난 2003년까지 모두 7차례에 걸쳐 성폭행한 혐의로 기소됐다. 법원은 무죄의 이유로 "성폭행은 '항거불능인 상태'에서 이뤄져야 하지만 이양의 경우 그렇지 않은 것으로 판단된다. 이양의 경우 지적 능력이 떨어지는 것은 사실이지만 글을 읽고 쓸 줄 알며 걸어서 등하교를 하는 등 거동에 불편함이 없고, 낙태의 의미도 아는 등 성교육에 대해 이해 능력도 있는 것으로 판단된다. 특히 김 씨가 이양을 때리거나 협박한 사실이 없는 점으로 미뤄 성폭력 범죄의 처벌 조건인 '자기방어를 할 수 없는 항거불능의 상태'에 이른 것으로 판단되지 않고 이를 인정할 만한 증거도 없다"고 이러한 판결을 내렸다고 한다.

이에 반해 부산 여중생을 납치하여 성폭행 후 살해 한 김길태에게 사형을 선고 하였다. 지극히 당연하고 자기행위책임원칙에 입각한 잘 된 판결이다. 사회악을 조장하는 이런 끔찍한 사건을 저지른 자들에게 법의 준엄한 판단으로 철퇴를 가하고 이 땅에 정의가 살아 있음을 보여 주어야 한다. 그간 어린이 성폭행살해사건이 끊이지 않고 있었던 한 이유도 무른 법의 잣대 때문이란 지적이 많다. 현행「성폭력 범죄 처벌 및 피해자보호에 관한 법률」은 '13세 미만 어린이 강간은 징역 5년 이상, 강제추행은 징역 1년 이상 또는 벌금 500만-3000만원'에 처벌하게 돼 있다. 그러나 법원이 다시 합의와 만취상태 등의 명목으로 형을 깎아줘 집행유예로 풀어주기 예사였다. 법원의 이러한 관대한 처벌은 범인들의 간을 키우고 재범률을 높여 제2, 제3의 조두순 사건을 만들고 있는 것은 아닌지 반성해 볼일이다. 전자발찌를 채우게 할 수 있는 법안이 만들어진 이후의 법원의 관용에도 이해할 수 없는 부분이 많다. 법원은 전자발찌 부착명령을 잘 활용하여 아동성범죄의 재발을 막을 수 있는 다양한 노력을 해야 할 것이다. 특히 아동상대 성범죄자에 대하여는 재범의 방지를 위하여 특단의 조치를 취해야 하는 것은 물론이다. 12살 지체아동에게 1000원을 주고 여인숙으로 데려가 추행한 성폭력범에게 징역1년을 선고하면서 전자발찌 부착 청구를 기각한다든지, 길 가던 5세 여아의 옷을 벗기고 추행한 범인에게 집행유예를 선고하면서 전자발찌 청구를 기각하는 경우는 이해할 수 없다. 각각 위의 경우는 '술을 먹고 우발적으로 저지른 범행이고 성범죄의 전과가 없다'는 이유이고, 아래의 경우에는 '피고인이 위법행위를 인식하며 반성하고 있어 재범의 우려가 적다'는 것이 이유였다. 법원의 어린이 성폭행범에 대한 관용의 판결은 때로 황당한 경우도 있다. 12세 여아를 강간했는데 무죄를 선고한 경우이다. 2010년 검찰은 12세 소녀에게 술을 마시게 한 뒤 차례로 강간한 20대 남성 3명을 특수 준강간 혐의로 기소했는데 법원은 무죄를 선고했다. 법원은 "피해자가 어린소녀이고 음주를 한 사정은 인정되나 그 상태가 심리·물리적 반항이 절대적으로 불가능하거나 현저히 곤란한 항거불능 상태였다고 보기 어렵다"는 점에서 무죄를 선고했다고 밝히고 있다. 재판부는 "피해자의 일행 중 한 명이 피해자가 있는 방으로 갔을 때 별다른 도움을 요청하지 않은 점, 피해 직후 피해자 스스로 옷을 챙겨 입고 나왔고, 이후 집으로 돌아갈 차비가 없어 피고인들에게 차비를 받았다는 점"을 들어 무죄로 판시한 것이다. 재판부의 이러한 판단은 가해의 행위나 피해의 정도로 강제성을 판단하기보다 피해자가 대응, 즉 '피해자가 심리적·물리적 반항이 불가능했는지 여부 또는 얼마나 저항하기 어려운 상태였는가'를 판단의 기준으로 삼은 것 같다. 법의 취지에 상관없이 "씻을 수 없는 영혼에 상처를 받아 육체·정신적으로 황폐한 상태"를 보여야 유죄를 인정하겠다는 취지로 보이는데 대단히 잘못된 판결이다. 법원의 주체인 판사도 각기 다른 인격체들의 집합이다 보니 각기 다른 판결이 있을 수 있으나 이런 경우는 없어져야 할 것이다. 2008년 법무부의 용역을 받아 한국여성정책연구원이 수행한 '아동성폭력의 재발방지 및 아동보호정책'연구보고서에 의하면, 서울 해바라기 아동센터에 접수된 아동성폭력범죄 28건에 대한 법원판결분석결과 감형사유는 동종전과 없음16건, 범행자백 11건, 고령·미성년 10건, 범행반성 10건, 합의 5건, 음주와 가족부양 각각 3건으로 나타났다. 어떤 경우는 국가유공자이며 동종전과가 없다는 이유로 집행유예가 선고되기도 한다. 국가유공자인 사람이 아동을 성폭행한다는 것도 믿을 수 없지만 법원이 국가유공자임을 내세워 집행유예를 선고하는 것도 믿을 수 없다. 아마도 사회적인 관심과 아동 성범죄가 사회문제로 부각되는 현실에서 앞으로 이런 황당한 판결은 없어져야 할 적폐중의 하나이다. 법원은 아동성범죄자에게 야간 등 특정지역이나 장소에 출입금지, 피해자 등 특정인에 접근을 금지하는 등의 준수사항을 부과할 수 있다. 또한 2010년 1월 1일 이후 아동·청소년 대상 성범죄를 저지른 자 가운데 재범 가능성이 있어 법원으로부터 신상공개명령을 받은 자들은 신상을 공개하도록 하고 있다. 아동성범죄자의 경우 거주지를 관할하는 시·군·구의 보육시설과 스쿨존에 출입하지 못하게 하는 것이 보통이고, 재판부에 따라서 보다 엄격하게 거주지와 사방으로 인접한 시·군·구의 학교출입까지 제한하는 경우도 있다. 알코올의존증 등의 문제가 있는 피고인에게는 1주일에 소주 1병 이상의 음주를 하지 말 것을 명령하는 재판부도 있었다. 이러한 명령을 위반할 때는 3년 이하의 징역이나 1000만 원 이하의 벌금에 처해질 수도 있다. 이러한 법원의 양형에 관한 권한을 최대한 이용하여 어린이성폭행 없는 사회를 만들기 위하여 노력해야 할 것이다. 어린아이를 성폭행한자는 "영원히 사회에서 격리시켜야 한다"는 것이 딸 키우는 부모들의 바램이다. 조두순의 판결에 대한 의견들이 분분한 가운데 한 여론조사 전문기관은 우리 국민 4명 중 3명(75%)이 아동 성범죄자 '거세'에 찬성한다는 조사 결과를 발표했다. 전국 19세 이상 남녀 700명을 대상으로 전화로 조사한 결과 물리적 거세를 해야한다가 38.3%, 약물투입 등 화학적 거세가 37.3%로 거세가 전체 답변의 75.6%를 차지했다는 것이다.

이러한 법원의 아동성폭행범에 대한 온정주의는 어린이를 상대로 한 성범죄가 끊이지 않고 계속 반복되는 결과로 나타났다. 법원도 다시는 이 땅에 어린이를 상대로 한 성범죄가 발생하지 않도록 특단의 조치를 취해야 할 시점이 되었다. 어린이를 상대로 한 성범죄자는 중형으로 다스려야 한다. 이들에게 다른 범죄와의 형평성, 가해자의 인권 운운 하는 것은 수많은 피해자의 영혼과 가족들의 절규를 듣지 않은 법관들의 궤변이다. 많은 수의 범죄자를 투옥하는 것은 범죄자를 감소시키는데 극히 최소한의 효과만을 가져올지라도 어린이 상대 성범죄자들은 현행법체계에서 허용하는 최대한의 형으로 다스리고 투옥시켜 사회와 격리시키는 것이 옳다. 김대중 정부부터 시행하지 않고 있는 사형제도도 부활해야 한다. 마치 사형제도를 폐지하는 것이 선(善)과 진보이고 인권운동의 전유물인양 운운 하는 등식에서도 탈피해야 한다. 이 땅에 사법의 정의를 구현하고 다수가 평화롭게 살아갈 수 있는 토양을 마련하기 위해서도 사형제도의 부활은 필요하다. 보통 사람들이 평화롭게 살아갈 수 있도록 만드는 것은 국가의 기본 책무이다. 우리와 함께 살 수 있는 사람들이 고통 받고 우리와 함께 살 수 없는 사람은 인권이란 이름으로 보호되고 있다는 것은 어불성설이다. 이제까지 사형이 집행되지 않으므로서 국가에서 얻은 것이 무엇이란 말인가? 다음으로 국가에서는 그런 범법자가 나타나지 않도록 교육이나 사회복지 인프라를 구축하는 정책을 펴야 한다는 것이다. 성교육은 어린이 보다도 어른들에게 집중되어야 한다. 어린이를 성폭행하면 패가망신에 일생을 감옥에서 지내게 된다는 것을 가르쳐야 한다. 인간이기를 거부하고 있는 자들에게 언제까지 인권운운하며 그들의 환골탈태를 기다려야 할 것인가? 천진난만한 우리의 어린 딸들에게 짐승 같은 성욕을 채우고 그것도 모자라 잔혹한 방법으로 살해까지 서슴지 않는 이들에게 우리가 할 수 있는 일은 현행법으로는 사형뿐이 없다. 채 피지 못하고 구천에 떠돌고 있을 어린 영혼들을 생각하고 어린 딸을 가슴에 묻어버린 부모와 가족들을 생각하면 오히려 사형도 미흡하다고 생각한다. 다만 사안에 따라 사형이 지나치다면 무기형으로 처벌되어야 한다. 2014년 5월 이훈동 한국외국어대학교 법학전문대학원 교수가 대검찰청의 연구용역을 받아 수행한 '성폭력범죄에 대한 유럽 각국의 형량 및 형집행실태' 보고서에서는 성 범죄에 대한 국민들의 이 같은 '중형주의'의식이 담겨 져 있는 것으로 나타나고 있다. 국민 2000명을 상대로 설문조사 한 결과, 성 범죄에 대한 현재의 법원 선고 형량이 적절한가라는 질문에 '전혀 그렇지 않다'(1207명), '별로 그렇지 않다'(595명)등 국민 전체의 90.2%가 적절하지 않다고 답한 숫자가 이를 웅변하고 있다. 성 범죄자에 대한 사형이 필요한가라는 질문에는 매우 그렇다(957명), 대체로 그렇다(579명) 등 약 76.9%가 찬성하는 입장을 보였는데 부분적으로 사형제도의 부활을 요구하는 것으로 나타났다. 형벌외 별도의 제재조치가 필요하냐는 질문에는 매우 그렇다(1366명), 대체로 그렇다(565명) 등 96.6%가 찬성했다. 성 범죄자들에 대해 '중형'을 요구하는 동시에, 형벌이외에도 전자발찌, 보호관찰 등 별도의 제재를 가하는 강한 처벌을 요구하고 있는 것이다. 특히 국민들은 형벌 외의 제재로 '자유제한적인 처분'에 89.1%가 동의하는 등 실질적인 이중처벌을 요구하는 것으로 나타났는데 이는 국민들이 아동 성폭행에 대하여 법원의 관대한 처벌에 불만을 가지고 있다는 증거이다.

분별없는 가석방

징역 또는 금고형을 받은 수형자를 형기를 마치기 전, 개전의 정이 뚜렷하다고 인정되는 수형자를 임시로 석방하는 것을 가석방이라고 한다. 무기징역을 선고 받은 자는 10년 이상, 유기징역의 경우에는 형기의 1/3 이상을 복역해야 가석방이 가능하다. 교도소장이 가석방 대상자를 신청하면 법무부 차관 등 9명으로 구성된 가석방심사위원회의 심사를 거쳐 법무부 장관이 최종 결정하는 제도이다. 법무부의 자료에 의하면 2011년의 경우 신청인원 7,5747명 허가 인원은 7,065명으로서 허가비율은 93.3%에 육박하고, 불허한 인원은 509명으로 6.7%에 지나지 않는다. 성범죄를 저지른 수형자 가운데 가석방이 허가된 사람은 2008년 436명, 2009년 351명, 2010년 105명으로 꾸준히 줄어오다가 2011년 이후에는 석방하지 않는 것으로 확인되고 있다. 2004년부터 2009년 8월까지 성폭력범(강간 · 추행 · 강도강간 포함) 2만1892명 중 3317(6.6%)명을 가석방 시킨 것으로 나타났는데 이러한 무분별한 가석방이 성범죄의 증가로 이어졌다는 비난은 면하기 어려워 보인다. 이 수치는 강도 6.5%, 살인 4.4% 보다도 높은 비율이다. 법무부의 엄격해진 심사에도 불구하고 가석방으로 풀려난 전과자가 다시 범죄를 일으키는 사건이 발생하고 있어 일부에서는 아동 성폭력범 등 강력범죄자들이 가석방으로 풀려나오는 것에 대한 우려의 시각을 가지고 있는 사람들이 많다. 이러한 강력범죄자들이 가석방으로 사회에 복귀하게 되면 사회는 불안해진다. 강간상해로 수형 중이던 전과자가 법무부의 가석방조치로 풀려난 윤 모(28세)는 전자팔찌를 끊고 달아난 사고가 발생하기도 하였다. 20일 만에 경찰에 의해 검거되기는 했으나 제2의 범죄로 이어질 뻔했던 사건이었다. 실제로 전자팔찌를 찬 상태에서 범죄를 저지른 경우도 있었다. 2012년 8월 20일 서울 중곡동에서 성폭행 시도에 저항하는 주부를 살해한 40대 범인도 복역한 후 전자발찌를 착용하고 있었다. 소주 1병을 마시고 대상을 물색하다가 "잡히면 다시 교도소 가면 된다"는 심정으로 범행했다고 한다. 2012년 8월 2일 울산 40대, 2012년 3월 서울 30대, 2011년 11월 수원 40대 남성 등도 전자발찌를 찬 채 성폭행을 한 사례 들이다. 전자팔찌를 착용했을 경우 재범률도 낮아지는 게 사실이다. 2008년 9월 우리나라 전자발찌제를 시행 후 3년간 성범죄 재범률은 1.67%로 시행 이전 3년간의 14.5%에 비해 뚝 떨어진 것이 사실이다. 강한 형벌을 가하고 각종 부담스러운 부가형이 가해지면 동종의 범죄는 줄어들게 마련이다. 어린이 성폭행범에 대한 가석방은 이제 중단되어야 한다.

허술한 성범죄자 관리

성범죄자는 재범률이 다른 범죄보다 월등히 높기 때문에 특별한 관리가 필요한 범죄이다. 때문에 미국에서는 형량을 종신형 등으로 사회와 영원히 격리시키는가 하면 다양한 재발방지책을 동원하고 있다. 그럼에도 불구하고 한국에서 그간 시행한 성범죄자들에 대한 관대한 처벌과 함께 성범죄자 관리 실태를 보면 성범죄를 오히려 조장해 왔다는 느낌을 지울 수 없다. 그 중에서도 2005년 「사회보호법」폐지 이후에는 형기를 마친 성 폭력범들을 아무런 대책도 없이 줄줄이 풀어준 것을 들 수 있다. 김혜정 영남대 법대 교수의 '성폭력 범죄자 출소 후 감독제도 효율화 방안' 보고서에서 강간 재범자 수는 총 4,390명으로서 연평균 재범자 627명이 양산되었음을 지적하고 있다. 성폭력자 10명중 4명이 1년도 안 돼 다시 성폭행을 저질렀다는 결론이다. 그러자 2008년 9월부터 법무부는 성범죄 출소자에게 '전자발찌'를 채우기 시작했다. 전자팔찌는 특정성범죄자에게 성범죄 예방을 위하여 새로 도입한 제도이나 성범죄자체를 예방하는 데는 한계가 있는 것으로 드러나고 있다. 전자발찌 착용자 재범률은 5년 전 0.49 퍼센트에 불과했지만, 2012년도에 1.95 %로 네 배 가까이 증가한 것으로 확인되고 있다.100명에 2명 꼴이라는 결론이다. 성범죄자가 전자팔찌가 채워지는 경우도 재범자가 많은 상황인데 그렇지 않은 경우에는 어떤가? 2009년 4월 10일 미성년자 성추행으로 집행유예를 받았던 50대 남성이 집행유예 기간이 끝난 다음날 또다시 초등학생을 성추행한 사건이 발생했다. 이 남성은 학교를 마치고 집으로 가던 초등학교 4학년 김 모 양에게 접근해 강제 추행했다. 그는 3년 전에도 여자 어린아이를 강제 추행한 혐의로 법원에서 징역 6월에 집행유예 2년을 선고받았다. 대구 여대생 살해 사건의 범인은 조명훈(공익요원)으로 밝혀졌다. 그는 성범죄 전과자이면서 지하철역 공익근무요원이었다. 어떻게 이런 일이 가능했을까? 2011년 울산에서 청소년을 성추행한 혐의로 징역 1년6월, 집행유예 3년, 성폭력 치료강의 수강 80시간, 신상정보공개명령(고지명령 3년)을 선고받았지만 대구도시철도 방촌역사에서 일해 온 것으로 드러났다. 대구도시철도공사는 조 씨가 성범죄자인 줄 전혀 몰랐다는 주장이다. 병무청이 성명과 주민등록번호 앞자리와 연락처·주소만 알려주기 때문에 성범죄자 여부를 알 수 없었고, 조 씨가 자신을 폭력전과자라고 말해 그대로 믿었다는 것이다. 성범죄 예방을 위해 시행하고 있는 '성범죄자 알림e' 사이트가 제대로 활용되지 못하는 것도 문제이다. 범인은 '성범죄자 알림e' 사이트에 등록된 성범죄 전과자인데 국가기관에서는 확인 등의 절차를 하지 않았다. 국가기관에서 성범죄자 관리를 하지 않는 사이 또 한 딸이 희생된 것이다. 각 정부기관에서는 이러한 불합리를 고려 확인절차를 의무화하는 시스템을 구축하여야 할 것이다. 법무부에 따르면, 성폭력 범죄자 10명 중 3명은 같은 종류의 전과 5범의 상습범이었다. 가해자 1명이 5명 이상에게 성폭력 범죄를 저지른다는 결론이다. 재범자들은 횟수를 반복할수록 범행이 잔인해지는 경향이 있다. 어린이와 같은 약자의 경우 신고를 염려해 성폭행 후 살인으로 이어지는 경우도 많다. 법무부에서 전자팔찌제도를 도입한 이후 정신이상자들의 성폭행범의 재범률은 전혀 감소하지 않았다는 것을 알 수 있다. △2008년 12.0%(24명) △2009년 17.0%(30명) △2010년 29.6%(64명) △2011년 30.2%(42명)로 평균 재범률은 24.6%였다. '2012년 아동·청소년대상 성범죄 신상정보 등록대상자 동향'에 따르면 전체 신상정보 등록대상자 1675명의 47.0%가 집행유예를 선고받아 법원의 관용태도는 줄어들지 않았음이 밝혀졌다 9.8%는 벌금형을 받았으며, 징역형을 선고받은 사람은 43.2%에 그쳤다. 그리하여 아동·청소년대상으로 성범죄자의 재범률이 전년도에 비해 크게 늘었다. 이번 등록대상자가 되기 전 범죄경력을 보면 성범죄를 저지른 적이 있는 자가 다시 성범죄를 저지른 경우는 23.8%로 나타났다. 이는 전년도 15.5%에 비해 크게 증가한 수준이다. 법무부는 성폭력사범을 포함한 강력범죄자에 대한 보호관찰을 강화하기 위해 125명을 증원하여 최근 성폭력 등 강력범죄로 전자발찌를 착용한 보호관찰 대상자가 또다시 성범죄를 저지르거나, 전자발찌를 부수고 도망치는 사례를 예방하기로 했다. 법무부내에 전담인력을 두는 것으로 보아 전자팔찌를 채운 자에 대하여는 법무부의 책임이라는 것을 분명히 한 것으로 보인다. 경찰청에서도 성범죄자 관리 전담인력 528명을 확보하여 성범죄자의 재범억제를 위한 '성폭력 예방 전담부서'를 신설하였다. 아마도 전자팔찌를 채운 나머지 성범죄자에 대한 관리와 범죄예방의 책임은 경찰청에서 하도록 한 것이라고 풀이 된다. 앞으로 어려운 정부의 재정형편에도 불구하고 전담인력 확보 등의 조치가 있었으므로 법무부와 경찰청의 활동상황을 지켜볼 일이다. 두 기관이 서로 협조하고 노력하여 다시는 국민을 분노케 하는 여자어린이 성폭력범죄가 뿌리 뽑히기를 희망 한다. 박근혜정부에서 성범죄 예방을 위한 전담부서가 생겼다는 자체만으로도 어린이보호를 위한 진일보된 조치라 할 수 있다.

포르노 공화국　또는　'포르노'　공화국

　성범죄자들을 만나서 상담을 하다보면 범죄자들이 "범죄를 저지르기 전 외설적인 영화·비디오·인터넷 등을 보았다"고 이야기 한다. 특히 이들은 "아동들이 주인공인 아동포르노물에 흥미를 갖고 보았다"고 고백하고 있다. 이러한 무분별한 외설물들이 어린이 성범죄자들을 자극하고 성충동을 강하게 일으키게 하여 범죄의 촉매역할을 하는 것으로 볼 수 있다. 외설적이고 폭력적인 아동포르노물이 어린이 성폭행을 조장하는 결과로 이어지고 있는 것이다. 2007년 1월 17일 프랑스, 미국, 러시아 정상의 부인 등은 파리에서 열린 '국제미아착취아동보호센터'(ICMEC) 주관 회의에서 어린이 상대 성(性)도착증과 아동 포르노물 추방, 어린이 유괴 근절을 위해 모든 나라가 동참해 줄 것을 촉구했다. 이날 회의에는 프랑스의 베르나데트 시라크, 미국의 로라 부시, 러시아의 루드밀라 푸틴, 이집트의 수전 무바라크 등 각국의 현직 퍼스트레이디들과 폴란드 전 퍼스트레이디 졸란타 크바스니에프스키, 벨기에의 파올라 여왕, 스웨덴의 실비아 여왕 등이 참석했다. 현재 인터넷에는 20만개가 넘는 아동 포르노 웹사이트가 있으며 확산 속도는 가히 놀랄만하다. 이들은 확산을 막기 위하여 국가의 적극적인 개입은 물론 인터넷 공급업자들이 동참해야 한다고 주장했다. 인터넷이라는 문명의 이기가 범죄를 조장하고 어린이의 성착취를 도구로 이용되고 있다는 사실자체만으로 인류의 공적이라 아니할 수 없다. 이것도 어린이를 이용한 어른들의 돈벌이 수단으로 이용되고 있는 것을 어떻게 설명해야 하는가? 수요는 공급을 창출하는 것이니 수요가 많기 때문에 생기는 것이라고 보아야 한다. 더구나 돈벌이 수단이 될 수 있기 때문인데 이러한 구조의 싹을 잘라 내는 것이 현대의 문명국가에서 해야 하는 일이라고 보여 진다. '범국제미아착취아동보호센터'(ICMEC)의 조사에 따르면 아동 포르노물의 소지자에 대한 처벌 규정과 인터넷서비스업자(ISP)의 신고 규정을 두지 않은 국가로 한국과 일본 등 63개국이라고 발표했다. 우리나라도 어린이 성착취를 조장하고 있는 국가는 아닌지 반성해야 할 일이다. 'ICMEC'는 인터폴(국제형사경찰기구)과 협력을 통해 인터폴 회원국 184개국의 입법 현황을 비교 조사한 결과 이들 63개국의 보완 입법을 촉구했다. ICMEC는 아동 포르노 금지 입법·아동 포르노 개념 정의·컴퓨터 이용 아동 포르노 처벌·단순 소지자 처벌·ISP(인터넷서비스제공자)의 신고 의무화 등 5개 기준에 따라 분석한 결과 모든 기준을 충족한 나라는 미국·호주·벨기에·프랑스·남아공 5개국에 불과했다고 발표하면서 특히, 아시아에선 홍콩·뉴질랜드·통가 등 3개국을 비롯해 22개국은 다른 4개 기준은 충족했으나 ISP 신고 조항이 없다고 지적했다. ICMEC측은 이날 워싱턴 내셔널 프레스 빌딩에서 기자회견을 갖고 "전 세계의 현 입법 실태는 이 역병과 싸우는 데 너무 미흡하다"며 "각국 지도자들이 행동할 때"라고 촉구했다. 어니 앨런 ICMEC 회장은 "어린이가 성폭행을 당하는 사진 등이 거래되고, 프린트되고, 다운로드될 때마다 그 사진의 어린이가 또 한 번 희생당하는 일임을 알아야 한다. 이들 어린이가 받는 신체적, 정신적 상처는 어른이 된 후에까지 영향을 미치는 등 헤아릴 길이 없다"고 강조했다. 그는 "그런 사진을 단순 소지하거나 유통시키는 자도 그것을 만든 자들과 공범"이라며 엄격한 단속과 처벌을 촉구했다. ICMEC는 아동 포르노 문제를 계량적으로 파악하기는 어렵지만, "인터넷의 등장과 함께 폭발적으로 증가하고 있다"며 미국미아착취아동보호센터(NCMEC)의 경우 온라인을 통한 누적 신고가 2001년 2만4천400건에서 2006년에는 34만 건으로 늘어났다고 예시했다. ICMEC는 인터폴과 공동으로 아동 포르노 방지대책센터(IRC)를 만들어 관련 단속정보와 조사기법 등을 제공하며, 마이크로소프트사의 재정후원을 받아 89개국 1천322명의 정부 관계자에 대해 단속 훈련과 교육을 실시한 바 있다. ICMEC는 미국의 단속 통계를 인용, 아동 포르노물 소지자는 "나이, 빈부의 소득과 교육 수준, 도시와 농촌 등 거주지 등에 관계없이 분포돼 있고, 특히 각계의 저명인사, 지역에서 존경받는 사람도 포함돼 있다"고 말했다. 또 체포된 사람가운데 83%는 6세-12세, 39%는 3-5세의 사진을 갖고 있었으며, 갓난아기나 유아 사진을 소지한 사람도 19%에 이른다고 ICMEC는 지적했다. 어린이 성폭행범들의 경우 인터넷의 어린이용 대화방을 통해 어린이들과 접촉, 자연스러운 대화를 통해 이름, 주소 등을 알아내고 계속 접촉을 통해 처음엔 가벼운 성적 내용이 담긴 사진부터 시작, 점차 심한 내용의 사진을 보여줌으로써 경계심을 허무는 수법을 쓴다고 설명했다. 미국에서는 아동포르노물을 다운받아 소지만 해도 10년 이상 징역형에 처하도록 연방양형규정이 마련되어 있다. 애리조나 주 고등학교 교사 버거씨가 음란한 아동사진 20장을 소지하고 있다가 검거되어 재판결과 무려 200년이라는 징역형을 언도 받았다. 사진 한 장당 10년씩이고 '가석방절대불가'라는 부가형이 선고되었다. 우리나라 기준으로 보면 어린이를 성폭행을 실행한 것도 아니고 인터넷에 있는 아동포르노 사진을 다운받아 소지했을 뿐인 고등학교 선생님에게 200년의 형은 너무한 것 아니냐고 항변할 수 있겠지만 세계에서 가장 인권을 부르짖는 인권국가에서 자주 있는 일이다. 우리나라가 타산지석으로 보아야 할 대목이다. 정부는 이러한 폐해를 감안하여 현실성 있는 대책을 세워야 할 것이다.

얼굴 없는 범인

어린이에 대한 성폭행 후 살해범 등 강력사건이 일어나 범인이 검거되고 나면 범인의 얼굴을 공개해야 한다는 국민의 요구가 빗발치고 있다. 그러나 범인의 얼굴을 공개하는 문제는 그리 간단한 문제가 아니다. 무죄추정의 원칙 때문이다. 이 원칙은 세계인권선언 제11조 1항에도 규정되어 있으며, 한국의 「헌법」제27조 4항에는 "형사피고인은 유죄의 판결이 확정될 때까지는 무죄로 추정된다"는 조항이 명시되어 있다. 또한 무죄추정은 좁은 뜻으로는 국가, 즉 소추하는 측이 유죄의 입증을 해야 하는 증명 책임의 법칙을 말한다. 이것은 '혐의만으로는 처벌할 수 없다'는 원칙을 말하는 것인데, 넓은 뜻으로는 이에 그치지 않고 근대 형사재판의 이념 그 자체에 기초를 두고 있다. 그럼에도 불구하고 검거된 범죄자에 대하여 범인의 얼굴을 공개해야 한다는 여론은 강력사건에 대한 국민들의 관심 고조와 함께 증폭되어 나타나고 있다. 「헌법」이 무죄추정의 규정을 둔 것은 형사피의자나 형사피고인의 명예와 신체를 보호하기 위한 것이다. 형사피의자의 경우에는 피의사실공표죄를 두어(형법제126조)피의자의 권리를 보다 철저히 보장하고 있기도 하다. 무죄추정의 원칙은 증거법에 국한된 원칙이 아니라 수사절차에서 공판절차에 이르기까지 형사절차의 전 과정을 지배하는 지도 원리로 존재한다고 볼 수 있다. 그러나 무죄추정의 원칙은 국민의 알권리와 충돌하고 있다. 우리나라 「헌법」은 제10조에서 알 권리·읽을 권리·들을 권리가 보장되고 있는 것이다. 오늘 날 알 권리는 국민주권주의의 본질적 요소로서 인정되고 있으며 모든 국민이 가지는 권리이다. 언론기관의 특권으로서 인정되는 권리가 아니다. 무죄추정의 원칙과 국민의 알 권리의 조화로운 운용의 묘를 기해야 한다고 본다. 무죄추정의 원칙은 혹시라도 억울한 피의자와 피고인이 생길 수 있다는 가정 하에 생겨난 권리이다. '열사람의 범인을 놓치더라도 단 한 사람의 억울한 범죄자를 만들어선 안 된다'는 법언이 이를 잘 설명해 주고 있다. 그러나 요즘의 범인은 심증만으로 특정되지 않는다. DNA·지문·혈흔 등 극히 과학적인 수사기법이 동원되고 있어 억울한 범죄자의 발생 확률은 옛날보다는 많이 줄어 들었다. 과학수사로 범인이 특정되면 그들이 무죄 판결을 받을 확률은 제로에 가깝다고 해도 과언이 아니다. 그러면 어떻게 하는 것이 합리적인가? 흉악범인이 저지른 범죄의 내용과 검거시 범인을 확정할 수 있는 단서의 유무 등을 종합하여 결정할 문제라고 보여 진다. 흉악한 어린이 성범죄 사건이 발생하고 며칠 뒤 범인이 검거되면 모자와 마스크를 쓰고 얼굴을 수건 등으로 가린 채 TV화면으로 우리들에게 나타난다. 그리고 또 며칠 뒤 현장검증을 할 때 또 범인은 모자를 눌러쓰고 마스크로 얼굴을 가린 채 또 우리들에게 나타난다. 강력사건이 일어나게 되면 우리가 늘 접하게 되는 현상이다. 더구나 범인들은 DNA 등으로 진범임이 밝혀졌음에도 경찰의 강압적인 수사에 의하여 자백했다거나 '그런데 어쩔래' 라는 표정으로 참회는 커녕 희죽거리는 모습을 볼 때 시민들은 분노하고 절망하게 된다. 범인들의 얼굴을 가리게 하고 신상에 대한 공개를 하지 않는 것은 경찰과 국가인권위원회에서 범인으로 확정되기 전 에는 피의자에 불과함으로 초상권과 신상이 공개되어서는 안 되며 거꾸로 고소당할 우려도 있다고 한다. 참으로 기괴한 현상이 아닐 수 없다. 이러한 보호와 인권 속에 강력범죄는 더 기승을 부리고 있는 것은 아닌지 생각할 필요가 있다. 어떤 피해자 부모들은 이 나라에는 강력범인들의 인권만 있고 피해자의 인권은 없는 국가인가를 되묻고 있기도 하다. 가까운 일본에서는 국민적 분노를 일으키는 흉악범인은 얼굴은 물론 신원을 공개하고 있고 미국의 언론(AP, WP)에서도 경찰이 체포한 강력범에 대한 모든 신상에 대하여 모두 공개해 버림으로서 강력범의 예방은 물론 과거 범행까지 신속하게 들춰내는 효과를 거두고 있다고 한다. 매일경제 인터넷이 2010년 4월 실시한 여론조사에서 '사회파괴범들에 대한 얼굴 및 실명공개에 대해 어떻게 생각 하는가'를 묻는 질문에 응답자 4035명 둥 3894명 (96.5%)이 '당연히 공개해야 한다'고 답하였고 '공개하지 말라'는 3.5%에 불과했다. 이들은 공개해야 하는 이유로 '흉악범의 인권 보다 피해자의 인권이 우선 한다'와 '범죄예방 차원에서 공개가 필요하다'는 의견을 제시했다. 물론 경찰의 범인 확정과 체포는 정확한 증거에 의하여 이루어지는 것을 전제로 강력범의 얼굴과 신상공개는 범죄예방을 위해서 도움이 될 뿐만 아니라 피해자의 인권보호와 국민의 알권리를 위해서도 타당하므로 강력범의 얼굴과 신상은 마땅히 공개되어야 한다. 가해자의 인권은 피해자의 인권과 국민의 인권이 고려되고 난 후의 문제일 것이다. 국회는 이러한 국민들의 여론을 감안하여 검사와 사법경찰관에게 성폭력범죄의 피의자가 죄를 범하였다고 믿을 만한 충분한 증거가 있고, 국민의 알권리 보장, 피의자의 재범 방지 및 범죄예방 등 오로지 공공의 이익을 위하여 필요할 때에는 얼굴, 성명 및 나이 등 피의자의 신상에 관한 정보를 공개할 수 있다고 성폭력범죄의 처벌 등에 관한 특례법(시행 2013.12.19.)제25조(피의자의 얼굴 둥)를 신설하였다. 극히 당연한 일이다. 앞으로 적당하고 합리적인 운용이 있기를 기대한다.

보잘것 없는 교화·치료제도

성범죄자에 대한 특별교화프로그램이 필요하다. 구금기간을 늘리는 방법만이 성범죄자 및 상습성범죄의 재범률을 줄이기는 어렵다. 현재 우리나라 교정시스템은 별도로 성범죄자를 교화할 수 있는 시스템이 없기 때문에 구금기간을 늘린다고 범인의 습성이나 정신상태가 바뀌기 어렵다고 보기 때문이다. 성범죄는 나날이 증가하고 있는데 성범죄자에 대한 교화프로그램이나 치료를 담당하는 시설은 태부족이다. 심지어 교도소 내에서 성범죄자에게 교육을 시킬 수 있는 법적근거조차 없어 재소자가 교육을 거부하면 교육조차 시킬 수 없는 상황이 계속되고 있다. 성범죄는 일시적인 것이 아니고 반복적이고 습관적인 범죄임이 여러 데이터와 연구결과로 증명되었는데 교도소에서 아무리 오랜 기간 동안 수감되어 있어도 그들을 교화시키거나 치료 후 출소되지 않는 한 동일범죄는 계속될 것이다. 이들을 교화시키고 치료할 수 있는 프로그램개발과 시설확충이 시급한 실정이다.

조선일보의 특별취재보도에 의하면 국내 유일의 성폭력 전과자 치료기관인 '국립법무병원 치료감호소(충남공주소재)'에는 현재 34명의 성범죄 전과자가 치료를 받고 있다고 한다. 여기에서 치료를 받는 기준은 조두순·김길태·김수철처럼 사회를 경악케 한 흉악범은 일반교도소에 가고 법원에서 치료감호처분을 내리는 경우는 비교적 죄가 경미하고 정신질환 증상이 뚜렷하며 치료가능성이 있는 경우이다. 이들을 치료하는 데는 1인당 연간 506만원의 비용이 들며 이는 일반치료감호자의 치료비용인 305만원의 1.6배에 달한다. 조두순·김길태·김수철 등 대부분의 흉악성폭행자들은 이미 수건 또는 수십 건의 경미한 성폭행범죄를 저지른 후 흉악한 성폭행범으로 발전되어 간 것으로 소아기호증·노출증·관음증 등 정신병이 확실한 경우에는 국가에서 치료하여 사회로 복귀시키는 것은 당연하다고 할 수 있다. 치료를 받지 않고 사회에 복귀되면 또 다른 어린이 피해자가 발생되는 것은 불문가지다. 성범죄자 치료전문가인 마셜(Marshall) 캐나다 퀸즈대학 교수가 성범죄자들을 장기간 추적한 결과 처벌과 치료를 병행한 집단은 처벌만 집행한 집단에 비해 재범률이 1/4수준이었다는 연구결과를 내놓은 바 있다. 치료감호제도는 사안이 경미하고 치료가능성이 있고 정신병이 확실한 경우에 한하여 고려할 만한 가치가 있다고 하겠다. 그러나 치료 후 석방되더라도 이들에게는 전자팔찌를 채우는 등의 조치가 있어야 한다. 이들의 치료효과가 100%

완치 되지 않고 있는 것에 주목할 필요가 있다. 이들이 출소한 후 제2, 제3의 조두순이 되지 말라는 보장은 없다. 완치되었다는 결론이 나도 이들의 사회 복귀에는 신중에 신중을 기하여야 한다. 그곳에서 치료를 받고 있는 한 어린이 성폭행범은 이렇게 증언한다. "여자 100명이 있어도 늘 허기가 졌다. 범행을 저지른 후 매번 다시는 하지 말아야지 후회하면서도 시간이 지나고 나면 또 하고 싶었다"고 증언하고 있다. 왜 어린이에게 욕망을 품었는지에 대한 명확한 진단 없이 그들이 완전하게 치료된다는 가능성도 뚜렷하지 않다. 다만 우리들의 희망이 있을 뿐이다. 그래도 단 한명의 피해자를 줄일 수 있다면 치료감호제도를 발전시켜야 한다. 제2,3의 조두순 사건이 나오지 많도록 이중 삼중의 안전장치를 마련한 후에 이들의 치료에도 국가로서의 책무를 게을리 해서는 안 된다.

개념없는 학교개방

각 급 학교에는 얼마 전 까지만 해도 학교에 숙직제도가 있었다. 방과 후 학생들의 과외활동을 도와주기도 하고 학교시설물의 안전과 보호활동을 목적으로 하며 어린이들의 안전 활동을 하는 것들이 그들의 주요 임무였다. 최근에 교사들에 의한 숙직제도가 폐지되고 난 후 등장한 것이 학교 내에 CCTV를 설치하고 경비업체에 용역을 주어 학교의 경비를 맡기고 있는 형편이고 일부 학교에서는 '배움터지킴이'로 전직 경찰이나 선생님들을 채용하여 이를 대행케 하고 있다. 이것도 예산문제로 일부 학교에만 혜택을 보고 있다. 점차 확대될 예정이라고는 하지만 이러한 '경비안전대책'은 말뿐인 '경비안전대책'에 머물고 있다. 학교의 운동장은 동네 주민들을 위하여 개방되었고 오후의 운동장에는 동네의 불량청소년들의 아지트로 변하고 있는 것이 오늘의 현실이다. 말하자면 안전문제는 학교당국이 손을 놓고 있는 것이나 다름없다. 경비업체에 용역비로 지급되는 돈은 고작 월 40만 2,800원이다. '배움터지킴이'도 월 20만 원 정도의 활동비가 지급된다. 이를 가지고 이들에게 학교시설의 안전과 어린이들의 안전책임을 맡기고 있는 것 자체가 부끄러울 정도다. 교육부나 학교당국에서는 학교의 안전과 어린이들의 안전에는 아예 관심이 없는 것이다. 그 이후의 책임은 전적으로 경찰에게 돌아가고 있다. '학교에서 어린이들이 나가고 나면 전적으로 경찰의 순찰차에 의존할 수뿐이 없다'고 한 초등학교의 교장은 털어 놓는다. 경찰이 학교의 운동장에까지 지켜야 한다면 현재의 경력을 배로 늘린다 하더라도 불가능할 것이다. 학교시설의 보호와 안전에 대한 책임은 전적으로 시설 주인 교장에게 있다는 사실을 알아야 할 것이다.

어린이들의 안전을 위하여 특단의 노력을 기울이고 있는 학교가 있어 소개한다. 어린이들이 집을 빼고 가장 많은 시간을 보내는 학교가 안전하지 않다면 교육을 아무리 잘 시킨다 해도 무용지물이 되고 만다. 제2의 조두순 사건이 일어나는 학교라면 이미 학교의 존재가치가 퇴색되고 마는 것이다. 이 학교에서는 오전 아홉시가 지나면 아이들의 안전과 원활한 수업을 위해 학교 앞 정문은 굳게 닫힌다. 수업이 시작되면 이렇게 철저하게 관리를 하는 모습이 보입니다. '방문객은 후문을 이용해 주세요' 라는 표지판이 세워진다. 후문으로 들어서니 '지킴이 선생님' 이 앉아 있다. 학교 지킴이 선생님에게 다가갔더니 '방문객 명단' 을 기록해야 학교에 들어갈 수 있다고 한다. 학교에 있는 아이들의 안전을 위한 예방책이라 하니 번거롭고 복잡해도 당연히 기록하고 들어가야 한다. 먼저, 방문객명단에 빠짐없이 기록을 한다. 방문자 명단에 빠짐없이 기록을 하면 해당 방문자에게 출입 가능한 명찰이 부여된다. 또한 교무실에 있는 모니터에서는 학교의 여러 장소에서의 어린이들의 움직이는 모습이 보인다. 모니터링 선생님은 한시도 모니터에서 눈을 떼지 못한다. 하교시간이 되었다. 직접 학교에서는 각 동네별로 아이들을 그룹을 지어서 5-6명 씩 하교시키고 있었다. 어린이들이 모두 귀가하면 마지막으로 학교 안전 지킴이 선생님은 학교에 남아 있는 아이들이 있는지 확인하고 있었다. 이 학교는 오후에 어린이들이 모두 귀가하고 나면 학교의 교문을 닫아 버린다. 학교와 어린이들의 안전을 위한 어쩔 수 없는 조치라고 한다. 각 시도 교육청에서도 이러한 노력을 하고 있는 것으로 보도되고 있다. 부산광역시교육청에서는 학교(성)폭력 및 비행 예방과 외부인 출입통제를 위해 초등학교 '배움터지킴이' 운영학교를 전 초등학교로 확대 운영하기로 하였다. '배움터지킴이' 요원은 퇴직교원, 퇴직경찰, 제대군인, 상담전문가, 사회복지사, 전직공무원, 지역인사 등이 선발 대상이 되며, 해당 학교에서 면접을 거쳐 선발되고 배움터지킴이는 학교 내·외 취약장소의 시간대별 순찰활동, 어린이 등·하교 교통지도, 상담활동, 학교폭력 예방활동, 학교폭력 가·피해자 선도 및 보호활동 등 학생 생활지도 및 학교 안전을 위한 활동을 하게 된다.

땜질대책

그간 정부에서는 아동·청소년을 성범죄로부터 보호하기 위한 수많은 대책을 내 놓았다. 정권이 바뀔 때 마다 아동청소년의 보호 문제는 화두의 중심에 있었다. 그럼에도 불구하고 아동·여성에 대한 성범죄가 줄지 않는 것은 무엇을 말하고 있는가? 성범죄자에 대한 형벌을 강화하고 우범자에 대한 관리를 강화하는 등의 대책들이 땜질로 그치고 말았기 때문이다. 2013년 가장 최근에 나온 정부의 대책으로는 이런 것들이 눈에 띄고 있다. 성폭력 범죄 발생 후 신속한 대응을 위해 112시스템 지도에 성범죄자의 신상 정보와 범죄사실이 자동 표시되고, 경찰관 스마트폰에 범죄신고 음성파일이 실시간 전송되는 시스템을 만든다는 것이다. 법무부에서 운용되고 있는 전자팔찌에 과거 범죄수법, 이동로 등을 분석해 유사한 패턴이 나타나면 경보를 울리는 지능형 전자발찌 시스템의 도입 등이다. 2015년까지 전국에 CCTV 1만1285개가 추가 설치되고 학교 안 CCTV는 100만 화소 이상급으로 단계적으로 교체된다. 2017년까지는 전국 230개 기초 지방자치단체에 CCTV 통합관제센터가 설치된다. 2015년까지 경찰서마다 성폭력 전담수사팀이, 여름철에는 주요 해수욕장에 성범죄 수사대가 운영된다. 이밖에도 성범죄 관련공무원의 처벌 강화와 성폭력예방교육의 강화 등이 포함되어 있다. 청소년이 스마트폰에 가입할 때 이동통신사가 의무적으로 음란물 차단 프로그램을 설치하도록 하고, 웹하드 사업자에게 음란물 차단 조치 의무를 부과하는 것을 법제화하는 방안도 추진 중이다. 피해자 지원을 위해서는 의료비 지원 및 무료 법률지원 확대, 국선전담변호사 및 진술조력인 활용 등을 추진키로 했다. 정부는 또 대법원에 성폭력 범죄 관련 양형기준을 재정비하도록 대법원 양형위원회에 개정의견을 조만간 제출한다. 문제는 이런 대책으로도 성폭력이 줄지 않고 있다는데 문제의 핵심이 자리하고 있다. 그간 정부에서는 잔혹한 범죄로 여론이 들끓을 때마다 발 빠르게 대책을 내놓지만 장기적인 안목의 종합대책보다는 정치권과 여론에 떠밀려 만든 전시행정이란 비난을 면하기 어렵다. '나주 고종석 사건'으로 여론이 들끓자 경찰은 성폭력·강력범죄 종합대책을 내놨는데 전국 경찰관서에 성폭력 예방 전담조직을 신설하고, 우범자 전담관리 인력 793명도 충원하고 아동포르노대책팀, 성폭력수사 특별 팀도 새로 만들겠다고 했다. 현장의 근무 강도만 높였을 뿐 인력 증원이나 예산배정 등 근본적인 조치가 없는데 실효성이 있을까 의문이다. 경찰이 자율방범대·아동안전지킴이·학교보안관 등 협조 가능한 단체들과 합동 순찰에 나서겠다는 부분에서 더더욱 실효성이 문제되는 부분이다. 필자의 경험으로는 자율방범대는 각 경찰서의 지도아래 주민들이 자발적으로 설치하여 운영되고 있는 것이 사실이나 경찰에 자율방범대의 운영비는 한 푼도 없는 것이 현실이다. 자율방범대원의 제복, 사무실 운영은 물론이고 심지어 순찰 후 야식 값조차 없어 자치단체의 장에게 손을 벌려야 하는 일이 현장에서 벌어지고 있다. 이런 상황에서 자발적인 참여에 의한 효율적인 순찰이 이루어질는지 의문이다. 지하철역·아파트 등 자체 방범시스템을 둔 곳과 비상연락망을 구축하겠다는 것도 종전에 경찰에서 이미 하고 있는 수단이다. 이러한 시책은 궁여지책으로 내 놓은 반복되는 대책들이다. 경찰은 가정폭력·학교폭력전담팀, 성폭력·주폭(음주폭력)전담팀까지 모든 사회악의 중심에는 경찰만이 존재하는 듯한 느낌이다. 그러나 국가에서는 근본적인 원인을 분석하여 근본적인 처방부터 시작하는 것이 원칙일 것이다. 한 가지 예를 들어보면 주폭의 중심에는 우리사회가 술문화에 대한 일반적인 관용의 습성이 존재하고 있다. 술 한잔 마시면 그럴 수도 있다는 폭넓은 이해심이 자리 잡고 있기 때문이다. 이러한 주폭의 문제를 해결하기 위해서는 근본적으로 국민정신의 개조에서부터 출발해야 한다고 생각한다. 여자 어린이에 대한 성폭력 문제도보다 근본적인 문제의 인식에서 출발되어야 한다. 그 중심에는 가부장적 사고의 잔존, 남아선호사상, 어린이 포르노물, 남녀평등의 몰이해, 아동을 귀여워한 방식 등 종합적으로 정책이 설계되고 입안되어 실시되어져야 할 문제이다. 아동성폭력범이 발생되는 원인에서부터 찾아내어 처방이 되어야 한다. 그래야 정책의 효과성을 입증할 수 있다. 「성폭력처벌 등에 관한 특례법」, 「경찰관직무집행법」 등 민생치안 강화를 위해 필수적인 개정 법률안들이 국회에서 잠자고 있다. 국회가 만약 대한민국 국민들에 의하여 구성된 것이 맞다면 국회가 할 일중에 어린이와 청소년을 안전하게 잘 자라도록 하고 여성을 안전하게 하는 것 보다 중요한 일이 있을까? 성폭행사건이 일어날 때마다. 정부에서는 여러 가지 대책을 내놓지만 보다 근본적인 대책은 아닌듯하다. 물론 정부의 각 기관이 하는 일이 다르고 예산의 부족으로 인한 면이 있지만 보다 중요한 것은 각 기관에서 하는 일을 종합적으로 다룰 컨트롤 타워가 작동하지 않기 때문으로 분석되고 있다. 어린이 성폭행사건은 정치·경제·사회·문화 등 종합적인 문제가 중첩되어 발생되는 것이기 때문이다. 국회에서는 법을 만들어야 하고, 법집행 기관은 이를 잘 집행하고, 법원은 잘 판단해 나라의 기강을 세우고, 그밖에 정부기관들은 성폭행 요인들에 대한 보다 근본적인 요인들에 대한 처방을 세워나가야 한다. 정부의 이러한 종합대책에서 공염불에만 그친 것은 아니다. 법정형의 대폭 상향·성폭행범의 취업제한·성폭행범의 신상정보 공개 및 우편고지·전자발찌제도 도입 등 성폭행범의 처벌을 강화하고, 13세 미만 여아와 장애여성 대상 강간죄의 공소시효 폐지·약물치료제도의 도입 등 제도 개선 분야에 괄목할 만한 성과가 있었다. 지역사회 안전을 지역 스스로 지켜나갈 수 있도록 하기 위하여 지역의 관계기관과 민간이 함께하는 '아동·여성안전 지역연대'를 전국의 모든 지방자치단체(244개)에 구성하고 학교별로 '아동안전지도'를 제작해 안전에 대한 인식을 높일 수 있도록 했다. 아동안전지킴이집 23,983개소, 아동아전지킴이 2,270명을 지정해 지역 사회와 시민들이 직접 안전망을 구축하는 과정에 참여하도록 했다. 그러나 지역사회 안전을 위한 기반 구축 성과에도 불구하고 운영상 일부 문제점이 있어 '아동·여성안전 지역연대'의 실무협의회와 사례관리팀 등 소위원회 운영을 강화하고, 아동안전지킴이집을 체계적으로 관리하기 위해 부적격자는 해촉하고 전국적인 대리점과 영업소를 가진 업종을 추가로 발굴할 계획이라고 하는데 성과는 두고 볼 일이다.

송파구는 경찰청의 파출소 폐지 이후 방범 취약지역에 대한 순찰 등의 활동을 벌이고 있는 송파구 관내 각 동 주민자율방범대에 대해 예산을 지원하고 있다. 「자율방범대 지원에 관한 조례안」을 만들어 각동 자율방범대에 연간 250만원씩을 지원하고 있다. 이 조례안은 「자원봉사활동 기본법」(법률 제12211호)제7조(자원봉사활동의 범위) 7호 범죄 예방 및 선도에 관한 활동의 규정과 제18조(자원봉사단체에 대한 지원)에 근거하여 제정한 것으로 알려지고 있다. 송파구의 이러한 지원에 따라 시민들의 참여도가 높아지게 되었다고 한다.

제3부

우리 딸 성폭행 예방법

어른이라고 하기가 부끄럽고 험악한 세상이다. 우리의 어린 딸들에게 입에 담기조차 어려운 범행의 제물이 되도록 방치한 것은 결국 어른들이고 어른들이 저지른 행위이기 때문이다. 최근에는 청소년들에 의해 저질러지는 어린이 성폭행범이 있기는 했으나 대부분은 어른들에 의해 저질러지고 있다. 이 땅의 어른들에 의해 저질러진 어린이 성폭행으로 평생 정신병을 앓게 되거나 채 피워보지 못하고 주검으로 한을 남긴 이 땅의 어린 영혼들… 어른들의 동물과도 같은 욕심과 사회의 무관심으로 그들은 죽어 갔다. 한 줄의 유서도 한 마디의 말도 남기지 않은 채… 이 땅에 다시는 우리의 딸들이 희생당하는 일들이 반복되어서는 안 된다. 이런 일들이 정부의 힘만으로는 불가능하다. 중앙정부는 중앙정부대로 지방정부는 지방정부대로 지역사회는 지역사회로서 할 일들을 해야 한다. 안전한 사회를 만드는 것은 모든 국민들의 함께 풀어야 할 숙제요 임무이기 때문이다. 그러나 이런 숙제는 중·장기적인 과제에 속한다고 할 수 있다. 가까이에는 결국 부모의 몫이다. 우리 딸을 안전하게 키우는데 부모로서 할 일들이 많다. 내일이면 늦다. 아이들을 범죄로

부터 보호하기 위해서 부모들이 해야 할 일들에 대하여 생각해 보자.

범인알기

    딸 키우기 어려운 세상이 되었다. 여자 어린이의 성을 노리는 '하이에나'들이 득실거리고 있으니 말이다. 탄자니아 세렝게티 초원에 딸들을 내려 놓은 느낌이다. 험악한 세상에서 살아남기 위해서는 범인들로부터 멀리 떨어져 사는 게 옳다. 그러나 범인들이 언제 어디에서 나타날지 모르기 때문에 우리는 범인들을 알아야 한다. 그간 범인들이 사용한 수법을 배우고 앞으로 예상되는 수법을 선제적으로 가르쳐야 한다. 범인들의 심리와 수법을 알아 우리 딸들에게 잘 교육시키면 성폭행으로부터 어느 정도는 예방이 가능하게 될 것이다. 범인들이 가지고 있는 심리를 잘 파악하여 이를 역이용하고 그들이 가지고 있는 다양한 수법을 잘 헤아려 사전에 대처할 수만 있다면 위기에서 탈출할 수 있게 될 것이다. 어린이들의 성을 노리는 유괴범들은 대부분 '싸이코패스'(Psychopath)인 경우가 대부분이다. 즉, 반사회적 인격장애증을 앓고 있는 사람을 가리킨다. 평소에는 정신병질이 내부에 잠재되어 있다가 범행을 통하여서만 밖으로 드러나기 때문에 주변 사람들이 알아차리지 못하는 것이 특징이다. 이들은 정상적인 사회활동이 부족하기 때문에 거의 외톨이로 생활하는 경우가 많다. 범인들의 이웃에 살던 사람들은 "얌전한 사람이 어떻게 끔찍한 일을…" 하는 경우가 많았다. 이들은 또한 타인의 감정을 이해하는 공감 능력이 없어 어린이나 가족이 겪는 아픔을 인지하지 못한다. 여자어린이를 사람이 아닌 '심장 없는 장난감'정도로 취급하기도 한다. 연쇄살인범 유영철, 안양 진·슬이 사건의 정성국, 부산 김길태사건의 김길태 등이 이에 속한다. 만약 주위에 이러한 사람들이 거주하고 있다면 눈여겨보아야 하고 주의를 기울여야 한다. 범죄 심리학자 경기대 이수정 교수는 "대부분의 경우 가해자는 피해자를 잘 알고 있지만, 피해자 측에서는 가해자를 알지 못한다. 가해자는 상당기간 목표물을 관찰했다고 볼 수 있다"고 말한다. 이웃에 '사이코패스'와 유사한 사람을 잘 관찰할 필요가 있는 대목이다. 또한 서울대 지리학과 박기호 교수는 "아동 성범죄자는 주로 가까이에 살고 있는 주민들 간에 이루어지는 범죄이고 다른 유형의 범죄와는 달리 이웃에서 일어나는 범죄라고 할 수 있다"고 말한다. 등잔 밑을 잘 살펴보아야 한다는 이유도 마찬가지다. 실제로 법원 판결문에 피해자와 가해자의 주소가 기록되어 있는 1,637건 중 절반인 823건의 아동 성범죄자가 피해자의 집에서 2킬로미터 반경 이내에 살고 있었다. 그중 아동 성범죄자 224명은 피해자의 집에서 불과 100미터 이내에 살고 있는 이웃이었다. 페도필리아(pedophilia), 소아기호증(小兒嗜好症), 기아증(嗜兒症)은 일종의 병리 현상이다. 이들은 자신들의 성욕을 충족시키기 위하여 어린이를 택한다. 어린이를 보면 강한 성충동이나 성적 흥분을 느끼는 경우로서 어린이와의 신체적 접촉에서 성적만족을 느끼는 경우를 말한다. 이들의 행위는 여자어린이의 성기를 만지거나 손가락으로 여자어린이의 질에 삽입시키거나, 자신의 성기를 삽입시킴으로서 쾌감을 얻게 된다. 이들은 일종의 '사이코패스'의 부류들처럼 대인관계가 원만하지 못하며 정상적인 성행위에 자신이 없는 경우가 많다. 이들은 어른여성의 성은 더럽다고 보는 경향이 있는데 관음증을 동반한다. 예부터 동남동녀(童男童女)와 동침함으로써 신비의 기운을 흡수하여 장수를 도모한 습속을 슈나미티즘(schunamitism)이라고 불리며 어린 여자어린이에 대한 중년남자의 성적 집착 현상을 '롤리타콤플렉스', '님페트'라고도 한다. 가까운 일본에서는 '원조교제'라는 사회악으로 유행되고 한국에서도 심심찮게 있다니 심각한 사회병리현상이다. 이렇게 볼 때 남성들 중 적지 않게 잠재적인 범죄자일 수 있으며 '남녀칠세부동석'이라는 말은 오늘날에도 설득력을 갖는다.

미국 뉴저지 주에서 전자 팔지를 차고도 범행을 한 경우도 나왔고 우리나라에서도 전자 팔찌에 대한 실효성에 대하여 논란이 많다. 여자어린이를 성을 탐하는 것이 병리현상이라면 감시만 하여서 성범죄전력자를 관리하기란 쉽지 않은 과제이다. 치료감호처분으로 확실하게 병이 나았을 경우에만 출소시키고 그렇지 않은 경우에는 사회와 영원히 격리시켜야 한다. 그래야 여자어린이 성범죄자의 재범률을 줄일 수 있다. 실제로 워싱턴 주 등 미국의 18개 주는 '재범 위험이 높은 사람'은 형기가 끝나도 사회로 내보내지 않고, 별도 시설에 수용해 치료를 받게 한다.

범인들의 수법

여자어린이 성을 노리는 범인들의 수법은 다양하지만 몇 가지로 구분해서 살펴볼 수가 있다. 실제로 일어났던 사건을 들여다보면 그곳에서 예방백신을 얻을 수 있고, 그것을 바탕으로 분석해 나가다보면 새로운 대처방법도 강구해낼 수 있다. 범죄의 수단이나 방법은 늘 진화하여 왔고 그에 대응하는 예방법도 진화하여 왔다. 범인들이 사용한 수법을 숙지하고 그들이 응용할 수법을 간파하여 한 발 앞서 예방백신을 처방하는 일이다.

■ 어린이와 엘리베이터를 함께 탄다.

어린이 성폭행을 범할 확률이 높다. 더구나 모자를 눌러 쓰거나 몸에 아무것도 소지하지 않은 경우가 더욱 그렇다. 요즘 대부분의 엘리베이터에는 CCTV가 설치되어 있는 것을 알기 때문에 모자를 눌러 쓰고 범행을 하기 때문이다. 일단 모자를 눌러 쓴 남자는 뭔가를 도모하고 있을 가능성이 크다고 보면 된다. '일산어린이 납치 미수사건'이 그렇고 성남에서 일어난 여러 건의 어린이 성폭행 사건이 모두 아파트 엘리베이터를 이용하여 일어 났다. 범인들이 아파트 엘리베이터를 선호하는 이유는 범죄를 은닉하기 위한 가장 적합한 공간이 만들어 지기 때문이다. 범인들은 엘리베이터를 타자마자 흉기를 들이대 협박하기도 하고, 볼일이 있으니 망을 보아 달라고 하여 옥상까지 유인하기도 한다. 때로는 강제력과 물리력을 동원하기도 한다. 어린이들은 집에 가까워 질수록 안심하는 경향이 있는데 오히려 집에 다 왔을 때를 경계하여야 한다는 것을 가르쳐야 한다. 범죄자들은 어린이가 마음을 놓고 있는 때를 역이용 한다. 가능한 모르는 사람과 엘리베이터를 타지 말라는 것을 교육시켜야 한다. 모르는 사람이 있으면 경비실에 들어가 기다리거나 알고 있는 어른이 오면 같이 타야 한다. 혹 같이 타게 된다면 전화를 걸어 엄마를 나오게 한다든가 버튼을 눌러 내리는 것이 좋다. 특히 모자를 써 얼굴을 가리거나 썬그라스를 쓰고 있으면 더 경계해야 한다. 일산여자어린이 납치미수사건·성남 야탑동 어린이 성폭행사건에서도 범인들은 모자를 쓰거나 썬그라스를 끼고 엘리베이터를 이용 어린이들을 납치하거나 하려 했다. 이럴 경우 선제적으로 112에 신고 하는 것도 고려해야 한다.

■ 어린이의 동정심을 유발시킨다.

어린이들은 종합적인 상황판단능력이 부족하다. 이를 잘 알고 있는 범인들은 어린이들의 부족한 판단능력을 이용하여 자발적으로 범행의 범주내로 끌어들이는 경우가 많다. 어린이의 순진한 동정심을 유발 시키는 경우도 어린이 대상 성범죄에서 많이 등장하는 수법이다. 안양 진·슬이 살해 사건은

"애들아 우리 집 강아지가 아픈데 좀 돌봐 주지 않겠니?" 하면서 시작 되었다. 제주도 서귀포 여자어린이 살해 사건은 "얘야 나는 글을 모르는데 글 좀 가르쳐 주지 않겠니?" 하면서 유인하였다. 이러한 범인들의 수법은 여자어린이들의 착한 마음을 움직이게 하여 스스로 행동하도록 하려는데 있다. 미국의 메건칸카(Megan Nicole Kanka)라는 일곱 살 여자아이를 성폭행 후 살해했던 범인도 이 방법을 동원했다. 범인 제시는 메건에게 다가와 "강아지 보러 함께 안 갈래? 강아지가 무척 예쁘거든… 강아지가 너를 보고 싶어해" 하며 메건을 자신의 집으로 유인하였다. 어린이들이 도와달라고 하면 쉽게 응하게 되는 것을 이용하는 치졸한 방법이다. "어려운 사람을 도와야 한다."고 늘 교육을 받아 온 것을 이용하고 있다니… 그러나 "정상적인 어른들은 절대로 어린이에게 도와달라고 부탁하지 않는다"는 것을 알려주어야 한다. 무엇을 도와달라고 하는 어른들이 있다면 절대로 응해서는 안 된다는 것을 알려주어야 한다. 어른들이 무엇 때문에 힘도 없는 어린 아이들에게 도와달라고 하겠는가? 도와 달라고 하는 어른들은 범행을 할 가능성이 큰 사람들임을 가르쳐야 한다. 범인들은 대부분 은둔하여 삶을 영위하기 때문에 어른들과의 소통을 꺼려 자신의 지배하에 둘 수 있는 아이들을 대상으로 소통하려는 속성을 가지고 있음을 알아야 한다. 어린이에게 부탁을 하거나 도와달라는 어른은 피하는 것이 좋다. 특히 자신의 얼굴을 모자로 가리거나 썬그라스를 쓰고 있는 어른들을 조심하여야 한다.

■ 자동차와 어린이의 신체적 특징을 이용한다.

이 경우는 어린이들의 공통적인 특징인 조그만 신체적 구조를 범죄에 악용하는 경우이다. 마포 어린이 납치사건의 경우가 그렇다. 방과 후 한 초등학교 앞에 승용차를 세워 놓는다. 미리 승용차 의자 사이에 볼펜을 하나 떨어뜨려 놓는다. 그리고 범행 대상의 여자 어린이가 지나가면 범인은 그 때를 놓치지 않는다. "자동차 의자 사이로 볼펜을 떨어뜨렸는데 나는 손이 커서 뺄 수가 없네. 네 손은 작으니까 네가 좀 꺼내주겠니?"고 부탁 하였다. 그 범인은 이러한 수법으로 여러 명의 여자어린이를 유인하여 자동차에 올라타자마자 납치하여 범행하였다. 범행 후 얼마간의 차비를 준 뒤 집과 되도록 멀리 떨어진 곳에 내려 놓는다. 차량 번호를 기억하지 못하게 번호판을 가리거나 어둡기를 기다려 내려 놓기도 한다. 어느 경우에는 허위의 번호판을 다는 경우도 있어 번호를 외워봐야 소용없는 경우가 대부분이다. 자동차에 올라타는 순간 그 여자어린이의 운명은 이미 범행의 대상이 되어 버리는 것이다. 무조건 자동차를 가지고 있는 사람이 말을 걸면 응하지 말고 가까운 어른들에게 뛰어가 도움을 청해야 한다는 것을 가르쳐야 한다. 무조건 자동차와는 멀리 떨어져 있는 것이 안전하다. 범죄자들에겐 자동차가 범행의 하기위한 최적의 수단이고 또한 범행의 착수지에서 빨리 벗어날 수 있기 때문이다. 실제로 많은 어린이 성폭행 사건에 자동차가 이용되고 있다. 충남 서산의 어린이 납치 성폭행 사건의 경우 트럭을 가지고 "집에 데려다 주겠다. 학교 선생님이 너를 찾는다. 네 엄마가 빨리 오라고 한다"는 제의로 초등학교 여자 어린이 10 여명을 트럭에 태워 농락하였다. 여자 어린이가 알지 못하는 자동차에 타는 것은 곧 범행의 대상이 됨을 가르쳐야 한다. 모르는 사람이 승용차·트럭 등 자동차에 태우려 한다든가 차량 내부의 '무엇을 도와 달라'는 것은 바로 납치범임을 단정해도 좋을 것이다. 이 경우에도 112에 도움을 요청하는 것을 아이들에게 미리 알려 놓아야 한다. 신고하는 요령도 6하 원칙에 맞게 할 수 있도록 미리 훈련을 시켜 놓는 것이 필요하다.

■ 어린이 혼자 있는 것을 노린다.

혼자 있는 아이들은 항상 위험하다. 범인들은 한 어린이를 범행대상으로 정하면 며칠 동안이고 그 어린이의 행동반경을 추적하여 범행정보를 수집하는 경우도 있다. 부산 여중생 납치 성폭행 후 살해사건, 나주 어린이 성폭행 사건의 경우가 그렇다. 우연하게 바로 실행의 착수에 돌입하는 경우도 있지만 그것은 통상적인 납치·유괴사건이 아니다. 몇 시에 누구와 유치원이나 학교에 가며 몇 시에 누구와 같이 귀가하며 집에 도착하면누구와 있게 되며 등등의 기초적인 정보를 수집한다. 실행의 착수에 앞서 성공의 확률을 높이기 위해 노력한다. 나주 어린이 성폭행 사건의 경우 엄마가 부재 중인 것을 노렸으며, '부산 강동동 여자어린이 강간살해사건'의 경우도 엄마가 집안에 일이 있어 외출한 사실을 알고 범행하였다. 제주 서귀포 어린이 납치 살해사건도 부모가 늦게 귀가한다는 것을 이용했다. 결론적으로 아이들을 혼자 있게 하는 것은 범죄의 대상이 될 가능성이 크다. 특히 아동성폭행범의 경우 얼굴을 잘 아는 면식범이 대부분이고 어린이의 주변을 잘 아는 자의 소행일 가능성이 농후하다. 많은 실종사건의 경우도 어린이 혼자 있을 때 일어난 것에 주목할 필요가 있다. 외국에서는 어린이를 혼자 내버려 두는 것 자체를 범죄로 보아 일정한 경우 친권을 박탈하는 등의 조치를 취한다. 일본의 초등학교에서는 어린이들을 동네 그룹의 동선을 만들어 집단으로 귀가하도록 하기도 한다. 어린이를 혼자 귀가하게 하거나 혼자 있게 방치하는 것은 아주 위험한 일이다. 그러므로 어린이를 절대로 혼자 있게 해서는 안 된다. 그러나 바쁜 현대생활을 하다보면 어린아이를 혼자 있게 되는 경우도 있게 될 것이다. 부득이하게 어린아이가 혼자 있게 될 경우에는 몇가지 교육을 시켜야 한다. 절대로 문을 열어주어서는 안 된다는 것을 알려주어야 한다. 부모나 가족 이외에 누구라도 문을 열어주지 말아야 한다는 것을 가르치자. 누가 찾아와 문을 열어달라고 하면 엄마에게 전화를 하여 바꿔주게 하거나 전화를 걸도록 교육시켜야 한다. 또한 밤이라면 라디오를 켜 놓게 하고 거실이나 방안에 전등을 켜 놓아야 한다는 것도 가르쳐야 한다. 빛과 소리는 범행을 주저하게 만드는 2대 요소이기도 하다. 이것은 단기 범죄예방을 위한 처방이고 장기적으로는 효과가 없을 경우도 생겨난다. 범인이 범행의 대상으로 하여 며칠만 관찰한다면 쉽게 노출될 수 있기 때문이다. 결론적으로 아이를 혼자 있게 하지 말아야 하는 것이 최상의 방법임을 잊지 말아야 한다.

■ 자발적인 유인이 여의치 않으면 강제력을 동원한다.

범인들은 그들의 목적을 달성하기 위하여 여러 가지 방법을 동원하지만 그것이 불가능하거나 주변여건이 여의치 않을 경우 강제적인 물리력을 동원한다. 그러나 물리력의 동원은 인적이 드문 곳에서 가능한 일이지만 사람이 많은 곳에서는 불가능하기 때문에 범인들은 기회를 보아가면서 1단계 설득, 2단계 강제력 동원이라는 절차를 밟게 된다. 제2의 조두순 사건으로 불리는 '영등포 어린이 성폭행 사건', '부산 김길태 사건'의 경우가 그렇다. 자발적인 유인의 경우에도 결국은 강제력이 동원되지만 처음부터 물리력이 동원되는 경우에 대비한 여러 가지 대응방안을 염두에 둘 필요가 있다. 우리나라에서 발생한 어린이 성폭행범을 심층 면담한 결과 범인 4명중 1명은 강제력을 동원한다는 분석이 있다. 강제력을 동원할 우려가 있거나 동원한다면 어린이들에게 소리를 지르거나 호루라기 등을 이용하여 주변의 어른에게 도움을 요청하거나 112전화 등 응급대처를 할 수 있는 여러 방법을 알려 놓아야 한다. 강제력이 동원된다면 큰 소리로 주위의 어른들의 도움을 청해야 한다는 것을 가르쳐야 한다. "안 돼요, 싫어요. 살려주세요. 납치하려 해요"등으로 소리치는 용기를 심어주어야 한다. 평상시 실제로 연습을 시키는 것이 중요하다. 실제로 이러한 큰소리 덕분에 위기를 탈출하는 경우도 많은데 일산어린이 납치미수사건의 경우에 엘리베이터에서 비명을 질렀고 이 비명소리에 주민들이 뛰어나오면서 범인은 도망을 치게 되었다. 이웃과 평화롭고 소통하면서 지내야 하는 이유도 범죄나 사건의 발생시 서로 도움을 줄 수 있는 지역사회의 범죄 통제력이 높아지기 때문이다. 이럴 경우를 대비하여 이웃 간에 비상벨을 설치하는 경우도 있다. 범인의 침입 시 혼자 대처하지 못할 경우를 감안한 조치이다. 이 경우 이웃에서 큰 소리 등으로 대처한다면 범행을 중단하게 하거나 범행의 의도를 약화시키는 효과가 있는 것이다. 범행을 중단하게 하거나 약화시키는 것은 소리뿐만이 아니라 빛과 조명도 범행의 착수를 꺼리게 한다. 주변 환경이 밝고 깨끗하면 범의를 현저하게 저하시킨다는 것이 많은 범죄학자들의 주장이다. 이런 의미에서 보안등과 CCTV의 증설의 필요성은 아무리 강조해도 지나침이 없다. 세상에 안전보다 중요한 것은 없다. 프라이버시 침해라는 의견이 있다. 그것은 정당하지 못한 일을 도모하는 사람들의 변명이다.

■ 동행 또는 무엇을 해줄 것을 부탁 한다

여자어린이를 납치성폭행의 수법은 범행이 용이하지 않은 장소에서 범행의 용의 장소로 유인하기 위한 수법이다. "애야 내가 길을 모르니 어디 까지만 같이 가주지 않겠니?" "내가 저곳에서 용변을 볼 테니 망을 좀 봐주지 않겠니?" "너의 엄마가 방금 교통사고를 당했는데 엄마가 너를 애타게 찾는 단다" 등으로 어린아이를 유인하는 것은 범행하기 쉬운 장소로 가기 위해서다. 범행하기 쉬운 장소로 데려가기 위해서는 자발적으로 어린아이가 따라오게 하는 것이 범인으로서는 최상의 방법이다. 실제로 마포어린이 유인 성폭행사건, 성남 아파트 옥상 어린이 성폭행 사건에서는 "망을 보아 달라"고 하여 유인한 경우이다. 특히 남자어른의 경우에 그런 부탁을 하였다면 100% 유괴 또는 성폭행 예비범이라고 단정할 수 있다. 이런 경우 바로 112에 신고하여야 한다. 평소 어른이 "같이 가자"든가 하는 "망을 봐 달라"든가 하는 부탁은 단호하고 무조건 거절해야 한다는 것을 주지시켜야 한다. 생각해 보자. 정상적인 어른이라면 힘없고 연약한 어린이들에게 무엇을 요구하고 도와달라고 하겠는가? 어른이 어린이에게 동행 또는 무엇을 해 줄 것을 부탁하는 경우라면 범인이 실행의 착수가 있다고 단정해도 좋을 것이다.

■ 어린이의 호기심을 유발 한다

범인들은 호기심 많을 어린아이들의 속성을 이용한다. 아이들의 호기심을 유발하여 범행이 용이한 장소로 자발적으로 유인하는 경우이다. "얘야 어디에서 유명가수가 와서 야외공연을 하는데 같이 가지 않겠니?" "네가 노래를 잘 하던데 모 방송사에서 가수 테스트를 받아보지 않겠니?", "예쁜 강아지를 공짜로 준다는데 가보지 않겠니?", "얘야 어린이들을 위하여 선물을 많이 준비하고 너희들을 기다리는데 같이 가지 않을래?" 등의 감언이설로 자발적으로 범행용의 장소로 유인할 수 있다. 실제로 강릉에서 "벚꽃 구경을 시켜 주겠다"고 하여 차로 유인하여 성폭행 사건이 있었으며 최근 영암에서는 "문자 메시지 보내는 방법을 가르쳐 주겠다"고 유인하여 성폭행 한 경우도 있었다. "야외공연에 가보지 않겠니?"로 유인하여 범행을 한 경우도 있다. 남자어른들이 여자 어린이들의 호기심을 유발하려는 꾐에는 빠지지 않게 하는 평소의 훈련이 필요하다. 부모의 세세한 교육이 어린이들을 범죄로부터 멀어지게 할 수 있게 하는 것이다. 정상적인 어른이라면 낯모르는 어린이에게 호기심을 유발하여 '어디를 가자'고 할 어른이 있겠는가? 학교에서도 이러한 사례들을 모아 교육시켜야 하지만 부모들도 이러한 어린이 대상범죄에 관심을 가지고 자료를 모아 어린이의 안전을 위해 교육을 반복해야 한다. 이러한 학교와 가정의 교육은 어린이의 안전에 필수라고 할 수 있다.

■ 이름·주소·전화번호 등을 알아내어 후일을 도모 한다

어린이의 이름·주소·전화번호 등을 미리 알아낸 다음 이를 이용하여 나중에 유인하는 방법을 사용할 수 있다. 이런 경우 부모의 교통사고, 친구의 생일파티, 학교 선생님의 심부름 등을 빙자하여 이름·주소·전화번호를 이용할 수 있다. 어린이의 에 관한 정보만 수집하는 것이 아니다. 어린이의 아빠·엄마의 이름이나 전화번호 등도 어린이를 혼란에 빠지게 할 수 있는 수단이 되기 때문에 사소한 정보라 할지라도 소중하게 관리할 필요성이 대두된다. 어린이에게 "얘야"하는 것과 "은비야"라고 이름을 불러 부탁한다면 어느 경우에 어린이가 더 응할 확률이 높아 지겠는가? 실제로도 '용산어린이 살해사건'에서 범인은 허양의 친구로 부터 이름을 알아냈고 이를 범행에 이용하였다. 또한 어린이에게 엄마의 이름이나 아빠의 이름을 대면서 "나는 너의 엄마나 아빠를 잘 아는 사람인데…" 하면서 접근한다면 어린이가 혼돈에 말려들 가능성이 크다고 하겠다. 최근에 보이스피싱과 관련하여 전화로 부모가 교통사고 등으로 범죄에 악용될 소지가 있는 것도 감안해 본다면 사소한 정보관리가 얼마나 중요한지 알 수 있을 것이다. 사생활의 정보를 지키게 하는 훈련을 가르쳐야 한다. 이러한 교육은 너무 지나치지 않도록 수위를 조절할 필요가 있겠다. 모든 것을 부정적으로 보는 결과로 이어질 수 있기 때문이다.

■ 과자 등 선물공세로 어린이를 유인 한다

  선물을 이용하여 어린이에게 환심을 사고 이를 이용하여 범행이 용이한 장소로 유인할 수 있다. 중랑천변의 4살 여자어린이 납치살해사건도 아이스 크림을 사주겠다면서 유인하여 후미진 장소로 이동하여 범행한 경우이다. 4살과 6살의 남매를 놀게한 후 아빠가 조깅을 갔다 온 사이 이러한 끔찍한 일이 벌어졌다. 특히 부모의 관심이 적은 아이일수록 이러한 유혹에 쉽게 넘어갈 수 있다. 이러한 사례는 많다. 서울의 모 초등학교에서 실제로 있었던 일인데 그 학교에 사환으로 근무하고 있던 50대 남자는 싸구려 과자와 1000원 2000원을 주면서 여자어린이를 유괴 성폭행한 후 "다른 사람에게 이 사실을 이야기 하면 가만두지 않겠다"고 협박하여 수십 차례에 걸쳐 상습적으로 성폭행 한 사건이 있었다. 어린이들은 어른들의 적은 관심에 쉽게 유인될 수 있기 때문에 이를 단호하게 거절할 수 있도록 가르쳐야 한다. 용산여아 성폭행 후 살해 하여 포천에서 소훼한 사건에서도 범인은 호빵으로 유인하였다. 범인은 범행하기전 피해어린이의 친구로부터 피해어린이의 이름과 좋아하는 음식과 물건들을 알아내는 등의 치밀한 사전계획을 세워 범행에 착수했었다. 만약 지역사회에 이러한 선물공세형의 어른이 존재하고 있다면 경찰서나 지구대에 연락(신고)하여 성범죄의 전과자가 아닌지를 알아보고 대책을 세워주도록 요구해야 한다. 어른들로부터 사소한 선물도 절대로 받지 말도록 평상시 교육시켜 두는 것도 잊어서는 안 된다. 물건은 물론이고 먹을 것은 더더욱 안 된다는 것을 가르치자.

■ 흉기로 위협 한다

일산어린이 납치미수 사건에서 볼 수 있는 바와 같이 "말을 듣지 않으면 죽인다"고 협박하여 범행 장소로 이동시키려고 했다. 어린이를 유인하기위하여 범행에 이용되는 흉기는 면도칼·송곳·칼·망치·드라이버 등 주로 소지하기 쉬운 도구이며 외견상으로는 보이지 않는 경우가 많다. 이들의 흉기 사용은 실제로 사용하는 경우는 드물며 겁을 주려고 쓰이는 경우가 대부분이다. 범죄학자들의 연구에 의하면 어린이를 상대로한 범죄에서 유인의 목적으로 흉기를 사용한 경우는 1.6%에 불과하다는 조사결과를 제시하고 있다. 이러한 수치는 어린이를 유인할 때 범인들은 흉기를 거의 사용하지 않는다는 것을 의미하며 사용한다고 해도 겁을 주기 위한 것이지 실제로 사용할 의사는 거의 없다는 것을 추론할 수 있다. 그러나 유인단계에서 범인이 흉기를 실제로 사용하려고 할 경우에는 어떻게 해야 할까? 흉기로 위협하며 납치하려한다면 구분하여 필요가 있다. 아파트나 단독주택 등 주거지역에서 다른 주민들의 도움을 받을 수 있는 상황이라면 "사람 살려!", "안돼요", "도와 달라"고 하면서 비명을 지르거나 울부짖어야 한다. 그럴 경우 범인도 큰 소리는 자신의 범행이 탄로 날 가능성에 무게를 두기 때문에 범행을 중단하고 도망갈 가능성이 크다. 실제로도 일산어린이 납치미수사건에서 범인은 소리에 놀라 도망을 갔다. 이 경우 같은 층에 살고 있는 용감한 주민들이 소리치며 나와 도와주기도 하였다. 그 비명소리를 누군가 들었다면 열에 아홉 사람은 도와 주려고 할 것이다. 소리는 범죄를 예방할 수 있는 중요한 수단이 됨을 교육시켜야 한다. 그러나 외진 곳이나 범인과 피할 수 없는 곳에 어린이가 있게 된다면 우선 모바일 폰으로 부모님이나 나를 도울 수 있는 사람 또는 112로 전화를 걸어야 한다. 평소 비상시를 대비하여 문자 메시지를 미리 입력하여 단축넘버를 누르는 훈련을 해두는 것이 좋다. 부모님에게 그런 전화가 왔다면 바로 112에 신고를 해 경찰의 도움을 받아야 한다. 경찰은 위급할 때 도움을 청할 수 있고 도와줄 수 있는 유일한 기관이다.

■ 친절을 무기로 하여 접근 한다

여자 어린이를 남겨 두고 이혼한 할머니가 손녀를 키우는 경우에 어린 여자 아이의 성을 노리고 접근하는 이웃 어른도 있다. 할머니에게 친절을 베풀어 자유롭게 여자어린이의 집에 출입하며 이웃집 4세 아동을 아이스크림을 사주겠다며 환심을 산 뒤 수차례 성폭행 하였다.강원도에서 일어난 일이다. 이웃집에 사는 초등학생을 8년간 성폭행 한 혐의로 한 모(당시56세)씨가 구속됐다. 한 씨는 B양(당시 8세)이 심장병을 앓는 할머니와 지낸다는 것을 알고 집안일을 도와주겠다고 접근하여 범행했다. "무엇을 도와주겠다"고 친절하게 접근하는 이웃을 경계하여야 한다. 파렴치한 목적을 가지고 접근할 수도 있기 때문이다. 이러한 친절을 베푸는 사람에 대하여는 일단 경계의 대상 1호임을 잊지 말아야 한다. 과잉 친절의 목적이 어디에 있는지 정확하게 파악해야 한다. 절대로 어린 아동을 혼자 있게 하여서는 안 된다. 범인들은 범행 대상이 나타나면 부드럽고 수호천사의 모습으로 돌변한다. 범인은 무서운 사람이 아니다. 매우 친절한 사람으로 아이들에게 다가 가는 것을 잊지 말아야 한다.

■ 범인은 무서운 얼굴이나 사람이 아니다

대부분의 엄마들은 아이들을 교육시킬 때 범인을 '무서운 사람'이라고 가르친다고 한다. 그러나 범인들은 무서운 사람도 아니고 얼굴이 흉악범처럼 생기지도 않았다. 오히려 범인들은 지극히 평범한 얼굴의 소유자가 많으며 소심한 성격의 소유자들이 많다. 마음이 여리고 얼굴도 잘생긴 경우가 많은 것에 유의할 필요가 있다. '싸이코패스'의 범인들은 조용하고 내성적인 성격의 소유자로 평소에는 매우 도덕적이고 말도 나긋나긋하게 한다고 한다. 어린이들에게 '무서운 사람'을 주의해야 한다고 가르치면 어린이들의 관점에서 '잘생기고 친절을 베푸는 사람', '무섭게 생기지 않은 사람'에게는 유인될 수도 있을 우려가 있기 때문이다. 어린이 성폭행범의 경우 70% 정도는 아는 사람이고 무섭지도 않은 이웃 사람들이다. 나주 어린이 성폭행·안양어린이 성폭행 토막살인 사건의 범인들은 잘생긴 것은 아니나 무섭거나 수상한 사람처럼 생기지 않은 매우 평범한 얼굴들임을 기억하자. 학교 선생님이나 부모들은 '무섭게 생긴 사람을 조심하라'고 교육 시킬 것이 아니라, '친절한 사람과 웃으면서 접근하는 사람'을 경계해야 한다고 가르쳐야 할것이다.

■ 부모의 무관심을 노린다

어린이의 실종사건의 대부분은 가정에서의 실종예방 교육을 안 하거나 소홀히 하여 발생하는 경우가 대부분이다. 많은 범인들은 혼잡한 곳에서의 부모가 방심하는 틈을 노리는 것을 염두에 두어야 한다. 시장이나 백화점, 여행 시 역·공항과 같은 대합실, 공연장 등 다중 운집장소 등에서의 부모의 무관심의 상태에서 일어 난다. 성동구 중량천변의 4세 여자어린이 납치 성폭행 후 토막실해사건의 경우 아버지가 조깅을 하러 간 사이에 발생하였던 것을 기억하면 좋겠다. 불과 20분 만에 일어난 사건이었다. 어린이와 같이 야외활동 시에는 끈을 연결해야 한다는 심정으로 어린이를 부모의 시야 밖에 두면 절대로 안 된다. 시장에 가거나 복잡한 곳에 가게 되면 보호자가 꼭 손을 잡고 가거나 보호자의 시야에서 어린이를 떼어 놓아서는 안 된다.

아동 성범죄자가 보내온 편지

부모님께

나는 소아애호증을 가진 소아성애자입니다. 사람들은 아동 성추행범이라고도 합니다.

내가 당신의 아이를 곧 추행할 것을 알리기 위해 이 편지를 씁니다. 그렇지 않을 거라고요?

얼마나 쉬운지 말씀드리죠.

아이가 말하고 싶은 것을 듣지않고 중요하지 않은 유치한 대화로 치부할 때,
당신은 당신의 아이를 나에게 보내고 있는 것입니다.
나에게는 아이가 말하는 것을 모두 들어주는 귀가 있습니다.

당신이 아이의 친구 앞에서 아이를 혼내거나 비웃을 때,
당신은 당신의 아이를 나에게 보내고 있는 것입니다.
나는 아이들의 눈물을 닦아줄 수 있습니다.

당신이 당신의 아이를 무릎 위에 놓고 귀여워하거나 안아주지 않을 때,
당신은 당신의 아이를 나에게 보내고 있는 것입니다.
내 무릎은 어떤 아이든 안을 수 있을 정도로 크고, 나는 아이를 무척 잘 안을 수 있습니다.

당신이 당신의 아이에게 칭찬을 해주지 않을 때,
당신은 당신의 아이를 나에게 보내고 있는 것입니다.
나는 아이에게 줄 수 있는 관심과 애정이 무척 많습니다.

내가 누구냐구요? 난 당신의 이웃일 수도, 직장 동료일 수도, 아이의 선생님일 수도 있습니다. 당신은 나를 알 수도 모를 수도 있지만 당신의 아이는 나를 알고 있습니다.

나는 당신이 아이에게 주지 않았던 관심과 애정을 주고 있는 좋은 사람입니다.
그 보답으로 당신의 아이가 해야 하는 것은 내 성적 욕구를 따르는 것입니다.

난 멈출 수 없습니다.
아이가 추행 당할 리가 없다는 당신의 자신감이나 이웃의 아이가 추행 당하
는 것에 대한 당신의 무관심.
내가 어떻게 행동하는 지에 대한 당신의 무지는
나같은 사람들이 당신의 아이를 추행하기 쉽게 만듭니다

〈미국의 아동성범죄가 부모에게 보낸 편지〉

유인장소

범인들이 여자어린이를 범행 장소로 유인하는 장소는 어디인가? 어린이
유괴·납치를 방지하기 위하여 잘 숙지해야할 필요성이 있다. 우리 딸들을
잘 지키기 위해서는 필수적인 것이기 때문이다. 범인들은 납치·유괴하기
위한 '목'은 어디인가? 마치 아프리카 초원에서 연약한 '가젤'을 사냥하기 위
해 '하이에나'들이 즐겨 기다리는 그런 '목' 말이다. 2001년부터 만13세 미만
아동성범죄 2,802건을 분석한 지리정보시스템으로 우리에게 놀라운 사실을
알려주고 있다. 그것은 후미진 장소 또는 우범지역이 아니라는 점이다. 우리
가 늘 생활하는 평범한 장소이고 늘 우리가 활동하는 공간이기 때문이다. 우
리들의 사생활의 공간인 집·아파트, 집·아파트를 드나드는 길, 어린 아이
들의 놀이터, 우리가 즐겨 찾은 공원, 학교나 학원 등 지극하게 평범한 생활
공간이다. 세상에 믿을 놈도 없지만 세상에 믿을 만한 장소도 없는 셈이다.
어떻게 세상을 포기하지 않는 한 이런 장소를 오가지 않을 수 있을까? 그러
니까 어린이들을 보호하기 위해서는 더 많은 세심한 주의가 필요한 것이다.

우리는 늘 어디 어디는 위험하니까 가지 말아야 한다는 것을 어린 아이들에게 가르쳐 준다. 물론 그것도 중요하다. 왜냐하면 그런 곳이 실제로 더 위험할 수 있으니 말이다. 우리가 흔히 말해주는 강·호수나 산, 우범지역이나 유흥업소 밀집지역, 교통사고다발 장소나 아이들이 다치기 쉬운 공작물 설치지역 등은 납치·유괴 장소가 아니다. 평범한 일상 생활의 공간이 위험지역이 되고 있음을 알려주어야 한다. 범인들은 지극히 평범한 장소에서 어린이를 유혹하고 있다. 소위 열린 공간에서 그들의 먹잇감을 사냥하고 있는 것이다. 바꾸어 말하면 주변사람들로 부터 의심을 받을 만한 장소에서는 어린이들의 납치·유인은 아예 포기하고 있다. 이러한 지역은 그들의 범행을 은폐하기 용이하기 때문이다. 남들이 별로 의심하지 않고 어린이들도 별로 의심하지 않기 때문이다. 아동을 대상으로 하는 성범죄자들은 범행을 철저하게 은폐하기 위하여 비교적 열린 공간에서 그들의 범행 대상을 찾고 있는 것이다. 다만 우리가 비교적 안전한 장소라고 생각하고 있는 아파트 '경비실'이나 '찜질방'에서도 심심찮게 일어나고 있는 것을 기억해야 한다. 2001년부터 일어난 아동성범죄 2,802건을 유인장소를 분석해 보면 길·놀이터·공원(841건), 범죄인의 집 (536건), 피해자의 집(426건), 아파트단지·주택가(256건), 학교·학원(256건) 등이다.

범행장소

범인들이 여자 어린이를 납치 유괴하여 그들의 목적을 달성하기 위한 장소는 어디인가? 범인들이 범행을 저지르기에 제일 적합한 장소로 생각하고 있는 곳은 어디로 꼽고 있을까? 물론 그들은 장소 불문하고 닥치는 대로 범행의 요건이 갖추어 지면 저지르고 말테지만 그래도 그들이 선호하는 곳이 존재한다. 범행의 장소는 피해자의 집, 범인의 집, 그리고 학교의 삼각형의 굴레에서 이루어지고 있다. 멀어도 어린이집·범인집·학교에서 2km 이내, 가까운 곳은 불과 수십m 내에서 범행이 자행되고 있는 것이다. 이 같은 현상은 범인이 노리고 있는 구간이 학교와 집사이라는 것을 의미한다. 통계적으로 보면 유인장소와 범행 장소는 그리 멀지 않은 장소에서 저질러진다. 90%이상은 유인장소를 중심으로 500m 이내에서 범행을 한다. 500m 안에서도 100m 이내에서 범행을 한 경우가 대부분이다. 제주도 서귀포에서 발생한 양지승양 살해사건의 경우에는 집에서 불과 70m 밖에 떨어지지 않은 곳에서 일어났다. 인양 슬·진이 서건의 경우 범인의 집은 진의 집과는 230m, 슬이의 집과는 40m 밖에 떨어져 있지 않았다. 엄마는 집 가까이에서 살해 되었다는 소식을 듣고 이렇게 울부짖었다. "우리 진이가 그 집에서 공포에 떨고 있을 때, 엄마 우는 소리도 다 들었을 거예요" 그는 바로 이웃에 사는 남자였다. 이 땅의 수많은 여자 어린이 목숨들이 채 봉우리를 피지 못한 채 집 가까이에서 놈들의 욕망의 제물로 살아고 있는 것이다. 놈들의 순간적이고 절망적인 욕망 앞에 왜 우리가 몸서리치도록 눈물만 흘려야하는가? 대부분이 선량하게 살아가는 서민들인데 왜 소수의 범인들의 범행 앞에 절망하고 무릎을 꿇어야 하는가? 범인들은 가까이에서 살며 그들은 여자어린이를 범행하기 전 범행준비를 용의주도하게 준비한다. 어디에서 유인할 것인가, 어떤 방법으로 유인할 것인가, 사는 집은 어디인가. 부모는 어떻게 생활하고 있는가, 부모는 언제 집을 비우며 언제 귀가하는가, 가족관계는 어떤가, 어린아이의 친구관계는 어떠한가, 여자어린가 좋아하는 음식은 무엇인가, 어느 학교를 다니고 있는지, 어느 학원을 다니고 있는지… 등등 유인방법과 범행방법에 따라 그들은 여러 가지 사전준비를 꼼꼼하게 한다는 것이다. 어린이나 주위 사람들로 부터 의심받지 않고 자연스럽게 유인하여 범행하기 위해서다. 특이한 것은 찜질방이나 경비실에서 자주 성관련 사건이 일어난다는 사실이다. 찜질방은 남녀가 공동으로 사용하는 장소이기도 하려니와 대개 가족과 함께 가는 경우가 많은 곳인데 찜질방에서 조차 성관련 범죄가 일어난 다니…또 경비실은 아파트나 상가 등의 안전을 위하여 설치해 놓은 곳인데 여기에서 어린이 성관련 범죄가 발생한다고 하니 고양이한테 생선 맡긴 꼴이 되기도 한다. 어린이 성폭행 문제는 미처 어머니들이 생각하지 못한 곳에서도 발생되고 있는 것이다. 공중화장실 또는 상가 화장실도 안전한 장소가 아니다. 실제로 화장실에서도 어린이 성폭행이 자주 발생되고 있다. 어린이들에게 2-3명씩 가게 한다거나 주의를 환기해 줄 필요가 있다. 인간'하이에나' 들의 범행 장소는 범인의 집(744건), 놀이터·길·공원(586건), 상점업소(443건), 피해자의 집(421건), 아파트·주택단지(237건), 학교·학원(218건), 찜질방(107건), 경비실(77건) 순이다(국가청소년위원회). 경찰청의 자료에 의하면 유아의 경우 26.6%, 초등학생의 경우 23.1%가 피해자의 집에서 성폭행을 당한 것으로 나타났다. 가장 안전하다는 피해자의 집에서 많이 발생하고 있는 것을 눈여겨 볼만하다.

범행시간

　요즘의 여자아이들은 바쁜 일과를 소화하고 있다. 대개 8시 30분이면 학교에 도착해야 되고 학교를 마치고 나면 다양한 방과 후 활동을 한다. 부족한 보충학습은 물론 피아노, 태권도, 미술 등 다양한 과외에 시달린다. 그동안 어린이는 부모와는 이산가족이 되고 마는 것이 현실이다. 과외 공부나 활동도 집과 범인의 집 그리고 학교와 그리 멀지 않은 곳이라서 안심하고 있을 수도 있겠지만 현실은 그러하지 않다. 초등학교 1-3학년 들은 점심을 먹고 귀가하는 시간이 오후 1-2시가 되고 4-6학년 들은 오후 3-4시 사이가 된다. 대부분 과외 한두 개씩 하고 있다고 가정할 때 오후 6-7시가 되어야 귀가할 수 있게 된다. 범인들도 이때를 노려 오후 1-6시 까지 가장 많이 성범죄가 일어나고 있는 것으로 집계되고 있다. 학교에서 귀가 또는 방과 후 활동을 하기 위해 10여 명씩 무리를 지어 나와 삼삼오오 골목길로 접어들고, 다시 하나 둘씩 집 또는 학원으로 향하게 되는데 이때가 가장 위험한 시간이 된다. 실제로 지난 6월 29일 오후 4-5시경 서초구 방배2동 주민 센터 앞에서 학원을 마치고 집으로 향하던 모 초등학교 5학년 김 모(11세)양에게 "얘야 집이 여기서 머니? 집까지 데려다 줄 테니 차에 타라"고 유인하려 했던 것으로 확인 되었다. 서초경찰서는 이러한 신고가 4건이나 접수되어 회색 그랜저를 탄 50대의 신원미상의 남성을 추적했지만 검거에는 실패한 바 있다. 그러나 신고 된 차량번호로 조회를 했지만 일치하는 차량이 없어 대포차량으로 경찰은 보고 있다. 이 남자는 "엄마가 병원에 입원했는데 널 데리고 와달라고 했다", "엄마가 입원해 딱하게 됐다", "한 번 안아보자" 라고 유인했다고 한다. 이처럼 등·하교 길은 위험한 길이 되고 있는 것이 현실이다. 성폭행 발생 국가청소년위원회 통계를 순위별로 살펴보면 오후 3-4시(310건), 2-3시 (225건), 4-5시 (233건), 5-6시(186건), 1-2시(167건)이다. 가장 위험한 시간대가 오후 3-4시 사이인데 이는 학교와 집, 학교와 학원 등에 어린이들이 활발하게 이동하는 것과 관련이 있는 것을 보여 준다. 경찰청도 2009년부터 2010년 6월 까지 전국의 원스톱지원센터 18곳에서 상담을 받은 1만 129명의 사례를 분석한 결과에 의하면 7세 이하 유아 피해자의 54.7%(176명), 초등학생 피해자의 44.9%(474명)가 정오에서 오후 6시에 성폭력 피해를 당한 것으로 나타났다. 오후 1-6시 까지가 위험하다고할 수 있다. 유아의 경우 정오에서 6시 사이에 54.7%, 오후 6시에서 9시 사이에 18.1%, 오전 9시에서 정오 사이 10%, 기타 17.2%로 조사되었다. 정오에서 6시 까지 부모들이 가장 신경 써야 할 시간이다.

피해자 연령대

이 시대에 여자 아이를 키우는 것은 살얼음판을 걷는 것이나 다름없다고나 할까?

아이가 자라 결혼을 하면 몰라도 한시도 마음을 놓을 수 없는 것이 현실이다. 여자 어린이의 성폭행 후 살해는 물론 화성연쇄살인사건과 부녀자 강간사건을 수도 없이 보아 왔기 때문이다. 우리는 이제 모든 남성들이 아닌 인간 '하이에나'들에게 전쟁을 선포해야 할 시점에 와 있다고 단언한다. 우리에게 있어 중요한 것은 이 땅의 모든 성폭행범이 살아질 때까지 우리의 의지를 결연하게 가지고 싸워 나가야 한다. 성폭행범을 근절시킬 법과 시스템이 갖추어 질 때까지 우리는 힘을 합해야 한다. 우리는 이린아이들을 보호 할 책임을 유기하고 있는 것은 아닌지? 부모에게만 모든 책임을 전가하고 있는 것은 아닌지? 반성해야 한다. 어린이를 보호하고 잘 키우는 것은 국가의 장래와 명운이 달린 문제라고 해도 과언이 아니다. 과연 우리나라는 어린아이들조차 잘 키울 수 없는 국가인가 자괴감을 갖기에 충분하다. 어린이들이 자신을 보호하기에 충분한 나이는 없다. 그저 어른들이 보호하고 가꾸어야 할 대상일 뿐이다. 실제로 국가청소년위원회에 따르면 초등학교 학생들의 성폭행은 나이가 들어갈수록 성폭행 빈도가 높아지는 것으로 확인되고 있다. 즉 1학년에서 6학년으로 올라 갈수록 성폭행을 당하는 어린이가 많아진다는 것이다. 이러한 현상은 저학년 때에는 부모님들이 안전에 신경을 쓰다가 고학년에 이를수록 관심이 적어지는데 따른 현상으로 풀이된다. 고학년이 될 수록 어린이들의 행동반경이 넓어지고 활동이 많아지는 것도 한 원인으로 지적할 수 있다. 역설적으로 말하면 고학년에 올라갈수록 부모의 관심을 더 가져야 한다는 점이다. 어떤 부모들은 아이들에게 독립심을 길러 주기 위하여 아이들 스스로 학교 다니기, 심부름하기, 쇼핑하기 등을 가르치는데 매우 위험한 발상이 아닐 수 없다. 연령별로 성폭행 어린이 피해자를 연령순으로 살펴보면 2세(7건), 3세(54건), 4세(98건), 5세(216건), 6세(270건), 7세(311건), 8세(271건), 9세(291건), 10세(369건), 11세(412건), 12세(502건)으로 나이가 높아질수록 성폭행 어린이가 많아진다는 것을 알 수 있다. 경찰청의 자료에 의하면 나이가 어릴수록 가해자의 꾀임에 넘어가 따라 갔다가 성폭력을 당한 경우가 많은 것으로 나타났다. 유아 피해자의 60.4%, 초등학교 어린이 피해자의 43.5%가 가해자의 유인에 의하여 성폭행을 당했다고 한다. 그러니까 유아든 초등학교 어린이든 성폭행예방의 기본은 어른들의 꾀임에 빠져서는 안 된다는 것을 가르쳐야 된다는 것이다.

내일이면 늦다. 오늘 해야 한다

우리 딸들을 인간'하이에나'들로 부터 보호하기 위해서는 어떻게 해야 할까? 오래 전 부터 성폭행사건에 대한 다양한 대책이 있어왔는데도 어린이 성폭행사건이 끊이지 않고 있는 이유는 무엇인가? 그 이유는 간단하다. 어른들의 무관심으로 부터 어린이 성폭행사건이 계속되고 있는 것이다. 잊혀질 만하면 발생되는 어린이 성폭행사건에 온 나라가 시끌벅적하게 관심을 가지다가도 또 시간이 흐르고 나면 남의일이 되고 마는 현실에서 우리는 스스로 원인을 찾아 대처할 수뿐이 없다. 최근에도 안양 진·슬이 사건, 조두순사건, 제2의 조두순 사건 등 그때마다 호들갑스럽게 각종 대책과 저마다 관심을 쏟아 냈으나 어린이 성폭행사건은 계속되고 있다. 부모들은 자신의 딸들을 지키기 위하여 제대로 부모의 역할을 제대로 하고 있는 것인지? 국회, 법원, 여성가족부, 보건복지부, 교육인적자원부, 문화관광청소년부, 경찰 등 간련부처들은 어린이 성폭행 근절대책을 내 놓았는데 제대로 시행하고 있는지? 변화하는 환경에 능동적으로 대처하고 있는지? 반성해 볼 일이다. 어린이 성폭행사건을 예방하기 위해서는 학교와 부모들만의 힘만으로는 어린이를 지켜 낼 수 없다. 어린이를 보호하고 지켜내기 위해서는 종합적인 안전시스템이 가동되어야 한다. 중요한 것은 학교와 부모들이 할일이다. 유아원, 유치원을 다닐 때부터 부모들을 우리 딸들에게 쉬지 않고 해야 할 일이 안전에 대한 관심과 함께 아이들에 대한 끊임없는 교육이다. 안전하지 않은 곳과 안전한 곳, 낯선 사람을 만났을 때 대처방법 등 어린이들에게 쉬지 않고 반복하여 교육시켜야 한다. 그래야 우리 딸을 위기에서 구해 낼 수 있다. 부모는 내 아이를 지키기 위하여 무엇을 알아야 하고, 아이에게는 무엇을 어떻게 알려 주어야 하는지 알아보자.

■ 아는 사람을 더 경계해야 한다.

이 세상을 살아가면서 부모를 빼고 믿어서는 안 된다는 것을 가르쳐야 하는 세상이 되었다. 실제로도 그렇다. 이 세상에 부모를 빼고는 믿을 사람이 없는 세상이 되었다. 우리 딸의 안전을 위하여 믿을 놈 못 믿을 놈을 구별할 수 없기 때문에 일단 모두를 못 믿을 놈으로 간주하라는 것이다. 어린이 성폭행은 모르는 사람에게 당하는 것만이 아니다. 오히려 밝혀지지 않은 경우를 감안하면 아는 사람으로 부터 성폭행을 당하는 경우가 더 많다고 할 수 있다. 친족·이웃사람·아파트 경비원·친구의 가족·심지어 선생님과 학원교사까지 다양하다. 그러나 아는 사람을 경계하기란 어른들도 쉬운 일이 아니다. 여자 아이들은 무조건 부모의 감독이 미치는 범위 내에 두는 것이 좋다. 그러나 최근 맞벌이 부부가 늘어나 쉽지 않은 일이다. 나와 같이 돌볼 수 있는 사람을 구하던지 믿을 수 있는 시설(유아원 등)을 찾아보는 것이 좋겠다. 유아원이라 할지라도 남자가 관리하거나 남자가 지도하는 곳에는 피하는 것이 안전하다. 유치원 등 시설에 맡길 때에는 보호자를 가장하여 아이를 데려가는 경우가 있으니 조심해야 한다. 유아원에 엄마 외에 다른 사람에게는 아이를 인계할 수 없다는 것을 미리 알려 놓을 필요가 있다. 친척은 물론 누구도 엄마의 허락을 받지 않으면 아는 사람이라도 인계해서는 안 된다는 것을 주지시켜야 한다. 친척이라 할지라도 남자에게는 아이를 돌보지 않게 하는 것이 좋다. 여자 어린이 성폭행 사건의 절반 이상이 친척 또는 아는 사람에 의하여 저질러 진다는 점을 잊지 말아야 한다.

■ 범인의 유형을 항상 교육해야 한다

어린 아이에게 사람을 믿지 말아야 된다는 것을 교육시켜야 하는 현실이 원망스러운 일이다. 그러나 여자 어린이의 성폭행사건이 끊이지 않는 현실에서 어쩔 수 없는 선택이다. 성폭행을 하기 위한 것이 목적인 유괴범들은 여자 어린이의 순박함을 이용하여 유인하는 것이다. 범인들은 순수한 여자어린이에게 접근하여 수단과 방법을 가리지 않고 유괴의 마수를 뻗친다.

「선물공세형」이 있다. 아이들이 좋아하는 인형·강아지·돈·과자·음료수 등을 주어 아이들을 유인 하는 경우이다. '내 차에 가면 더 좋은 선물이 가득 들어 있다' '내가 안내하는 장소에 가면 네가 원하는 뭐든지 다 있다'등의 말로 아이들을 유인하는 것이다. '호빵 하나 먹고 가지 않으련?' '만화카드 많은데 하나 줄까?' '인형이 필요 없어서 그런데 너 하나 줄까?' '우리집 강아지가 새끼를 낳았는데 한 마리 갖지 않으련?' 등의 선물을 매개로 어린이들을 유혹하는 것이다. 이런 경우에는 사전에 범행 대상자의 기호품을 먼저 파악하는 범인도 있다. 용산어린이 성폭행살해범의 경우가 그렇다. 그는 어린이의 이름과 좋아하는 음식이 '호빵'이라는 것과 갖고 싶은 것이 '메이커 신발'이라는 것도 사전에 파악한 것으로 드러났다. 어린 여자아이들에게 선물을 주어야 할 일이 친인척이 아니면 그렇게 많지 않다. 세상에는 선물이 많지만 대가성이 없는 경우는 거의 없다고 해도 과장된 이야기가 아니다. 거의 대부분 현재 또는 미래의 어떤 그 무엇을 위하여 선물을 주고받고 있는 것이 현실이다. 의식적이건 무의식적인 것이든 선물에는 그 무엇을 위하여 제공되고 있는 것이다. 전혀 모르는 사람에 의하여 받는 선물은 더욱 그렇다. 그러나 중요한 것은 평소 알고 있는 사람한테서 받는 선물에 독성이 강할 수 있다는 것을 어린이들에게 알려주는 것이 중요하다. 그렇다고 하여 친구들의 생일파티나 크리스마스 때 가족들 사이의 선물을 주고받는 것을 그만두게 하라는 의미는 아니다.

「호의제공형」이 있다. 어린아이들의 궁핍한 상황을 이용하여 호의를 베푸는 척하면서 어린아이들을 유인하는 것이다. 범인들은 어린아이들의 어려움을 잘 파악하고 이를 유인의 방법으로 활용하는 것이다. "눈 맞지 말고 아저씨 차타고 가렴", "혼자 길을 다니면 위험해. 같이 가자", "옷이 젖었구나. 빨리 타. 집에 데려다 줄게", "자전거가 고장 났네. 내가 고쳐 줄게. 같이 가자", "저런 신발에 물이 새네. 내가 하나 사 줄게", "우산이 없구나. 나하고 같이 쓰고 가자" 등으로 어린이의 어려움에 처한 상황을 이용하는 경우이다. 이런 경우 대개의 어린이들은 범인들의 호의에 응할 확률이 높다. 이런 호의제공에 말려들지 않도록 해야 한다.

「요청형」이 있다. 어린이들에게 가장 많이 이용하는 수법이다. "길 좀 가르쳐 줄래", "이짐을 들어 주지 않겠니?", "우리집 강아지가 아픈데 돌봐주지 않겠니?", "글을 모르는데 읽어 주지 않겠니?", "강아지가 없어졌는데 함께 찾아주지 않겠니?", "너 이 동네에 사니? 초등학교 가는 길을 몰라서 그러는데 길 좀 알려 주겠니?", "의자 사이에 볼펜이 빠졌는데 손이 커서 뺄 수가 없네. 네 손이 작으니까 네 손으로 좀 빼내 주겠니?" 등으로 요청하는 경우이다. 이러한 방법으로 어린아이의 여린 감성을 이용하는 경우이다. 아이들은 순수하기 때문에 자기가 할 수만 있다면 도와주어야 한다고 생각하기 쉽다. 또한 학교와 부모들로부터 어려운 사람이 있으면 도와주어야 한다고 늘 교육을 받아 왔기 때문이다. "어른들이 어렵다고 하더라도 절대로 도와주어서는 안 된다"는 것으로 바꾸어야 한다. 다소 혼란스럽긴 해도 범죄의 사회 환경이 만들어낸 슬픈 교육의 현실이지만 내 딸을 지켜내기 위해서는 어쩔 수 없는 일이다.

「거짓형」이 있다. 거짓말로 아이를 현혹하게 하는 수법이다. "너의 담임 선생님이 너를 저쪽에서 너를 기다리신다", "네 친구가 아픈데 너를 애타게 찾고 있다", "네 강아지가 교통사고가 났다", "너희 엄마가 부탁해서 데리러 왔어", "너의 엄마가 교통사고가 났어. 병원에 입원하셨는데 같이 가야 되겠다", "경찰인데 경찰서에 가야 되겠다", "너의 학교에 새로 온 선생인데 이 동네 목욕탕이 어디 있지?", "소방서 아저씨인데 너의 학교가 어디지?", "엄마랑 잘 아는 사람이야", "너의 아빠의 친구야" 등으로 거짓말로 유인하는 경우이다. 어린아이들은 이런 말들에 쉽게 속아 넘어갈 수 있다. 경험이 부족하고 사실을 확인하기 쉽지 않기 때문이다.

「협박형」이 있다. 어린아이를 말이나 흉기로 협박하여 유인하는 수법이다. "네가 내말을 듣지 않으면 네 엄마가 죽는다"든가 면도칼 등 작은 흉기를 보이며 "소리를 지르거나 나를 따라 가지 않으면 너를 죽일 것이다" 등으로 협박하여 범행 장소로 데려 가는 경우이다. 일산 초등학교 납치 미수범도 면도칼로 위협을 했다. 이때 범인들은 주머니에 넣고 다닐 수 있는 송곳·드라이버 등을 소지하고 다니지만 협박용이지 실제로 쓰는 경우는 드물다.

「강제형」이 있다. 범인들은 무조건 여자아이들에게 다가가 말을 걸어 대답을 유도한 후 강제로 범행 장소에 데려가는 것이다. "너는 이 교회에 다녀야 한다"고 강제로 끌고 가는 경우도 있다. 영등포의 한 초등학교에서 일어난 성폭행범은 카터 칼로 협박하여 납치했었다. 나주어린이 성폭행사건도 강제로 납치하여 성폭행 후 달아 났다. 대부분의 어린이 납치사건에서 강제적인 방법이 동원되었고, 앞으로도 저항력이 부족한 어린이들을 범행의 제물로 만들기 위한 강제력은 더 많이 활용될 것이다.

「호소형」이 있다. 제주 서귀포 어린이 성폭행 후 살해사건의 경우 범인은 "나는 글을 모른다. 글좀 가르쳐 주겠니?"하면서 유인하였다. 안양 두 어린이 성폭행 후 살해사건의 경우에도 "우리집 강아지가 아픈데 돌봐주지 않겠니?"하면서 유인한 후 범행을 저질렀다. 이렇게 어린아이의 착한 심성을 이용하여 범죄의 현장으로 유인하는 경우가 많다.

이제 어머니들은 범인들의 이러한 수법에 대응하여 어리아이들에게 교육을 철저하게 시켜야 한다. 범인들의 유인하는 말들에 '절대로 속지 말아야 한다는 것'을 확실하게 사전에 교육시켜야 한다. 낯선 사람들로 부터 어떤 얘기를 들어도 너를 유괴하기 위한 것으로 '따라 가서는 안 된다'는 점을 반복 교육시켜야 한다. 그 구체적인 방법까지 제시해야 한다. 주위 어른에게 도움을 청하라든지, 소리를 지르라든지, 도망치라든지 구체적으로 탈출하는 방법을 가르쳐야 한다. 최근의 범행 수법은 차량을 대부분 이용하는 것으로 나타나고 있다. 낯선 사람이 다가와 강제로 유인하려 할 때 차에서 멀리 떨어져 있도록 하는 것도 한 방법이다. 범인들은 어느 한 순간 강제로 어린이를 차에 태울 수 있기 때문이다.

■ 차를 경계하는 것은 내 목숨을 지키는 것이다.

현대는 차 없이 생활할 수 있는 세상이 아니다. 차는 현대인의 필수품이고 더 이상 사치의 대상이나 부자들의 전유물인 시대가 지난 것이다. 각종범죄도 차 없이 실행에 옮겨진 경우가 거의 없을 정도로 차는 범죄에 있어서도 필수품이 된 것이다. 어린이 유괴사건에 있어서도 마찬가지이다. 범인들은 차를 이용하여 범죄지에 이동하기도 하고 차를 이용하여 범죄증거인멸을 시도한다. 범인들은 범행하기 쉬운 장소에 접근하기 위해서는 자신의 차를 이용하는 것만큼 안전한 것은 없다고 생각한다. 위장넘버를 장착한 차는 범인들로서는 자신들의 범행을 숨겨 줄 수 있다고 생각할 것이다. 차에 대한 경계심을 각인시키는 것은 어린이의 안전을 담보하는 최소한의 법칙이 되어가고 있는 것이다. 차에 태우고자 하는 사람들은 아무리 좋은 의도를 가지고 있어도 딸을 키우고 있는 부모들의 입장에서 보면 그것은 불순한 의도를 가지고 있다고 보아야 한다. 또한 어린이들에게 차에 대한 경각심을 고취시키는 것은 어린들을 안전하고 내 몸을 지킬 수 있는 첫걸음이 되는 것이다. 차에 탄 사람이 무슨 할 때 5미터 이상 떨어져서 이야기를 하게 한다든가, 차에 태워준다고 하면 절재로 엄마의 허락 없이 타지 말아야 하는 것들은 기본이다.

■ '혼자 있게 하는 것' 은 범인들의 표적이다

범인들은 아이들이 혼자 있는 것을 알거나 알게 될 경우 공격 1순위이다. 놀이터에서 혼자 놀고 있는 아이는 범인들이 좋아하는 환경이다. 왜냐하면 범인들은 범행대상을 찾아 어린이 놀이터에 자주 가기 때문이다. 아이들 여럿이 놀 때도 접근하여 범행대상을 유인하는 데 혼자 있는 경우는 금상첨화이기 때문이다. 혼자 길을 가는 경우도 마찬가지다. 길을 혼자 가는 경우를 범인들이 보면 일단 미행을 하며 유인할 장소가 나타나면 곧 바로 행동으로 돌입할 수 있다. 집에서도 여자 아이가 혼자 있다면 범인들은 이를 노린다. 범인들은 전기·수도 검침원, 서비스요원, 택배원 등을 가장하여 집에 침입하여 범행 할 수 있다. 부산의 김길태 사건이 이를 웅변해주고 있다. 여자 어린아이를 혼자 있게 하지 않으려면 부모의 세심한 배려가 있어야 한다. 이웃 엄마들끼리 서로 네트워크를 형성하여 대처하는 것은 어떨까? 다양한 방법으로 어린아이를 혼자 있게 해서는 안 된다. 아이를 혼자 두고 외출할 때는 철저한 교육이 필요하다. 여러 세대가 같이 살고 있는 곳에서는 더욱 세심한 주의가 요망되고 있다. 한 성폭행살해사건의 경우, 세 들어 사는 중년 남자는 학교에서 돌아온 주인집 딸을 성폭행하고 처참하게 살해한 사건도 있었다. 범죄자는 꼭 창문을 깨거나 문을 훼손하여 들어오는 것만이 아니다. 그들은 수단과 방법을 가리지 않고 목적을 달성하려 하기 때문에 수도·전기 검침원 또는 서비스원을 가장하기도 하고 택배원을 가장하기도 한다. 이런 경우 주위사람들로 부터 의심도 받지 않고 쉽게 침입할 수 있기 때문이다. 범죄자는 부모와 잘 아는 사이임을 거짓으로 말하는 경우도 있고 문을 열어 주지 않을 경우 방문을 훼손하여 침입하는 예도 있다. 부모들은 아이를 혼자 집에 남기게 될 때 어느 경우이든 방문을 열어주어서는 안 된다는 점을 교육시켜야 한다. 검침원이나 택배원이라고 하면 '지금 엄마가 바빠서서 다음에

오시라고 하십니다' 또는 '물건을 현관문 앞에 놓고 가시랍니다' 등으로 말하도록 교육시켜야 한다. 범인이 어린이 혼자 있는 것을 알고 다른 방문을 훼손하여 침입하려 하면 곧바로 경찰서에 알리도록 해야 하고 다른 문을 통하여 도망쳐 주위사람들에게 도움을 요청하도록 교육 시켜야 한다.

■ 큰소리가 가장 큰 무기이다.

범인들은 어린 아이라도 큰소리로 소리치면 범행을 중단하거나 도망가는 것으로 나타났다. 범인들을 상대로 이야기를 나누어 보면 '어린이가 소동을 일으키는 것'을 피하는 것으로 확인 할 수 있다. 힘도 없고 연약하다고 생각했는데 의외로 강하게 저항하거나 반응을 보이면 범행이 발각될까를 염려하기 때문이다. 어디에서건 범인들이 유괴하려는 의도를 포착하게 되면 큰소리로 "살려 주세요!", "도와주세요!", "유괴범이 나타났어요!"외치면서 어른들이 있는 장소나 가까운 어린이 지킴이집, 편의점, 미용실 등의 상점에 들어가 도움을 요청하도록 교육 시킨다. 그러나 교육을 반복적으로 시키더라도 막상 위험에 노출되면 큰소리가 잘 안 나오게 되므로 반복해서 연습을 해두는 것이 필요 하다. 이런 경우를 대비하여 '호루라기' 등을 준비하는 것도 필요하다. 호루라기를 힘껏 불면 오히려 소리를 지르는 것보다 효과적리 때가 있다. 범인들이 싫어하는 소리가 바로 호루라기 소리임이 밝혀졌기 때문이다. 그러나 큰소리로 비명을 지르지 말아야 할 장소가 있다. 밀폐된 공간에서 소리 지르면 곧 범인의 선택은 아이들의 목숨을 해칠 수 있다.

■ 사생활의 정보를 지키게 하자

현대사회를 안전하게 살아갈 수 있게 하기 위해서는 사생활의 정보를 지킬 수 있게 하여야 한다. 사생활의 정보를 지킨다는 것은 사생활의 정보를 가지고 장난치는 사람이 많다는 것을 뜻한다. 사생활의 정보를 가지고 보이스피싱의 범죄를 저지른다든가, 사기의 매개물로 활용한다든가, 장사의 수단으로 활용한다든가 하는 것들이 그것이고 심지어 이를 이용하여 납치·유괴의 수단으로 활용하기 때문이다. 어린 아이들은 자기의 전화번호라든가, 자기이름이라든가, 집주소를 정확하게 알고 있는 사람들에게는 경계심이 훨씬 줄어드는 것을 확인할 수 있다. 이러한 이름, 주소, 전화번호, 엄마 아빠의 이름, 언니오빠의 이름, 친구의 이름 등이 사생활에 관한 정보들이라고 할 수 있다. 어떤 경우에는 가방에, 신발주머니에, 심지어 도시락 가방에 까지 이름과 학년반 등의 정보를 꼼꼼하게 적어 놓는 경우가 있는데 매우 위험한 일들이라고 할 수 있다. 어린이들은 자기의 이름을 부르며 "나는 너를 잘 알고 있을 뿐만이 아니라 아빠, 엄마와도 친한 사이"라고 하면 어린이들은 별로 의심을 안 하기 때문에 이름을 알려고 노력한다. 친절한 엄마들은 무심코 신발주머니에 책가방에 몇 학년 몇 반 누구라고 커다랗게 써 놓는 경우가 있는데 매우 위험하다. 어떤 경우이든 이름이나 주소 등을 절대로 쉽게 보이는 곳에 써 놓지 않도록 해야 한다. 심지어 범인들은 여자 어린이의 환심을 사기 위하여 누구와 친한지, 좋아하는 음식은 무엇인지 등을 파악하여 범행에 이용한 경우도 있었다. 친구의 주소와 전화번호를 묻는 경우도 있다. 혼자 어린아이가 집에 있을 때는 전화를 받지 않는 것이 좋다. 아이가 전화를 받지 못하게 할 경우 '지금은 바빠서 전화를 받을 수 없습니다. 전화번호를 남겨 놓으시면 바로 전화 드리겠습니다' 라는 메시지가 적당하다. '지금은 부재중입니다'라는 메시지가 있는데 이 경우 집에 부모가 없다는 것을 알리게 되어 좋은 메시지가 아니다.

■ 수상한 사람 구별법을 가르쳐라

수상한 사람을 잘 관찰하면 알 수 있다. 수상한 사람을 한눈에 알아보기란 쉬운 일이 아니다. 사람을 보고 의심이 들면 그냥 못 본척하고 지나치는 것이 상책이다. 아이들이 자꾸 이상하여 쳐다보거나 하면 도리어 공격을 당할 염려가 있다. 실제로 그런 이유로 구타를 당하는 사건이 발생되고 있다. 수상한 사람들의 행동은 같은 장소를 배회하는 경우가 많다. 같은 장소에서 여기저기 눈치를 살피며 두리번거리며 어린이에게 쓸데없이 말을 걸려고 하려는 사람은 수상하다. 술 냄새가 난다든지 혼자서 중얼거리며 어린이들에게 시선을 놓지 못하는 사람도 수상한 사람이다. 학교에서 귀가할 때 여자어린이의 뒤를 따라 와 엘리베이터를 같이 타려고 하는 사람도 수상하다. 이럴 경우에 수상한 사람과는 절대로 눈을 마주치지 않도록 하고 인사를 하거나 아는 척 해서는 안 된다. 수상한 사람이 있는 곳을 빨리 벗어나도록 하고 부모나 경찰에게 알려 주도록 해야 한다. 다른 피해자가 발생해서는 안 되기 때문이다. 특히 엘리베이터 앞에서 수상한 사람이 따라왔다면 엘리베이터를 같이 타서는 안 된다. 그 때는 어른들이 있는 곳으로 빨리 가던지 경비실에 도움을 요청해야 한다. 차를 옆에 두고 접근하는 사람도 수상하다. 그들은 거의 유괴범으로 단정해도 좋을 사람들이다. 그러나 아이들에게 수상한 사람을 구분하여 분별 있게 행동하라고 하는 것은 참으로 어려운 과제이다. 수상한 사람이 이마에 '나 수상한 사람'이라고 써 붙이고 다니는 것도 아니고 어른들도 구별하기 어려운 것을 아이들에게 '수상한 사람은 피하라' 고 교육시키는 것도 무리가 따른다. '수상한 사람'보다는 '모르는 사람'이라고 교육 시키는 것이 훨씬 교육이 쉬워 보인다. 그러나 여기에도 문제는 있다. 아이들은 아는 사람의 범주에는 매일 보는 문방구 아저씨, 요구르트 아줌마, 경비원, 선생님 등도 아는 사람의 범주에 들어갈 수 있기 때문이다. 한 발자국 더 나가 '엄마가 허락하지 않은 사람' 모두를 모르는 사람의 범주에 넣어 교육 시키는 것이 필요하다. 우리 딸을 안전하게 지키기 위한 어쩔 수 없는 선택이다. 지방 초등학교 11살 여자어린이는 학교에서 고용한 한 잡역부를 학교에서 일하는 사람으로 인정하여 별 의심 없이 그의 숙소에 따라 갔다가 변을 당한 예를 상기할 필요가 있다. 막연하게 '수상한 사람' 또는 낯선 사람이라고 하면 아이들에게 혼선을 줄 수 있다. 문방구 아저씨, 가게주인, 요구르트 아줌마, 이웃집 아저씨 등은 어린 아이들에게는 더 이상 낯선 사람이나 수상한 사람들이 아니다. 그들에게는 수상한 사람도 아니고 낯선 사람들이 아니다. 학교 등·하교 시 언제나 볼 수 있는 낯익은 사람들이고 더 이상 수상한 사람들도 아니다. 언제나 볼 수 있고 얼굴을 알고 있는 친숙한 사람들이다. 우리 딸의 안전을 지키기 위한 '수상한 사람'이나 '낯선 사람'들은 엄마가 지정해준 구체적인 사람이외의 사람들이다. 나는 주위에서 "낯선 사람을 주의하라"고 교육시키는 부모들을 종종 본다. 그러나 이 말은 아이에게 혼돈을 줄 수 있다. 낯선 사람이라는 말은 아이에게 이상하게 생긴 사람, 무서운 사람을 연상시키게 되는 데 유괴·납치범은 이상하게 생긴 사람도 무섭게 생긴 사람도 아니다. 낯선 사람을 조심하라고 하기 보다는 "친절을 베푸는 사람을 주의하라", "친절하게 하면서 접근하는 사람을 주의하여야 한다"로 바꾸어야 할 것이다. 그들은 도가 넘치게 친절을 베풀며 아이들에게 접근하니까 말이다. 따라 갈 수 있는 좋은 사람들은 엄마, 아빠, 언니, 오빠, 이모, 고모, 친할아버지와 할머니, 외할머니와 외할아버지 등으로 구체적으로 지정되어야 하고 교육시켜야 한다. 이것이 우리 딸들을 지킬 수 있는 '원칙 제1조'이다. 엄마와 아빠는 이를 반복적으로 교육시켜야 한다. 이럴 경우에 엄마 아빠들이 겪는 고충은 한두 가지가 아니다. 가족 간의 불신관계 때문이다. 서교동에 사는 한 주부는 이렇게 교육을 시키다가 가족 간의 불화로 커다란 싸움으로 비화되었던 적이 있다고 실토 한다. 같이 한집에서 살고 있는 삼촌을 동행할 수 없는 범주에 넣었다가 벌어진 일이다. 사실 따지고 보면 이런 교육을 하게 된 현실에 대한 이해가 필요하다. 오죽 답답했으면 이런 교육을 하게 되었는가? 이는 우리사회가 가지고 있는 성폭력에 대한 너무 안이한 대처에 대한 당연한 결과이다. 어린이 성폭력의 많은 부분이 가까운 친인척에 의하여 저질러지고 있는 현실에서 일어난 해프닝이라고 할 수 있다. 아무리 성폭력이 친인척들에 의하여 저질러진다 해도 대부분의 가정의 삼촌이나 친인척들은 그렇지 않은 것이 사실이다. 나는 경계를 게을리 해서는 안 된다는 것을 권하고 싶을 뿐이다. 어린 딸이 커가면서 친인척 중에 그럴 소지가 있는 사람들에게는 전조 증상이 있다는 것이다. 귀엽다고 머리를 필요이상으로 쓰다듬는가 하면 지나친 필요이상의 관심을 갖는 다든지, 여자어린이의 얼굴이외의 부분을 유심히 살핀다든지, 밖에 나가게임을 같이 하지고 제안한다든지 하는 경우가 그럴 가능성이 있는 사람들의 범주에 속한다. 또한 어린이들에게 무슨 이야기라도 터놓고 이야기 할 수 있는 분위기를 만들어 가끔 가족들이 어린이 한테 무슨 이야기를 하고 어떤 행동들을 하는가에 대하여 소상하게 물어 보는 것이 필요하다. 그럴 가능성이 없는 친인척들에 까지 사람을 아이들에게 지나친 경계의 대상으로 확대하는 것은 바람직한 일이 아니다.

·

■ 동네 '엄마네트워크' 를 구축하라

요즘엔 맞벌이 부부라 하더라도 아이들의 돌봄이 시스템이 늘어나 그나마 다행이다. 그래도 유아원이나 학교까지 데려다주고 데려오는 일이 쉬운 일은 아니다. 부모가 직접 하는 경우가 많을 것이다. 자녀들이 유아원에 다니든 초등학교에 다니든 간에 아이들의 안전에 관한 협조와 정보를 교환하기 위해 엄마들의 네트워크를 구축하라는 것을 권하고 싶다. 바쁠 때는 내 대신 시설이나 학교에 데려 갈 수도 있고 어린이 관련 동네 불량배, 위험장소 등의 구체적인 정보들이 모여 교환할 수도 있기 때문이다. 아이의 행방이 묘연할 때는 다른 부모에게 문의하여 확인할 수도 있다. 엄마들뿐만 아니라 통학로에 있는 가게, 식당 등의 주인들과 유기적인 관계를 맺어 아이들을 들렀다 오도록 한다거나 그들에게 아이들의 동향을 살펴 주도록 부탁 하면 효과적인 아이들의 안전네트워크가 될 수 있다. 나의 경우 아이들의 통학로에 몇 명의 지인(문방구·세탁소·식당 등)들을 만들어 놓았었다. 그들은 딸들의 파수꾼 역할을 잘 수행하여 주었다. 딸들의 감시자도 되고 보호자도 되는 것이다. 엄마들끼리 자녀들의 안전을 위한 네트워크를 구초하는 일 어린이 안전을 위해 중요한 일이다. 많은 정보도 교환할 수 있다.

■ '우리 동네 안전지도' 를 만들어라

어린이 성폭행 사건은 대부분 학교, 집을 중심으로 2km 이내의 반경에서 일어나고 있다. 어린이와 함께 학교와 집을 중심으로 한 안전지도를 만들면 어린아이들에게 가야 될 곳과 가지 않아야 될 곳을 훨씬 효과적으로 교육시킬 수가 있다. 우선 안전하고 위험에 처했을 때 도움을 청할 수 있는 곳에는 동그라미 표시를 해 둔다. 이런 장소로는 아동안전지킴이집, 파출소, 지구대, 소방서, 관공서, 친구네 집, 친지의 집, 편의점, 문방구, 병원 등을 들 수 있다. 위험한 장소에는 가위 표시를 하도록 한다. 이런 장소로는 강이나 연못, 유흥가, 동네 불량배가 모이는 곳, 안이 보이지 않는 공원이나 놀이터, 인적이 드문 곳, 공사현장, 밤이 되면 어두운 곳, 주차장, 높은 담장이 계속되는 곳, 교통사고 다발지역, 수상한 사람이 모이는 곳, 노상주차가 많은 곳, 묘지, 오락실, 건물지하실, 건물옥상, 화장실 등을 들 수 있다. 좀 더 구체적으로 살펴보면 아동안전지킴이집은 경찰청에서 운용하는 곳으로 어린아이들이 위험에 처했을 때 긴급하게 아이를 안전하게 보호하고 필요 시 경찰에 긴급하게 알려주는 역할을 하는 곳이다. 파출소, 지구대는 경찰이 24시간 상주하는 것으로 언제나 위험에 처했을 때 도움을 요청할 수 있는 곳이다. 소방서도 24시간 운용되고 있어 필요시 언제든지 도움을 요청할 수 있다. 관공서도 낮 동안은 도움을 요청할 수 있는 장소이다. 친구네 집이나 친지의 집도 어린이가 쉽게 접근할 수 있는 장소이다. 24시간 운영되는 편의점도 위험에 처했을 때 도움을 요청할 수 있는 곳이다. 병원이나 문방구점도 그런 곳으로 분류할 수 있다. 가서는 안 될 장소로는 강이나 연못은 어른과 함께라면 몰라도 어린아이들이 가서는 위험한 장소이다. 동네 불량배들이 모이는 장소에 가게 해서는 안 된다. 그 불량배들 자체가 항상 움직이는 흉기인데 어디에서 사고를 칠지 모르는데…할 수도 있다. 그러나 예외적인 것은 제외로 하자. 그 지역에 가면 어린아이를 놀릴 가능성이 있고 불량배들에 의해 무슨 일이 일어날 가능성이 많아진다. 유흥가에도 가서는 안 된다. 유흥가나 오락실은 어른들도 가는 것을 꺼리는 곳이다. 술 취한 사람들이 많고 유흥가 주변에서는 사건사고가 끊이지 않고 발생하는 지역이기 때문이다. 종전의 어린이 성폭행사건에서 여러 건이 술 먹은 사람들에 의하여 저질러 졌다. 공원이나 놀이터도 안이 훤하게 보이는 곳이 아니면 가지 않는 것이 좋다. 특히 사람들이 뜸한 시간에는 가지 않는 것이 좋다. 어린이 성폭행사건이 자주 발생하는 장소가 공원이나 어린이 놀이터도 예외가 아니기 때문이다. 인적이 드문 장소에도 가게해서는 안 된다. 마포 어린이 성폭행 사건에서도 범인은 인적이 드문 장소에서 어린이를 납치하여 범행을 저질렀다. 위험에 처했을 때 도움을 요청할 수 없기 때문이기도 하다. 건물이나 시설공사를 하는 공사 현장에도 가면 위험하다. 공사를 하기위한 자재들이 많이 쌓여져 있어 시야가 확보되지 아니하고 붕괴 등의 위험이 도사리고 있기 때문이다. 노상주차가 많은 곳과 주차장에도 어린이들이 가면 좋지 않은 곳이다. 어린이 남치사건의 경우 대부분 차량을 이용하고 있기도 하려니와 차량에 의하여 시야가 확보 되지 않아 성폭행 범들의 표적이 될 수 있다. 높은 담장이 계속되는 곳에도 어린이들이 가야 할 곳이 못된다. 이런 장소는 인적이 드물고 어린이들이 위험에 처해도 구조가 어렵기 때문이다. 거미줄을 쳐놓고 기다리는 범인들이 있을 수 있다. 교통사고 다발지역이 있다. 도로의 구조적인 결함이라든가 시야가 확보되지 않아 교통사고가 자주 발생하는 곳에도 가게 하지 말아야 한다. 건물 지하실이나 건물옥상도 성폭행사건이 자주 발생되는 곳이다. 건물지하실이나 건물옥상은 밀폐되거나 은폐된 공간이고 인적이 드물어 성폭행범들이 성폭행장소로 즐겨 사용하는 곳이다. 화장실도 성폭행사건이 흔히 발생하는 장소이다. 공중화장실이나 남녀공용으로 사용되는 화장실은 되도록 피하는 것이 좋다. 최근에는 불량배들이 화장실에 몰래카메라를 설치하여 사건이 되는 경우도 종종 있다. 부득이 이런 화장실을 이용할 경우에는 어른이 함께 동행하거나 아이들이 3-4명이 함께 가게 하여야 한다. 묘지 등 인적이 드문 장소에도 가지 않는 것이 좋다. 이를 종합해 보면 안전한 길을 찾아 낼 수 있다. 탁 트였으며 밝고 유해업소가 없으며 적당하게 행인들이 오가고 위험요소가 적은 길이 안전한 길이다. 위험한 요소가 많은 길은 되도록 피하도록 가르쳐 준다. 이렇게 하면 어린이 위험을 많이 줄일 수 있을 것이다.

■ 어린이 실종에 항상 대비하라

우리나라에서 어린이 실종사건이 자주 발생한다. 범죄와 연루된 것이 대부분이지만 그렇지 않은 경우도 있다. 이런 때를 대비하여 어린이에게는 부모와 집에 대하여 부모는 어린이에 대한 충분한 정보를 사전에 교육을 시켜 놓아야 한다. 점이나 사마귀 등 신체적 특징을 잘 파악해 두어야 한다. 키나 몸무게 등 변해 가는 과정을 사진과 함께 잘 정리할 필요가 있다. 아이들에게는 부모 이름, 주소, 집 전화번호 등을 잘 외워 놓도록 한다. 그래야만 비상시에 대처 할 수 있다. 현행 주민등록법에 의하여 주민등록은 만18세가 되어야 할 수 있고 경찰에서는 그때서야 지문을 채취가능 하기 때문에 어린이 실종 사건이 발생해도 개인 식별이 불가능하다. 이럴 경우 부모들이 개인적으로 어린이 지문을 채취하여 보관하여 두면 이러한 실종사건이 발생하게 되면 유용한 수사 자료로 활용할 수 있다. 그러나 요즘은 DNA 식별법이 일반화되어 이런 수고를 안 해도 좋다. 그러나 DNA 식별법은 약1주일 소요되기 때문에 지문의 채취는 그런 경우에는 효용이 있게 될 것이다. 평소에 아이에게 입혔던 옷 가지고 있던 소지품 등도 잘 기억해 놓아야 한다. 사소한 소지품의 발견에서 사건해결의 단초가 되는 경우가 많게 되는 것을 종종 보게 된다.

■ 첨단장비를 활용하라

요즘 '손안의 인터넷'이 개발됨으로서 예전보다 유괴나 납치 사건을 예방하는 길이 열렸다. 이를 잘 활용하면 유괴나 납치범들이 발붙일 수 없게 될 전망이다. 미국에서는 스마트폰에서 '범죄자위치추적'(Offender Locator)을 누르면 반경 16Km 이내에 있는 성범죄 전과자의 집을 화면에 표시해 주는 앱(휴대폰장착프로그램)이 생겼다. 화면을 터치하면 이들의 주소, 얼굴, 전과 등이 화면에 등장한다. '안심경보기' 앱을 누르면 성범죄자의 집이나 위험지대에 접근하면 경보가 울리게 된다. 어린이에게 활용하면 어린이들은 위험 지대에서 벗어날 수 있게 된다. GPS시스템을 활용하면 아이의 위치를 바로 알 수도 있다. 성범죄 전과자가 접근하면 경보음이 울리게 할 수도 있다. 또한 스마트폰은 손안의 CCTV도 만들 수 있다. 'Icepics'라는 앱을 누르면 카메라가 작동되어 정해진 연락처로 전송된다. 경찰을 연락처로 하면 범죄신고용이 되는 셈이다. 그러기 위해서는 어린들에게도 휴대폰은 필요하다. 휴대폰은 더 이상 상대방과의 의사소통을 하기 위한 수단만이 아니다. 휴대폰은 어린아이들에게도 안전을 담보하고 안전을 위해서는 필수적인 기기가 되어가고 있다. 휴대폰으로 어린이들의 위치를 확인하고 위험시 위기에서 신속하게 구할 수 있는 '안전지킴이' 으로서의 역할을 하는 시대가 도래한 것이다. 아직은 어린이들에게 휴대폰이 뭐가 필요하냐고 반문하는 부모들이 있을 수 있고 경제적으로 휴대폰을 사줄 수 없는 가정이 있을지도 모른다. 그런 경우에는 통수신만 가능한 휴대폰이 있다. 최소한의 위치와 의사만 가능하게 만들어 놓은 기기이다. 우리나라에도 SK텔레콤은 '자녀 안심 서비스', '친구 찾기 서비스'를 제공하고 있고, KTF는 '친구 찾기', '119긴급구조 위치 제공', LG텔레콤은 '자동 위치 알림 서비스', '현 위치 이탈 알림 서비스'등을 제공하고 있다. 이러한 부가 서비스는 한 달에 1만 원대면 이용할 수 있어 자녀의 안전을 걱정하는 부모에게 무척 환영받고 있다. '마이폴' 서비스를 시작한 한국위치정보는 현재 차량의 위치를 반경 1m까지 추적할 수 있는 위치 정보 서비스를 제공하고 있으며, 대인용 위치 추적 단말기를 통한 위치 추적 서비스도 제공하고 있다. 여자어린이 성폭행범을 이 땅에서 추방시켜야 한다는 사회적 공감대가 형성되어 있는 만큼, 미국과 같은 성범죄 전과자에 대한 위치정보나 신상정보를 보다 적극적으로 일반에게 세밀하게 공개되어야 한다. 그러기 위해서는 당국이 가지고 있는 자료를 앱데이터로 활용하게 하여 다양한 어린이 안전 프로그램이 개발되도록 하여야 한다. 특히 어린이에게 개별번호가 부여되어 모바일 폰으로 개인위치를 확인할 수 있는 프로그램이 곧 개발될 것으로 보인다. 물론 정책적인 판단이 있을 테지만 이 프로그램이 개발되면 어린이에게 종두주사를 맞듯이 개인용식별칩을 팔에 심어주는 것이 필요하다. 건강에는 전혀 문제가 없다. 또한 이 칩은 영국어린이 들에게 심고 있는 것이다.

■ 어린이들에게 호신용품은 필수다

호신술이나 태권도도장에 다니게 하는 부모들이 늘어나고 있다. 험악한 세상을 살아가기 위한 방법이랄 수 있다. 그러나 범인들은 대부분 성인들이고 흉기를 소지하고 있는 경우가 많아 그 실효성에는 문제가 있는 것으로 판단되고 있다. 그리하여 차선책으로 선택할 수 있는 방안이 호신용품이 떠오른다. 호신용품들은 최근 진화하여 참신하고 톡톡 튀는 아이디어 상품도 많이 개발되고 있다. 인터파크에서 판매하는 '호신용경보기'의 밑 부분의 줄을 당겨주면 경보음이 울린다. 소리도 120db로서 꽤 큰 편이다. 위급한 상황에서 주위에 구조를 요청할 수 있다. G마켓에서도 키티모양, 풍뎅이모양 등 다양한 디자인으로 평소 휴대폰이나 열쇠, 가방 등에 달고 다닐 수 있는 경보기를 판매하고 있다. 전자호루라기도 있는데 125db정도의 소리를 내주며, 목걸이 형태로 앞주머니, 가방, 핸드백 등에 보관이 가능하다. 롯데마트에서는 핀을 뽑으면 경보음이 울리는 호신용 경보기 타원형을 팔고 있다. 옥션에서 판매하는 '무선미아방지기'는 보호자용 기기와 아동용기기가 실시간으로 거리를 체크하는 기능을 가지고 있다. 아이가 일정거리를 벗어나면 보호자용

기기에서 경보음이 울린다. 사람들이 많이 몰리는 장소에서 유용하다. '알리미' 단말기도 있다. 보호자의 휴대폰이나 인터넷으로 아이의 현재위치를 실시간으로 확인할 수 있는 'SKT아이키즈폰BCL-862S'는 전원이 꺼지더라도 위치확인이 가능하고 '안심존'을 지정하면 1km이상 이탈하면 전화벨이 울리고 ARS로 알려준다. 그 외에도 위치자동통보, 이동경로보기, 긴급동시통화 등 다양한 서비스로 아이의 안전을 확인할 수 있다. 옥션의 '이지짱호신용 스프레이'는 바람이 있는 실외에서도 1.5-2m 이상 분사가 가능하여 범인의 얼굴에 쉽게 명중시킬 수 있다. GS 이숍에서 판매하는 치한퇴치용 전기충격기는 고압단자에서 약 1만7000볼트의 강력한 전압이 발생하면서 사이렌음이 울린다. 어린이 유인하는 범인들의 방법이 다양해지고 있어 우리의 대응도 대양해 질 수 뿐이 없다.

■ 사이버 공간에도 숨어있는 범인이 있다

어른들도 컴퓨터와 인터넷을 모르면 불편하듯이 어린이들도 마찬가지이다. 현대를 살아가기 위하여 컴퓨터와 인터넷을 배워야 하는 것은 어절 수 없는 선택이다. 컴퓨터와 인터넷을 배우지 않으면 지식습득이 어려워지고 뒤처지게 된다. 온라인상에서 공부도 해야 되고 필요한 정보도 얻어야 된다. 게임도 해야 되고 다른 사람들과 대화도 나누고 친구도 사귀어야 한다. 컴퓨터와 인터넷의 이러한 용도를 흉악한 범인들이 이를 놓칠 리 없다. 사이버 공간에도 어린이의 성을 노리는 범인들이 득실거린다. 특히 여자어린이들의 카페, 블로그, 홈페이지 등은 그들이 노리는 주요 활동무대이다. 그곳에서 그들은 아이들을 부모들 보다 더 자상하고 친절하게 대해준다. 어린이들이 어려워하는 문제도 척척 해결해 주고 말동무도 되어준다. 어린이들이 서서히 빠져들어 가게 되고 결국 그들의 요구대로 유인될 수 있다. 부모들은 자녀 가입한 카페, 블로그, 개인홈페이지 등 어린아이들이 들어가는 사이버 공간에 자주 들려 확인하고, 아이들과 사이버 공간에서 일어나는 일들에 대하여도 솔직하게 이야기를 나누는 창구를 마련해 놓아야한다. 사전에 사이버 공간에서 일어나는 범죄에 관하여 아이들에게 알려주어야 한다. 이상한 동영상물이 온다든가 이상한 이야기들이 온다면 이를 엄마나 아빠에게 이야기한다는 것을 전제로 컴퓨터 구입 전에 약속을 받아 놓아야 한다. 그리고 수시로 컴퓨터의 활용에 대하여 확인할 수 있는 장치를 마련해야 된다는 점을 잊지 말아야 한다.

■ 납치된 공간에서의 대처법을 가르쳐라

납치되어 범인과 자동차나 방안 등 밀폐된 공간에서의 대처법은 어린이의 생명과 직결된 중요한 문제이다. 실제로 범인들은 아이들이 울부짖는 순간에 주위에 알려질까 두려워 아이를 살해하는 경우가 많았다. 범인을 알아도 모르는 척 해야 되고 소리를 질러서도 안 된다. 이런 경우에는 범인에게 협조하는 것 같은 태도를 취하여야 하며 범인을 안심하도록 해야 한다. 범인의 긴장을 풀게 한 뒤 기회를 엿보아 도망칠 수 있도록 교육시켜야 한다. 도망이 불가능 한 상태라면 위기에 있다는 것을 다른 어른들에게 알릴 수 있는 방법을 찾도록 노력해야 한다. 휴대폰이 있다면 범인 모르게 문자로 신호를 보낸다든지 종이에 현재의 상황을 적어 밖으로 버린다든지 하는 방법이다. 어린이가 납치되어 있는 상황이 확실할 경우 112에 신고하여 경찰의 도움을 받는 것이 최우선이다. 화장실에 가는 척하고 도망가게 하는 것도 생각해 볼 수 있다. 그런 저런 것이 불가능 하다면 그냥 가만히 있는 것도 방법일 수 있다. 제주 서귀포 어린이 사건에서 피해어린이가 "너는 여기가 어딘지 아느냐?"는 범인의 질문에 "알아요 아저씨의 얼굴도 알아요"라고 답한 후 범인이 목졸라 살해했다는 것을 참고로 할 필요가 있다. 그러나 어린이에게는 어려운 이야기일 수 있고 무리한 교육일 수 있다. 납치를 시도할 때는 강하게 범행 후는 약하게 대응하는 것을 염두에 두어야 한다.

■ 민간서비스를 이용할 수 있다.

여성경호원이 아이를 학교와 학원, 유치원을 안전하게 데려다 주고 데려오는 서비스이다. 24시간 내내 아이 곁에 머물면서 손수 차를 몰아 등하교를 시키고 학원에 데려다 주거나, 부모를 대신하여 아이와 힘께 현장학습에 가주기도 한다. 부모가 집을 비우면 식사를 차려주고 옷을 입히고 숙제와 준비물을 챙기는 보모역할을 한다. 또 '위장경호'를 위하여 치마나 청바지를 입고 경호도 하며 이웃이나 친구들을 의식하여 밖에서는 친척언니처럼 행동한다. 아파트 단지나 어머니회에서 몇 명을 모아 공동으로 경호서비스를 이용할 수도 있다. 그렇다고 유별나게 표시가 나지 않도록 하면서 아이들의 안전을 책임지는 민간 서비스 업체가 생겨나고 있다. 이런 서비스를 활용하게 되면 좋을 것이다.

■ 부모와 같이 있으면 안전할까?

경찰청이 지난해부터 올 상반기까지 성범죄 1만여 건을 분석한 결과, 아는 사람에게 성폭행을 당한 경우가 초등학생은 54%, 7세 이하 아동은 50%에 이르는 것으로 나타났다. 이 가운데 이웃이 14%로 가장 많았고 3촌 이내 친척이 10%로 그 뒤를 이었으며 학교 선후배나 교사까지 있어 충격을 안겨준다. 흔히 부모들이 하는 착각 중 하나는 아이를 낯선 상황이나 위험한 곳에 데려가지 않거나, 부모와 떨어져 있지 않으면 '성폭력으로부터 안전하다'고 생각하는 점이다. 또 수상한 사람이나 변태 행위를 할 것 같은 사람만 경계하면 된다고 생각하기 쉽다. 하지만 아동 성폭력과 성추행은 가까운 사람 누구에게나 당할 수 있고, 부모와 함께 있는 집에서도 일어날 수 있다. 아이를 안전하게 지키기 위해 부모는 좀 더 주의를 기울여야 한다는 점이다. "세상에 믿을 놈이 없다"는 것을 전제로 첫째도 조심, 둘째도 조심, 셋째도 조심해야 된다는 것을 잊지 말자.

■ 아이들의 성교육은 필수적이다.

우선 너의 몸이 매우 중요하다는 것을 가르쳐야 한다. 남자와 여자의 몸의 특징과 차이를 알리면서 몸을 깨끗하게 해야 한다는 것을 주지시켜야 한다. 아이들의 성기가 불결하면 아이의 관심이 불결한 성기에 관심이 많아지게 된다. 청결하지 않으면 아이는 정상 발달을 할 수 없으며, 성적 발달에서도 문제를 일으키는 경우가 많다. 아이의 성기가 비위생적일 경우 아이의 관심이 자꾸 그곳으로 쏠리고, 이는 부적절한 행동으로 이어질 수 있다. 항상 청결한 몸의 상태를 유지하게 하는 것은 부모의 책임이다. 아이들에게 이상한 사진이나 그림을 보여주는 사람이 있는지 수시로 점검해야 하는 것도 부모들이 해야 할 일이다. 그런 사람이 좋은 사람이 아니라는 것과 안 보겠다는 의사를 분명하게 밝히도록 해야 하는 것도 가르쳐야 한다. 무엇보다 부모는 평소 아이가 성에 대해 호기심을 보일 때 피하지 말고 올바르게 대답해주며 더 진도가 나간 질문을 한다면 전문가와 상담하는 것이 좋을 것이다. 어린아이에게 성폭력의 위험성에 대해 가르치고 예방 교육을 하는 것은 쉬운 일이 아니다. 어린 아이에게 예방법에만 집착한 나머지 "…하지마라", "…하면 위험하다", "…하면 안 된다"하다 보면 끝이 없게 되고 아이에게 부정의 사고방식이 생기게 될 테니 이는 또 다른 부작용을 초래하게 될 것이다. 그러므로 아이들 키우기가 어렵다는 것이다. 무엇이든 자연스러운 방법으로 교육시키는 것이 바람직하다. 자연스러운 성교육, 자연스러운 성폭행 예방교육이란 어떤 것인가? 그것은 평소 어린아이와 같이 보내는 시간을 늘려 늘 대화하는 시간을 많이 갖는 것이다. 그런 가운데 자연스럽게 그에 대한 말을 주고받는 것이다. "안 된다. 위험하다.하지마라"보다는 "…하는 게 더 좋다. …하는 것이 안전하다. … 해야 한다"라는 식으로 말이다. 좀 더 사랑스런 마음을 가지고 대화를 나누다 보면 엄마의 사랑이 곧 어린아이에게 이입되어 저절로 깨닫게 된다. 그래야 아이들이 보다 적극적인 사고로 바뀔 수 있으며 "싫어요!않돼요!"할 수 있는 용기도 생기게 되는 것이다. 아이들은 칭찬을 먹고 자란다. 칭찬을 많이 듣고 큰 아이가 적극적인 아이가 되고 큰 사람으로 자랄 수 있다.

　　외국에서도 여자어린이 성폭행사건이 사회의 문제화 되고 있는 것은 우리 나라와 다를 게 없다. 그러나 외국에서는 그때그때 중지를 모아 확실한 대책을 내놓고 미흡한 것에 대한 또 다른 방안을 찾고 있다. 어린이 성폭행 방법이 진화하고 있는데 다른 조치이다. 어린이 상대 성범죄에 대하여는 가혹하리만치 가해자에게 책임을 묻는다. 인간이기를 거부한 책임을 묻는 것이다. 그리고 일부의 반대가 있긴 하지만 시민들의 여론이나 언론도 그에 찬성하고 있다. 재범의 가능성이 있는 것만으로 정신병원에 강제로 입원시켜 사회와 영원히 격리하기도 하고 화학적 거세는 물론 물리적 거세와 사형까지도 한다. 범인의 신상을 인터넷에 공개하고 지역사회가 공동으로 대처한다. 어린이 성범죄에 대하여 감형이란 있을 수 없으며 가석방도 존재하지 않는다. 전자팔찌도 평생토록 차야 되는 등의 조치를 취하기도 한다. 어린이를 대상으로 한 성범죄를 예방하고 재발을 막기 위한 각국에서의 고민과 그들의 어린이 성폭력을 예방하기위한 노력들을 살펴보기로 한다.

미국

1994년 7월 29일 미국 뉴저지 주에서는 7세의 어린 소녀를 성폭행 한 후 끔찍한 방법으로 살해하는 비극적인 사건이 발생하였다. 이 사건은 미국의 어린이 성폭행 사건 가운데 2000년 '제시카' 사건과 함께 가장 잔인한 사건으로 기록되고 있다 희생자는 메건칸카(Megan Nicole Kanka)라는 일곱 살 여자이었다. 범인은 '메건'의 집에서 불과 30m 거리에서 살고 있던 33세의 '제시티먼트 쿠아즈'라는 이웃집 남자였다. 그는 이미 1981년에 5세 아이에게 상해를 가하고 또 다른 7세 아이에 대한 성폭행 미수 혐의로 유죄로 확정 된 전과 2범이었음이 드러났다. 그는 두 건의 성폭행으로 6년형의 징역형을 받았고 출소 후 '메건'양의 동네로 이사를 왔다. 그 는 얼마동안 성폭행을 하기 위한 대상을 물색하고 있었다. 여러 날 동안 이웃집에 사는 메건을 대상자로 정하고 범행을 위한 시나리오를 준비하고 있었다. 그는 메건이 강아지를 무척 좋아한다는 것을 알아 냈다. 범행일을 정한 제시는 메건에게 다가와 "강아지 보러 함께 안 갈래? 강아지가 무척 예쁘거든… 강아지가 너를 보고 싶어 해" 하며 메건을 자기의 집으로 유인하였다. 납치에 성공한 제시는 회심의 미소를 지으며 메건의 옷을 벗기고 짐승 같은 욕심을 채웠다. 한 번도 아닌 여러 번에 걸쳐서… 메건의 입은 이미 봉해졌기 때문에 이웃에서는 알 수 없었다. 성폭행 후 범행의 탄로가 두려운 나머지 벨트로 목을 졸라 살해하였다. 메건의 집에서는 갑자기 아이가 실종되자 난리가 났다. 실종신고도 하고 메건의 부모는 물론 동네사람들까지 나서 주변을 수색하였지만 허사였다. 사건 발생 며칠 후 시신은 동네 공원에 버려진 장난감 상자에서 발견됐다. 경찰의 수사가 시작되었다. 아동성폭행 동일전과자의 소행으로 파악한 경찰은 DNA 조사결과 범인을 확정하는데 성공하여 '제시'를 체포하였다. 그는 재활센타에서 치료를 받고 나온 후 또다시 범행을 저지른 것으로 밝혀졌다. 동네사람들은 사건 전모가 밝혀지자 흥분하기 시작했다. 아무도 그가 성범죄 전력이 있는지 몰랐다. "누가 이런 흉악한 어린이 성폭행범을 감옥에서 꺼냈느냐?, 왜 6년 뿐이 형을 받지 않았느냐?, 어린이 성폭행범은 영원히 사회에서 격리 해야 한다" 는 시민들의 원성이 자자했다. 메건양 엄마인 '모린'여사는 성범 죄자가 길 건너에 살고 있다는 것을 미리 알았더라면 딸은 죽지 않았을 것이 라며 통곡하며 울부짖었다. 국가를 원망했고 법원을 원망했다. 메건의 부모 는 어린 딸의 죽음이 헛되게 잊혀 져서는 안 된다고 판단하고 제2의 메건사 건을 막기 위한 행동에 나섰다. '메건 재단'을 만들고 뜻있는 시민들과 함께 서명운동을 벌였다. "여러분의 자녀도 언제든 '제2의 메건'이 될 수 있다" 고 호소 하였다. 금세 40만 명의 서명자를 모아 '메건법'제정의 청원을 뉴저지 주 의회에 제출 했다. '메건법'은 바로 뉴저지 주 의회를 통과하고, 이듬해에 는 연방법으로도 만들어졌다. 이 법안의 주요골자는 성범죄자의 신상을 공 개하자는 것이었다. 이 법에 따라 성범죄 전력자가 이사 오면 이름·사진·주 소 등을 인터넷과 기타 매체를 통하여 공개하게 되었다. 이에 의하여 성범죄 전력자들의 신상정보를 적극적으로 주변에 공개해 이웃들이 미리 대비할 수 있도록 했다. 미국의 각 주에서 운영하는 홈페이지에는 '메건법(megan's law)'이라는 아이콘이 있다. 거주하는 주소를 입력하면 부근에 거주하는 성 범죄 전과자의 주소와 사진, 이름, 키, 몸무게, 피부색은 물론 눈 색깔, 콘텍 트 렌즈 사용 등 범인의 모든 신상정보가 나온다. 그 밖에도 사용하는 차에 대한 정보까지 수록되어 있다. 심지어 범인의 집 앞에 팻말까지 설치한다. 여자어린이를 키우는 부모들은 '메건법'을 이용하여 어린이들에게 살아있는 여자어린이 납치예방법을 가르치고 있다. 물론 이러한 신상공개에 대한 반 발이 없는 것은 아니다. 우리나라에서처럼 미국에서도 인권을 앞세운 반대 세력이 있다. 그러나 사회에 끼친 피해를 생각하면 당연하다고 생각한다. 인 권국가로 자처하는 미국에서 어떻게 이런 제도가 만들어진 것일까? 미 연방

의회도 2년 후인 1996년 5월 17일 이 법안을 통과 시켰다. 그 후 50개 주에서 이법을 적용하고 있다. '메건법'의 기존 취지는 개인에 대한 처벌이 아니라 '공공을 보호'하자는 것이다. 일부세력의 인권 운운하는 한국과 다른 일면을 볼 수 있는 대목이다. 인권은 인간이기를 포기한 사람에게 까지 국가의 각종 수혜를 제공할 수 있는 무한정의 권리가 아니다. 미국인들의 이러한 전향적인 판단들이 성폭행이 적어질 수 있는 사회를 만들 수 있는 계기가 되었다고 필자는 생각하고 있다.

　몇 년이 지난 후 미국에서 또 다른 어린이 성폭행 사건이 발생하였다. '메건법'이 뉴저지 의회를 통과한 후 한동안 아동 성폭행이 줄어드는 듯했다. 2005년 미국 플로리다에서 또 다른 끔찍한 아동성폭행 사건이 일어났다. 여자어린이가 성폭행 전과자에게 성폭행 당한 후 살해되었다. 9살 소녀 제시카(Jessica Lunsford Jessica)였다. 가해자는 성범죄 전과로 24차례나 체포된 적이 있었던 성범죄 전과자였다. '메건법'에 의하여 성범죄 전과자에게 주거지를 정기적으로 당국에 신고하게 하는 법률이 있었으나 지켜지지 않았던 것이다. 미국사회가 또다시 들끓기 시작하였다. 여론을 더욱 부추긴 것은 설상가상으로 Jessica가 살해 된지 17일 만에 13살 소녀 Sara가 성폭력 당한 뒤 살해되었기 때문이었다. 어린이 성폭행범의 신원공개가 지켜지지 않았고 범인이 이사해도 신고하지 않으면 무용지물이 되었기 때문이다. 이런 법의 허점을 보완하기 위하여 Jessica법이 제정되었다. 2005년 주 의회에 제출 된 후 만장일치로 통과되어 2005년 9월부터 발효되었다. '제시카법'은 12세 미만 아동 상대 성폭행 범죄의 최소 형량은 25년이고, 해당 범죄자는 출소 후에도 평생 위치추적장치(전자발찌)를 차고 다녀야 한다. 또 성범죄자를 알면서도 신고하지 않은 사람도 처벌 대상이다. 이와 같이 미국도 사건이 일어날 때 마다 보다 강력한 법을 제정하고 있는 것이다. 그래도 어린이 성폭행범을 완벽하게 예방할 수 있는지에 대하여는 아직 회의적이다. 미국의 여러 주에서는 무거운 형벌과 장기간의 구금에도 불구하고 출소 후 재범이 증가하는 것으로 파악되고 있다. 시민들은 지역사회의 안녕과 어린이의 보호를 위한 보다 강력한 조치를 요구하여 왔고 또 실현되고 있다. 만기 출소한 전과자가 출소하여 다시 성폭력 흉악범으로 변하는 현실에서 지역사회의 안녕과 어린이를 보호할 수 있는 확실한 방법을 끊임없이 요구하고 있는 것이다. 미국사회도 가해자와 피해자의 권리의 충돌에 논란이 있어 왔다. 논란의 중심에는 가해자·피해자 중 누구를 우선시 하느냐가 관건이었다. 그리하여 탄생된 것이 '성폭력흉악범재범방지법(Sexual Violent Predator Law)'이다. 성폭력흉악범이 유죄판결을 받고 만기가 되어 출소하게 되면 재범가능성이 높기 때문에 만기 후 민간위탁시설에 강제로 수용되고, 그곳에서 치료를 받도록 한다는 것이 골자이다. 정신병을 수반한 성폭력흉악범에게 치료를 제공하면서 이들로부터 개인과 지역사회의 안전을 지키겠다는 입법의지가 담겨져 있다. 미국은 또 지난 2000년 7월 '투스트라이크 아웃제도'도 도입했다. 아동성범죄로 두 차례 유죄판결을 받으면 무기징역에 처해 영원히 사회에서 격리시키는 조치다. 특히 텍사스 주는 이른바 낙인 방식을 택하고 있다. 성범죄자집 앞에 '위험, 성범죄자가 살고 있음'이란 내용의 팻말을 세워놓고, 자동차에도 유사한 스티커를 부착하도록 하고 있다. 미국에서는 아동 성폭행범에 대해서는 고강도의 형량을 선고하는데 법원이 앞장서고 있다. 미국 각주의 법원판결의 이러한 경향은 '아동성범죄는 인류의 범죄 중 가장 잔인하고 악랄한 범죄'라는 판단 때문이다. 이러한 미국 법원의 태도는 아동성범죄를 원천적으로 줄이는데 기여하고 있다.

아동에 대한 성폭행을 근절시키기 위한 시민사회의 끈질긴 요구와 우려는 미국의 각 법원에서 구체화 되고 있다. '텍사스 집단 성폭행 사건'은 2010년

9-12월 10대에서 20대 초반의 남성 20명이 같은 동네에 사는 11세 소녀를 빈집으로 유인해 5차례에 걸쳐 집단 성폭행한 사건이다. 미국 텍사스 리버티 카운티 검찰청의 조 위런 검사는 리버티 카운티 법원에서 열린 '텍사스 집단 성폭행' 사건 공판에서 "11세 소녀를 집단 성폭행한 사건 피고인들은 어리다고 해도 순진한 소년이 결코 아닙니다. 그들은 개떼(pack of dogs)에 불과합니다"라는 평결 결과를 접수한 판사가 판결을 내렸다. "제러드 크루즈(범행 당시 18세)에게 종신형을 선고한다. 가석방은 허용되지 않는다" 고 판시했으며, 사건의 또 다른 주요 공범 중 한 명인 에릭 맥고웬(범행 당시 18세)은 사실상 종신형인 99년형을 받았다. 성범죄를 살인에 버금가는 중범죄로 다루는 미국 법의 한 사례다. 주(州)마다 차이는 있지만 특히 미성년자 대상 성범죄자에게는 징역 25년부터 종신형 또는 무기징역을 선고하는 것이 보통이다. 프로리다 등 6개 주는 사형까지 선고한다. 피해자가 16세 미만이면 가중처벌하고, 12세 미만일 경우 형량이 그보다 한 단계 더 무겁다. 아동 대상 성범죄로 두 번 유죄판결을 받으면 무조건 무기징역에 처한다. 사실상 영원한 사회와의 격리조치인 셈이다. 이러한 법원의 판결에 대해 몽고메리 카운티 검찰청의 한 관계자는 "우리가 아이들을 보호하는 방법에 따라 그 사회에 대한 평가가 결정된다. 배심원과 재판부가 우리 사회의 척도를 이번 판결에 잘 반영했다"고 환영과 만족의 반응을 보였다. 몇 년 전 조두순 사건에서 우리 법원이 보여준 12년 감형과 비교되는 사건이라 할 수 있다. 우리의 법원도 이제 아동성폭행범에 대한 인식을 바꾸어야 한다. 아동 성폭행범은 우리사회에서 영원히 추방되어야 하는 범죄임을 잊지 말아야 한다. 인류의 범죄 중 가장 용서받지 못할 범지임을 잊어서는 안 된다. 미국은 'USC(U.S.Code) 제2441조'를 통해 아동 성폭행범을 기본 30년 이상 징역에 처할 수 있도록 규정하고 있다. 미 연방 성범죄(Criminal Sexual Abuse) 양형기준도 12세 미만 아동 대상 성범죄를 기본 범죄보다 8등급 높은 38등급으로 규정, 최소 235개월

(약 19.5년)에서 최대 293개월(약24.4년)의 징역형을 선고하도록 명시하고 있다. 또한 미국은 아동성범죄의 예방에도 적극적으로 대처하고 있다.

　　미국은 검찰과 법원에서 범인들을 사회와 격리시키기 위한 조치를 취하는 것과는 별도로 지역사회가 어린이 보호를 위한 자위조치를 취하고 있는 것도 미국사회가 아직 건강하다는 증거이다. 1982년부터 운영되고 있는 맥그러프하우스(McGruff house)의 경우가 그렇다. 미국의 유타 주에서 시작된 아동 지킴이프로그램으로 길을 잃거나 위험에 처한 아동을 임시로 보호하고 범죄자로 의심되는 사람을 경찰에 신고하는 프로그램이다. 주민과 경찰이 서로 협력하는 시스템으로 현재 미국의 모든 주에서 실시하고 있다. 미국에서는 주마다 조금씩 다르긴 하지만 만 10세 까지는 보호자가 학교에 오지 않으면 아이를 보내지 않도록 법으로 규제하고 있다. 부모가 올 수 없는 상황이라면 부모가 지정한 보호자(guidian)가 아이를 데려와야 한다. 아동을 각종 위험으로부터 보호하기 위한 제도라고 할 수 있다. 또한 미국의 의회는 아동을 보호하기 위한 입법 활동에도 적극적이다. 미국 캔자스 주는 재범 가능성이 큰 성범죄 전과자에 대해 형기 만료 후 재범 가능성이 사라질 때까지 정신병원에 강제 입원시킬 수 있게 하는 '섹슈얼 프레데터 법'을 통과시켰다. 특히 성폭력 범죄자의 유전자정보를 데이터베이스화해 수사에 활용하는 방안을 미국(1994년), 영국(1995년) 등 선진국에서 이미 시행 중이다. 어린이 상대 성범죄자를 사회와 격리시키는 것은 범죄자들이 또 다른 범죄를 저지를 가능성이 크기 때문이다.

프랑스

  프랑스는 형사규범을 통하여 성폭력 피해아동의 보호받을 권리를 명시하고 있다. 프랑스 형법은 범죄불고지죄(제434-1조)와 구조의무불이행죄(제223-6조)에 의해 범죄에 대한 신고의무와 함께 위험에 처해있는 자에 대한 원조 또는 신고를 강제하고 있다. 그러나 무엇보다도 학대 등 불고지죄(제434-3조)를 마련하여 15세 미만의 아동 또는 장애인이 결핍·학대·성폭력을 당하는 등 핍박상태에 있다는 것을 알고 있는 자가 그 사실을 사법 또는 행정기관에 통보하지 아니한 때에 3년 이하의 구금형 및 45,000유로 이하의 벌금에 처하도록 하고 있다. 신고는 구체적으로 지방자치단체에 알려 아동에 대한 보호조치를 취하게 하거나 수사기관에 알려 수사가 이루어지도록 하는 방식으로 이행된다. 이처럼 넓게는 범죄피해자, 좁게는 성폭력 피해아동의 보호받을 권리는 부모나 보호시설의 종사자뿐만 아니라 일반 시민들에게도 참여와 책임의식을 유도하고 있다는 점에서 범죄를 남의 일로 간주하는 풍조가 만연한 우리와도 사뭇 다르다. 또한 신고의무는 그 효과로서 대다수의 성폭력사건이 형사사건으로 처리되지 않고 묻혀버리는 암수범죄의 문제를 대폭 개선할 수 있다는 장점이 있는 것이다. 일단 사건이 형사절차로 진입하는 경우 수사기관은 수사초기에 형사절차 제반에 대한 정보제공뿐만 아니라 피해회복에 대한 정보도 동시에 제공한다. 즉 형사소송법은 사법경찰관리로 하여금 피해자에게 손해배상을 받을 권리, 사인소추를 할 수 있는 권리, 사인소추를 하는 경우 변호인의 조력을 받을 권리, 공공기관 또는 피해자지원위원회로부터 구호를 받을 권리, 일부 특정범죄(15세 미만의 아동에 대한 강간 등)와 관련하여 범죄피해자배상위원회에 구조금을 청구할 수 있는 권리 등을 고지하도록 하고 있다. 프랑스의 경우 친고죄가 일부 있기는 하지만 모든 성폭력 범죄는 피해자의 고소 없이도 공소제기가 가능한 비친고죄로 하고 있다. 또한 고소기간의 제한이 없어 범죄피해자는 공소시효 완성이 전에 언제든지 수사기관에 고소할 수 있다. 범죄피해자가 미성년자인 경우에 공소시효에 관한 특칙이 적용된다. 형법 제222-10조(강간 외 성폭력)및 제227-26(친족, 감독자에 의한 비강제적 성폭력)에 해당하는 경죄의 피해자가 15세 미만의 경우에는 공소시효의 기간이 10년이 아닌 20년으로 연장된다. 따라서 중죄인 경우와 일부 경죄의 경우에는 37세 나머지 경죄의 경우에는 27세까지 고소 및 공소제기가 가능하다. 따라서 성년이 된 이후에도 충분한 시간을 가지고 고소여부를 결정할 수 있다. 프랑스에서 범죄피해자의 고소권 행사가 촉진될 수 있는 또 하나의 이유는 검사의 불기소처분에 대한 불복장치에 기인한다. 검사가 수사를 하지 않거나 불기소처분을 하는 경우에 피해자는 직접 예심판사 또는 형사법원에 가해자에 대한 심판을 청구할 수 있다. 일제시대부터 내려온 검찰의 기소독점주의와 기소편의주의로 검찰에 송치되는 반 이상의 사건이 검사의 손에 의해 임의로 처리되고 있는 우리와 많은 차이가 있다. 이와 같은 사인소추제도는 사실상 성폭력범죄의 피해자가 직접 소추를 하거나 소송에 개입하는 것이 용이하지 않다는 이유로 아동성폭력의 방지 또는 지원을 목적으로 하는 사회단체로 하여금 부모의 동의를 받아서 사인소추를 대신하거나 소송에 참여할 수 있게 한다. 이 경우 사회단체들은 피해자에게 부여되는 형사소송법상의 모든 권리를 행사할 수 있다. 수사단계에서부터 일반범죄와 다른 특별절차에 따르고 있다. 성병 등을 확인하기 위해 피해자의 동의하에 혈액을 채취하고 적절한 치료와 간호의 필요여부를 확인하기 위해 임상심리학적 감정이 실시되도록 하고 있다. 피해자의 진술은 영상 녹화되고 대질은 심리상담가·교사·가족·특별소송인 등이 참석하여 실시된다. 법정대리인 또는 특별소송인이 선임되지 않았을 때는 국선변호인을 선임한다. 성폭력범죄의 범죄로 인한 신체적 피해뿐만 아니라 심한 정신적 충격과 스트레스를 받게 되어 조기에 일상사회에 복귀하기 어렵고 지속적인 치료와 상담을 받아야 한다. 형사소송을 통하여 배상이 이뤄지지 않거나 충분한 배상을 받지 못하는 경우에는 범죄피해자보상위원회(CIVI) 구조금을 청구할 수 있다. 지난 2007년 8월 소아 성애병자인 61세의 노인이 18년간의 형기를 마치고 풀려난 지 한 달 만에 5살 어린이를 납치해 성추행한 사실이 드러난 뒤 초강경 성범죄자 관리감독 대책이 발표됐다. 니콜라 사르코지 대통령은 당시 이 소아성애병자가 유죄선고를 받은 것은 3차례에 불과하지만 모두 40명의 어린이를 성추행했다는 언론 보도로 비판여론이 들끓자 유관부처 장관들을 소집해 긴급 대책회의를 열어 유사범죄 재발을 방지하는 것을 골자로 한 성범죄자 감시감독 방안을 확정·발표했다. 이 대책의 골자는 형기를 마친 성범죄자도 사회에 복귀하는 것이 위험하다는 의료진의 판정을 받으면 격리된 교도소 병원에서 계속 수용치료를 받도록 한 것이다. 격리된 병원에 수용해 치료하는 것을 비롯해 교도소 문을 나서는 성범죄자의 소재지를 파악할 수 있도록 전자 발찌 착용이 의무화됐으며 호르몬 치료나 화학적 거세도 대책에 포함됐다. 이 대책에 따라 2007년 9월에 형기를 마친 42세 소아성애자가 위치추적 장치가 부착된 전자 발찌를 발목에 차고 석방된 바 있다. 형기를 마쳤지만 재범의 우려가 있어 위험하다는 판정을 받은 성범죄자를 격리 수용하기 위한 교도소 병원이 리옹에 처음 세워졌다.

프랑스에서 일어난 일

이 세상에 자신을 태어나게 해 주었고 가장 믿을 수 있던 아빠에게 성폭행을 당했다면 누가 믿을 수가 있을까? 그러나 프랑스에서 '이자벨'이라는 한 소녀는 아빠로부터 열한 살 때부터 4년 동안이나 지속적으로 딸을 성폭행을 당하게 된다. "이 일은 둘만의 비밀이며 딸을 사랑하는 한 방법이다. 네가 누구에게 말해도 아무도 너를 믿지 않을 것이고, 엄마에게 이 사실을 말하면 엄마는 죽을 것이다. 그 책임은 너에게 있다"고 '이자벨'의 아빠는 협박했다. '이자벨'의 엄마는 파리의 한 병원에서 간호사로서 일을 하고 있었는데 엄마가 집에 오지 않는 야간 당직 날에는 어김없이 아빠가 '이자벨'의 방을 찾아 딸을 성폭행하였다. 그러던 어느 날 '이자벨'의 오빠에게 현장을 들키게 된다. '이자벨'의 아빠는 아들과 딸을 구타하며 "누구에게 말하면 모두 죽여 버리겠다"고 협박했다. 혼돈과 공포속에서 누구에게도 말하지 못한 채 사춘기를 보내야 만 했던 가엾은 '이자벨'. 열다섯 살이 되었을 때, 고통에서 벗어나기 위해 오빠와 상의하게 되고, 남매는 이 사실을 엄마에게 말하기로 한다. 남매의 이야기를 들은 엄마는 하늘이 무너질 것 같은 분노와 좌절을 느끼지만, 아이들을 언니네 집으로 데려다 보호하면서 남편과 이혼하게 된다. 그 끔찍하고 악몽 같았던 4년 동안의 질곡에서 벗어난 '이자벨'은 성폭행 후유증을 잘 극복하게 되었고, 10년 뒤 유엔 산하 한 국제기구에 일하며 멋진 여성으로 살아가고 있다.

캐나다

캐나다에서도 아동 대상 성폭행 범죄가 심각한 것으로 파악되고 있다. 캐나다 경찰에서는 지난 2012-2013년 사이에 3,900여건의 아동 대상 성범죄가 발생한 것으로 파악하고 있으며, 미신고 사건도 상당할 것으로 추정하고 있다. 이에 따라 캐나다 정부도 아동대상 성범죄자의 관리에 비상이 걸렸는데 아동 성범죄자에 대해 '거미줄 정보망'을 구성, 촘촘한 관리에 나서기로 하였다. 정부가 아동을 상대로 한 성범죄자의 모든 신상을 DB화해 관리 하는 동시에 일주일 이상 성범죄자가 해외여행을 떠나는 경우엔 반드시 당국에 보고해야 함은 물론 해외여행 정보도 DB화 하기로 했다. 이 정보를 유관기관이 같이 공유하는 법안을 통과 시켰다. 이 법안에는 특히 동일인이 저지른 복수의 아동 성범죄에 대해 가중 처벌하는 규정도 마련했으며, 연방경찰이 지방 주 정부나 시 당국과 성범죄자의 거주 및 이동 관련 정보를 공유할 수 있도록 했다. 캐나다는 필요시 일주일에 한 번 '데포프로베라'라는 여성 호르몬

복합물을 주입해 화학적 거세를 하는 제도와 함께 중범죄자에 사형을 선고하고 있다캐나. 다에서는 골목부모(Block Parent)를 86년부터 실시하여 현재 30만가구가 운영 중에 있다. 블록별로 위험에 처한 어린이를 자신의 집에 임시로 보호하고 경찰에 인계하는 프로그램이다. 온타리오 주에서는 아동 귀가 시에 보호자가 직접 오지 않고 이웃에게 부탁하는 것 조차도 허용하지 않는다. 보호자가 제 시간에 학교에 도착하지 못할 경우 사전에 연락을 하면 보호자가 올 때까지 학교에서 아동을 보호해 주고, 반드시 보호자가 자녀와 통학을 함께할 수 있도록 한다. 12세 미만의 아동이 자기 집이라 하더라도 보호자의 보호 없이 두 시간 이상 방치되는 것 자체를 '방임'으로 간주하고 보호자를 고소고발 당하고 있다. 이처럼 아동 성범죄에 대한 법원의 강경일변도는 아동 성범죄가 국제화되고 있는 것에 주목하고 있기 때문이다.

2003년 5월 12일 캐나다 토론토에서는 10살의 아동이 실종된 후 살해되는 끔찍한 사건이 발생했다. 홀리 존스의 실종신고가 접수되자 경찰은 즉시 '황색경보(우리나라의 엠버)를 발령하고 자원봉사자 등 대대적 인원을 투입해 주변을 수색했지만 홀리를 발견하지 못했다. 다음 날 온타리오 호숫가에서 비닐 백에 싸인 토막 난 시체가 발견됐다. 경찰은 검사를 통해 사체의 주인공이 홀리 존스라는 것을 확인했고, 살인범을 찾기 위해 홀리집 주위의 이웃주민들에게 DNA 샘플을 요구했다. 경찰의 요구에 주민 대다수는 수사에 협조했으나, 마지막까지 1명은 거부했다. 경찰은 그가 버린 쓰레기봉지 속 음료수 캔에서 샘플을 찾아, 홀리 존스 사체의 손톱에 남아있던 피부조직과 동일함을 확인한 뒤 마이클 브리에르(당시35세)를 범인으로 체포했다. 경찰에 의하면 그의 범죄 동기는 아동포르노에 중독되어 범죄를 저지른 것으로 밝혀냈다. 캐나다 법원은 징역 25년을 선고하고 가석방금지라는 조건도 붙였다.

영국

영국도 「성범죄법(Sexual Offence Act)」에 "아동 성폭행범의 경우(징역형의 하한 없이) 무기징역까지 처할 수 있다"는 법 조항이 있어 아동성범죄에 대한 강력한 처벌의지를 가지고 있는 국가이다. 영국은 13세 미만의 아동성폭행범에게는 최저 15년을 선고하도록 하고 최대 무기징역까지 선고할 수 있는 양형기준을 적용하도록 하고 있다. 한발 더 나아가 2008년 9월에는 성폭행범에게 위성위치추적기가 달린 전자팔찌를 채워 24시간 감시하는 제도를 도입했다. 2000년 여아 성폭행범 '로이 윌리엄 휘팅'이 출소 3주 만에 7세 소녀 '사라 페인'을 납치, 성폭행 후 살해한 사건이 발생한 뒤 아동 대상 성범죄자가 출소하면 72시간 내에 해당 경찰서에 이름과 거주지를 신고하도록 하는 조치를 했다. 우리나라의 성범죄자 신상공개제도와 비슷한 제도이다. 영국 역시 사라 페인(Sarah Payne)이란 8세 여아가 실종 16일 만에 강간 살해된 채 발견된 후 성범죄자 신원을 공개하는 사라법(Sarah Law)을 만들었다. 성범죄 유형을 세분화하고 유형에 따른 양형 기준과 범위, 가중감경 요소를 세밀하게 분류했으며 아동성범죄에 대한 화학적 거세법 도입을 결정했다.

독일

독일은 아동 성범죄에 대해서는 공소 시효를 20년으로, 아동 성학대는 10년으로 규정하고 있다. 상습적 성 범죄자에 대해서는 화학적, 또는 물리학적 거세도 할 수 있으나 본인의 동의가 있어야 하기 때문에 실제로 시행되는 경우는 드물다. 성범죄자는 또 출소 후에도 경찰에 자신의 거주지를 정기적으로 통보해야 하며 수사 당국은 재범자에 한해 DNA 데이터베이스를 구축하고 있다.

그 밖의 나라

스위스에서는 어린이 성폭행범에게 더 가혹한 처벌을 내리고 있다. 어린이를 상대로 한 성폭행범에게는 무조건 종신형을 선고하고 있다. 일반 법률에서도 아니고 헌법상에서 규정하고 있다. 2004년 이런 내용을 골자로 한 법안이 국민투표에서 통과돼 연방헌법에 명기되었다. 따라서 스위스에서는 어린이를 성폭행한 범인은 종신형을 받는다. 어린이를 상대로 한 범인의 죄질이 나쁘다는 국민의 공감대와 재범을 막기 위한 필요성 때문이다. 또 수감된 성범죄자는 2명의 정신과 의사로부터 '완치가 가능해졌다'는 명백한 증거가 발견될 때에 한 해 치료를 전제로 석방될 수 있다. 스위스의 이러한 강력한 처벌은 스위스에서 어린이 성폭행이 근절되는 효과를 보고 있다고 한다.

러시아에서도 아동성폭행범에 대한 강력한 처벌을 지향하는 국가라고 할 수 있다. 안토 벨랴코프 국가두마(하원) 의원은 최근 러시아 법원에 아동 성폭행범에 대한 처벌 강화를 요구했다. 벨랴코프 의원은 14세 미만 아동에게 성추행과 성폭행을 한 범죄자들에게는 무조건 무기 징역형을 받게 하거나, 12년에서 20년 형을 받고 출소했을 때 약물을 정기적으로 복용시켜 성욕을 없애버리는 '화학적 거세' 방안을 제시했다. "러시아에서 한해 1천300명의 어린이가 성폭행을 당하고 있다. 인권운동가들이 어떤 주장을 하든지 간에 화학적 거세는 어린이들을 죽이고 성폭행하는 흉악범들에게 우리가 내릴 수 있는 가장 작은 벌이다. 의학적으로 아동 성폭행은 고칠 수 없는 정신병으로 밝혀졌고, 출소한 범인 중 97%가 2년 안에 다시 같은 범죄를 저지른 것으로 조사됐다. 그들은 절대 사회의 일원이 될 수 없으며 우리는 그들로부터 미래가 창창한 건강한 사람들을 지켜낼 의무가 있다"고 주장하며 입법의 의지를 보이고 있다.

폴란드에서는 아동 성폭력범에 대한 화학적 거세를 강제화하는 법을 만든 최초의 유럽국가이다. 영국, 독일, 스위스, 덴마크, 스웨덴 등 유럽 일부 국가들이 성범죄자에 대해 본인이 희망할 경우 심리치료를 병행해 화학적 거세를 실시하고 있으나 이를 법적으로 강제화한 나라는 아직 없다. 법안 개정안에 따르면 법원은 아동 성폭력범에 대해 출소 6개월 이전에 화학적 거세를 명령할 수 있게 된다. 의사들은 화학적 거세를 하더라도 약물 투입을 중단하면 정상으로 돌아오기 때문에 장기적으로는 성적으로 큰 문제가 발생하지 않는다고 밝히고 있다. 폴란드는 한 남성이 친딸을 15세부터 6년간 성폭행해 두 아이를 낳게 한 사건이 발생한 후 도날드 투스크 총리의 주도로 형법 개정을 추진했다.

체코에서는 물리적 거세까지 시술하고 있다. 체코에서는 지난 10년 간 최소한 94명의 성범죄자들이 법적 처벌의 일환으로 외과적 수술에 의해 고환이 제거되는 물리적 거세를 했다. 수술을 거부할 경우 평생 감옥에서 나오지 못할 것이라는 두려움 때문에 수술을 '자원'하고 있다고 한다. 인류의 범죄 중 가장 흉악한 범죄로 분류되는 여자어린이 성폭행범에 대한 체코 국민들의 결연한 의지를 발견할 수 있는 부분이다.

싱가포르는 공공질서 규율이 엄격하기로 유명한 나라이다. 아동성범죄에 대해서도 강경한 태도를 취하고 있음은 물론이다. 성범죄자를 수용중인 교도소에서 불시에 해당인을 불러내 태형을 가하는 특이한 제도를 시행하고 있다고 한다. 이는 단순한 징역으로는 안 되겠다는 사회의 여론에 따른 것으로 보인다. 태형은 등나무로 만든 길이 1.2m, 두께 약 3㎝의 회초리로 교도관 3명이 번갈아 내리치는 다소 우스꽝스러운 처벌이다. 그러나 성범죄를 저지른 범죄인에게는 고통스럽기도 하고 인격적인 모멸감을 갖기에 충분한 것이다. 태형 중 엉덩이가 갈라지고 피가 나면 집행을 잠시 중단하고 소독약을 발라준 뒤 또 다시 집행된다. 태형은 성인 남자가 한 대만 맞아도 정신이 혼미할 정도로 엄청난 강도라고 한다. 보통 2-3대 맞으면 쓰러지고 심하면 육체적·정신적 쇼크도 온다고 하니까 정신이 번쩍 들기는 할 텐데 그렇다고 그 못된 버릇이 사라질지는 미지수이다.

중국도 어린이 성폭행범에 대해서는 관용이 없다. 중국은 14세 이하 미성년자와 성관계를 할 경우 합의여부나 기타 상황에 상관없이 무조건 사형에 처한다. 어린 여학생들을 4년간 강간해 온 중국 초등학교 교사가 총살형을 당했다. 지린(吉林)성 고급인민법원은 2002년 아동강간죄로 기소된 퉁화시모 초등학교 교사인 리(26)모씨에 대해 사형을 선고했고 곧 총살형에 처해 졌다. 리 교사는 초등학교 담임을 맡은 4년 동안 모두 19명의 여학생을 지속적으로 성추행하거나 강간해 온 것으로 드러났다. 1998년 이 학교에 부임한 그는 작년 8월 또 다시 여학생 1명을 성폭행하려다 학생의 반항으로 그 동안의 일이 드러나 도주했으나 곧 경찰에 체포됐다. 학교 측은 피해 학생의 부모들에게 총 13만 위안(약 1,950만 원)의 정신적 피해 보상비를 지급했으며 교장과 교감은 해임됐다.

제5부

어린이 성폭행근절을 위한 제언

이제 까지 우리나라 성폭행의 실태와 원인 등과 외국의 사례에 대하여도 알아 보았다. 그러나 어느 나라고 어린이 성폭행에 대한 "이것이 정답이다"라고 할 수 있는 법과 제도는 없다고 할 수 있다. 세계 각국도 어린이 성폭행 문제에 대비하여 이런 방법과 저런 방법을 시도하고 있는 중이다. 세월호의 사건이 어느 한곳 한사람의 잘못이 아니듯 어린이 성폭행도 여러 가지 원인이 쌓여 나타난 사회병리현상임에는 틀림없다. 그러나 우리나라와 다른 것이 있다면 사건에 대한 처방이 즉각적이고 유효적절하다는데 있다. 이른바 실효성 있는 대책을 시의 적절하게 사용함으로써 그 사회에 제때에 경고를 하고 있다는 점이다. 우리의 경우 무엇을 제도화하는데 시간과 논란이 너무 많이 따라 제때경고의 타임을 놓치는 경우가 많다. 그간 어린이 성폭행 문제를 전향적으로 검토하여 많은 불합리한 제도를 어렵게 고쳐왔다고 할 수 있다. 그럼에도 불구하고 현재의 어린이 성폭행예방을 위한 완벽한 제도가 만들어 졌다고 말하기 어렵다. 앞으로 한국사회가 어떻게 변화해야 되고 어떤 정책을 펴야 어린이성폭행을 막을 수 있겠는가? 이러한 광범위한 문제점과 대책을 나름대로 정리해 보고자 한다.

아직도 모자란 법과 제도

　아동·청소년 대상 성범죄가 기승을 부리고 사회문제화 되면서 국민들은 공분을 넘어 이 나라가 아이들조차 키울 수 없는 나라인가에 대한 국민적 회의가 온 나라에 팽배하여 갔다. 시민단체와 언론 등에서는 무른 법과 법원이 관대한 처분을 성토하는 등의 여론이 들 끓었다. 대통령이 나서 4대폭력(성폭력·가정폭력·학교폭력·불량식품)에 대한 원인과 처방을 주문하기도 했다. 법무부·여성가족부·경찰청 등 관계기관에서는 어린이 성폭행 방지를 위한 각종 대책을 쏟아냈다. 국회에서는 어린이 성폭행범에 대하여 그 형량을 높이는 조치를 취하기도 했다. 어린이 성폭행범인에 대하여 전자팔지를 채울 수 있는 제도를 도입하였으며 범인의 신상을 공개하는 제도도 만들었다. 그래도 어린이에 대한 성폭행은 줄어들지 않았고 성폭행범에 대한 법원의 관대한 처분도 줄지 않았다. 여성가족부에서는 원칙적으로 집행유예를 하지 못하도록 형량을 살인죄보다도 높이도록 하는 법안을 국회에 제출했다. 국회 여성가족위원회는 2014년 4월 28일 전체회의를 열고 아동·청소년을 성폭행하거나, 유사 성폭행한 성인은 집행유예를 받을 수 없도록 형량을 강화한 아동·청소년의 성보호에 관한 법률 개정안을 통과시켰다. 개정안은 19세 이상의 성인이 폭행이나 협박으로 16세 미만의 아동·청소년을 성폭행할 경우 무기징역 또는 7년 이상의 유기징역에 처하도록 해 집행유예 선고가 불가능하게 하는 안을 신설했다. 법원에서 아동성폭행범에게 집행유예를 선고할 수 없도록 하자는 것이다. 현행법에는 가해자 연령에 상관없이 무기징역 또는 5년 이상의 유기징역에 처하도록 해 재판 과정에서 감경 받으면 집행유예가 가능한 것을 원천적으로 막아보자는 취지다. 개정안은 또한 16세 미만 아동·청소년을 대상으로 한 성인 유사 성폭행범도 7년 이상의 유기징역에 처하도록 하는 안을 신설했다. 개정안은 성인들이 아동·청소년의 성을 사려고 이들을 유인한 자 등은 3년 이하 징역 또는 3000만 원 이하의 벌금을 물리도록 처벌 수위를 상향했다. 지금은 1년 이하 징역 또는 1000만 원 이하의 벌금으로 규정돼 있다. 위원회를 통과한 법안은 법사위를 거쳐 본회의에 상정될 예정이다. 일부 국회의원들은 살인죄보다 높은 형량과 법원의 재량권을 제약한다는 이유로 통과를 주저하고 있다는데 끔찍한 아동성폭행살해사건이 끊이지 않고 있는 현실에서 입법의 지체는 또 다른 아동성폭행의 원인이 될 것이다. 미국을 비롯한 선진국의 경우 아동성폭행의 경우 최소한 25년 이상의 형량을 부과하고 있다는 것을 알아야 한다.

사형제도의 부활

사형반대론자들은 인간이 존엄한 이유는 신의 선물인 생명을 가지고 있기 때문이라는 주장을 펴고 있다. 생명권을 빼앗는 것은 신의 영역에 도전하는 행위이며 인도주의에 거슬리는 행위이라는 주장이다. 응보의 관념을 강조하는 사형제도는 범죄인의 교화보다 피해자의 분노를 표출하는 자기만족 행위에 불과하다고 주장하기도 한다. 특히 인권을 강조하는 사람들은 사형은 생명을 경시하는 미개사회의 한 표본일 뿐만 아니라 잘못된 판결에 대한 구제방법이 없다고 주장하기도 한다. 또한 범죄예방효과가 없고 흉악범죄가 줄어들지 않는다고 강조한다. 한국은 지난 97년 이후 사형을 집행을 보류하고 있어 인권선진국의 대열에 들어섰다고 자랑스럽게 주장한다. 생명권이 존귀하고 이 세상에서 그 무엇과도 바꿀 수 없는 인간존재의 근원임에는 누구도 부인할 수 없다. 때문에 생명권은 국가의 권력까지도 직접 구속할 수 있는 효력을 가지고 있고 개인과 개인 간에도 효력이 미친다고 할 수 있다. 따라서 국가는 생명권을 최대한 보장해야 할 의무가 있고 개인과 개인도 타인의 생명을 존중해야 할 의무가 생기는 것이다. 우리 헌법도 헌법 10조에서 인간의 존엄성에 관하여 규정하고 제 12조에서 신체의 자유 등을 규정하고 있다. 모두 인간의 생명권의 존귀함을 보장하기 위한 헌법정신이다. 그러나 그러한 권리는 사회공동체의 약속된 규범을 서로 존중하는데서 부터 생성되는 권리이다. 즉 나의 생명권이 귀중하듯이 남의 생명도 존중되어야 하는 극히 기본적인 바탕에서 출발되어지는 것이다. 대법원 판례도 '인간의 생명을 부정하는 등의 범죄행위에 대한 불법적 효과로서 지극히 한정적인 경우에만 부과 되는 필요악으로서 선택된 것이며 사회공공의 안녕과 질서를 유지하기 위한 것으로서 헌법에 위반되는 것은 아니다'라고 판시하고 있다. 생각해보면 사형은 남의 생명권을 박탈하는 것으로서 있어서는 안 되는 일 중의 하나이다. 그러나 우리의 어린 딸들이 범인들에게 유인되어 무자비한 성폭행을 당한 것도 모자라 참혹한 방법으로 무참하게 토막 살해당하는 현장을 목격하게 되면 사형에 대한 생각이 달라진다. 그들에게 무슨 죄가 있어 채 피지 못한 어린이를 성폭행하고 토막살해까지 해야 되는가? 생명이 끊어지기 전 어린 딸들이 겪었을 공포·두려움·전율 등은 우리의 모공까지 서늘하게 만든다. 이들은 이미 인간이기를 포기한 자들이고 겉모양만 인간이지 동물이다. 동물 중에서도 '하이에나'와 같은 존재들이다. 인간이기를 거부한 이들은 부끄러움과 반성을 전혀 모르는 '들개 떼'와 같다. 이들은 자신들이 저지른 흉악무도한 범죄에 대해 오히려 '피해자들이 재수가 없었고 반항을 했기 때문'이라고 떠들어 댄다. 자신들의 형량이 너무 과하다고 항소와 상고도 서슴지 않고 있다. 우리가 왜 그들과 인권과 문명국을 논하며 그들과 같이 이 땅의 공기와 물을 마시며 살아야 하는지 암담할 때가 많다. 네 살배기 딸을 납치하여 성폭행하고 그것도 모자라 토막 내어 변기나 쓰레기로 버리는 자를 이 세상에 살려둘 가치가 있다는 말인가? 안양 어린이토막사건의 진이 아빠는 딸을 잃은 괴로움 때문에 6년 넘게 거의 하루도 거르지 않고 마신 술이 원인이 되어 사망했으며, 끔찍한 납치 살해의 피해자였던 우(사건 당시 9세)양의 언니는 더는 '우'씨 성을 쓰지 않는다. 이름도 '예'자 돌림을 자매가 함께 썼지만 이마저도 바꿨다. 가족이 오순도순 살았던 경기 안양시를 버리고 피해가족은 멀리 다른 곳으로 떠나 살고 있다. 이러한 고통을 안겨준 이들에게도 생명권을 보장해 주어야 하는가? 사형폐지론자들과 인권을 주장하는 분들에게 묻고 싶다. 이 땅에는 가해자의 인권만 존재하고 피해자와 그 가족의 인권, 그리고 일반국민의 인권감정은 존재하고 있지 않다는 말인가? 인간으로서 도저히 상상조차 할 수 없는 여자 어린이 성폭행 살해범에게 언제까지 인권을 담보로 하여 관용을 베풀어야 하는가? 나는 사안별로 따져 이 땅에 법이 살아 있고 정의가 살아 있다는 것을 보여주기 위해서라도 사형제도의 부활이 꼭 필요하다고 생각한다. 그리하여 어린이 성폭행이 근절될 때까지라도 무지막지한 여자어린이 성폭행범에게는 사형 또는 사회와 완벽한 격리 말고는 달리 방법이 없다고 생각한다. 이것만이 이 땅에 태어나 채 피지 못하고 무지막지 한 성폭행을 당하고 토막살인 의 제물로 희생되어져 간 우리 딸들의 영혼을 달랠 수 있는 유일한 방법이다. 그리고 이러한 단호한 처벌과 완벽한 사회와의 격리만이 반복하여 일어나는 성폭행 살해범을 없앨 수 있는 방법 중이 하나이다.

국민들도 사형제도의 부활을 바라는 여론이 높다. 공공의 안전과 국민의 생명을 보장하고 책임져야 하는 정부가 허울 좋은 인권타령에만 귀 기울이고 있는데 국민의 한사람으로 옳지 않다고 생각한다. 정부는 인권이라는 고리타분한 명분에 집착하여 직무유기를 하고 있는 동안에 국민들의 범죄에 대한 불안과 정부에 대한 불신은 증폭된다. 잔인무도하고 짐승 같은 범인, 같이 이 시대를 살아가기를 포기한 성폭행 토막 살인자들에게는 사형과 사회와의 완벽한 격리밖에 없다고 단언한다. 이러한 처방이 있어야 범죄예방 효과가 살아나고 나라의 기강이 바로 설 수 있다고 생각한다. 단란한 가정에 씻을 수 없는 상처를 준 사람을 평생토록 먹여 살리려고 세금까지 갖다 바쳐야 하는 피해자 가족과 국민이 어디 있겠는가? 자기 행위에 대한 책임을 철저히 지게끔 하는 사회가 도덕적으로 건강하며 정신적으로도 성장발전이 지속가능하다. 사형을 반대하는 인권론자들은 사형은 인간의 존엄과 가치를 부인하는 야만적 형벌이다. 흉악범죄 억제 효과도 입증된 바가 없다고 주장한다. 유엔은 "사형 집행이 종신형보다 더 큰 예방효과를 갖는다는 사실을 입증하는 데 실패했다"고 밝히기도 한다. 캐나다는 1980년대 사형제를 폐지한 이후 살인이 오히려 줄어들었다고 주장하기고 한다. 국제 앰네스티에 따르면 조사 대상 198개국 중 사형제를 폐지했거나 10년 이상 집행하지 않은 나라가 한국을 포함해 141개국에 이른다. 경제협력개발기구(OECD) 회원국 중 사형을 실제 집행하는 나라는 미국과 일본뿐이라고 주장한다. 그들 나라는 토막 살인과 같은 끔찍한 범죄가 일어나지 않는 나라들이다. 그 나라의 범인들은 살인의 대상·방법 등에도 차이가 있는나라 이다. 우리나라와 같이 4살 된 여자어린이를 성폭행하고 토막 내 변기에 쓰레기로 버리는 흉악범들은 없었다. 사형집행의 중단으로 우리나라 강력범죄와 살인 범죄 발생률은 30%이상 상승했고, 영국 또한 1966년 사형제를 폐지한 후로 살인범죄 발생률이 60% 이상 상승했다는 사실에 주목할 필요가 있다. 대학생 573명을 대상으로 질문한 결과 76%가 '집행을 찬성한다'고 답하였는데 이유로는 '범죄에 대한 경각심을 주기 위해서'가 44%로 가장 높았으며, '합당한 처벌이라고 생각해서'가 35%로 그 뒤를 이었다. 계속해서 '흉악범죄자는 교화될 수 없다고 생각해서'(18%) 등의 답변이 이어졌다. 포털 알바인(www.albain.co.kr)이

조사한 결과이다. 더 이상 인권이라는 이름으로 사형의 존재가치가 시들어져서는 안 된다. 타인의 생명을 가볍게 여기는 자들에게 관용의 잣대를 거두어 주길 기대한다. 더 이상 우리사회에 남의 생명을 헌신짝 정도로 생각하며 끔찍한 범죄를 저지르는 자들과 함께 살아갈 수 없다.

사회에서 영구적으로 격리해야

흉악스럽고 잔인한 어린이 성폭행범의 경우 사형을 단행하더라도 범죄의 사안에 따라 사형의 양형을 받지 못하는 범인에 대하여는 어떻게 할까? 아동 성범죄자는 법이 허용하는 한 사회로부터 영원히 격리해야 한다는 것이 많은 학계·경찰·정신의학자·부모들의 공통된 의견이다. 왜냐하면 화학적거세나 치료감호로도 고칠 수 없다는 것이 현재까지의 결론이기 때문이다. 표창원 전 경찰대 교수는 "미국·스위스·캐나다 등 선진국 의학계가 성도착과 성격장애를 가진 성범죄자들에 대한 치료 효과가 거의 없다"는 의견을 내고 있다. "증상이 나아졌다는 확실한 진단이 없는 이상 사회에 복귀시켜선 안 된다"는 것이 이들의 주장이다. 실제로 미국의학협회 과학국이 도착적 성충동 억제를 위한 행동치료 효과를 장기간 연구한 결과 최초 몇 년간은 효과를 보이지만 대부분 재발했다는 보고를 냈다. 1999년 호주 정신의학자 다니엘 맥코나기와 캐나다 토론토 클라크 정신의학연구소의 '소아기호증' 치료 연구에서도 효과가 없는 것으로 나타났다. 이런 이유로 많은 나라들에서는 재범 가능성이 있는 아동 성범죄자를 반영구적으로 격리시키는 것을 원칙으로 하고 있다. 94년 미국 캔자스 주는 아동 성폭행으로 10년형을 마치고 출소하는 아동 성폭행범 리로이 핸드릭스(당시 62세)의 재범을 우려해 '성 맹수법 (Sexual Predator Law)'을 만들었다. 재범 가능성이 있는 성범죄자는 형기 만료 후 재범 우려가 해소될 때까지 정신병원에 강제 입원시키는 내용이다. 프랑스도 2007년부터 성범죄 등 특정 중대 범죄자는 출소 전 1차로 정신과 의사, 2차로 판사 3명의 재범 가능성 판단 과정을 거치도록 했다. 만약 한 명이라도 재범 우려를 표명하면 특수 치료시설로 옮겨 사회와 격리시켜야 한다. 정부와 국회는 최근 어린이를 강간한 후 토막 살해사건이 연이어 발생하자, 아동·청소년에 대한 강간 등의 처벌이 강화되고 범인의 공개·전자팔찌제도·화학적거세제도 등을 도입하였다. 그럼에도 아동성폭력 사건이 증가하고 있는 원인은 무엇일까? 이는 처벌강화가 어린이성폭력범을 근절시키는 유일한 대안이 될 수 없다는 것을 의미한다. 처벌강화는 어린이 성폭력범을 줄이는 여러 가지 대책 중의 일부분일 뿐임을 입증한다. 각국도 어린이 성폭행을 근절시키기 위한 여러 제도에도 불구하고 예방·재발방지의 효과를 거두지 못하고 있는 것이 사실이다. 그래서 성범죄자의 재발방지를 위한 가장 좋은 방법은 의심스러울 때는 영원히 사회와 격리시키자는 것이다. 이것만이 사회를 안전하게 만드는 지름길임을 알아야 한다. 즉, 성범죄자는 일정기간 동안 사회와 확실하게 격리시키는 것이 실효성 있는 성범죄자 대책이자 아동·청소년에 성보호 대책이라고 할 수 있다. 성범죄자를 교화시키는 프로그램을 개발하여 교육시키고, 그래도 되지 않을 경우에는 사회와 영원히 격리되도록 하여야 한다. 어린이 성폭력범에 대한 대책으로 정신병일 수 있다는 판단으로 적극적인 치료적 개입을 하여야한다. 병원의 환자도 불치병이 존재하듯이 범죄자도 격리만이 유일한 치유일 수 있는 범죄자도 있다. 아동대상 성폭력범죄자들은 일종의 인격·성격장애를 가지고 있는 경우가 대부분이고 그들이 저지른 범죄에 대하여 죄의식이나 반성 없이 오히려 피해자에게 일부의 책임으로 돌리는 경우가 많은데 이는 사회복귀 가능성이 희박함을 증명하는 것이다. 이러한 자들을 사회에 복귀시켜 전자팔찌·치료감호제도·우범자관리 등의 불완전한 제도의 도입으로 사회를 불안하게 하지 말고 그들을 영원히 사회와 격리시킴으로써 더 이상 제2, 제3의 희생자가 발생하지 않도록 해야 할 것이다. 이것만이 우리의 아동·청소년을 보호할 수 있는 가장 안전한 방법이다.

아동·청소년 대상 성폭행범죄의 신고·권리고지 의무화

아동과 청소년을 상대로 한 성폭행범이 활개를 치고 있는 이유 중의 하나는 한국적인 사회 분위기와도 관련이 있다. 가부장적인 문화의 잔존, 술주정꾼에 대한 관대함, 남의 일에 관여하지 않으려는 풍조, 여자 아이를 귀여워하는 기존의 사고방식 등이다. 아버지는 가장으로서 가족을 마음대로 할 수 있을 뿐만이 아니라 밖에서도 그 연장선상에서의 사고방식을 가지고 있는 사람들이 많다. 술에 취해 하는 행동에 대해서는 '그럴 수 있다'는 관대함이 남아 있는 연장선상에서 여성들에 대한 실수나 폭행을 너그럽게 받아주는 풍조, 남의 일에 관여하게 되면 나(우리)에게도 화가 미칠 수 있다는 관념의 연장선상에서 불의나 부당함을 봐도 이를 모른 척 하는 풍조의 만연, 어린이를 좋아하는 방식일 수 있다는 관용 등의 풍조가 있어 여성에 대한 성폭력이 줄어들지 않고 있다고 분석해 볼 수 있다. 이런 사회분위기를 확 바꾸어야 한다. 특히 불법과 불의를 눈감고 아동·청소년의 성폭행을 알고도 모른 체한다면 오늘을 살아가는 사회의 일원으로서 의무를 다한다고 볼 수 없다. 즉 사회공동체로서의 책임을 회피하는 것으로서 일정하게 법의 제제를 받아야 한다는 것이다. 미국·프랑스 등 선진국에서는 법으로 만들어 시행하고 있다는 것을 눈여겨볼 필요가 있다. 아동·청소년의 보호시설·교육기관·치료시설·상담시설 등에서 종사하는 사람들은 물론이고 일반국민들에게도 일정한 기준을 정하여 신고의무를 부과하자는 것이다. 신고할 수 있는 곳은 행정기관이나 사법기관이다. 이와 같이 아동·청소년 대상 성폭행 범죄의 신고를 강제하고 위반 시 형사처벌을 가하는 제도를 도입할 필요는 공동사회를 보다 행복하고 정의가 살아 숨쉬는 공간으로 만드는데 있는 것이다. 물론 우리나라의「성폭력특별법」도 18세 미만의 사람을 보호하거나 교육 또는 치료하는 시설의 책임자 및 관련종사자가 성폭력의 피해자인 사실을 안 경우에 수사기관에 신고할 의무를 부과하고 위반한 경우 300만원 이하의 과태료에 처하도록 하고 있다. 그러나 이러한 규정에도 불구하고 실제의 적용사례는 거의 없는 사문화된 규정이라고 할 수 있다.「청소년보호에관한법률」,「청소년보호법」,「아동복지법」에서도 유사한 규정이 있으나 신고위무위반자에 대한 제재장치를 만들어 놓지 않았다. 이처럼 아동 성폭력 범죄에 대한 사회적 책임의식의 결여로는 성폭력피해자에 대한 보호의 실효성을 기대할 수 없다. 이 땅에 살고 있는 모든 사람으로부터 아동·청소년에 대한 성폭력 범죄가 수사기관 등 책임 있는 기관에 신고 되어야만 성폭력분야에서의 암수를 줄이고 범죄자는 반드시 처벌을 받게 된다는 인식을 심어줄 수 있다. 아동성폭력을 줄이려는 사회안전망의 구축은 이러한 꼼꼼한 제도의 구축에서부터 출발 되어야 한다. 혹자는 아무런 관련 없는 사람에게 이러한 의무를 부과하는 것은 행위자책임이라는 일반법의 원칙에 반하는 것으로써 위헌의 소지가 있다는 주장을 펼 수가 있다. 그러나 안전한 사회의 일원으로 살아가기 위한 신고의무화와 이에 따른 제재는 설득력을 갖는다. 여기서 프랑스의 제도를 살펴 볼 필요가 있다. 프랑스 형법은 범죄불고지죄(제434-1조)와 구조의무불이행죄(제223-6조)에 의해 범죄에 대한 신고의무와 함께 위험에 처해있는 자에 대한 원조 또는 신고를 강제하고 있다. 그러나 무엇보다도 아동 학대 등 불고지죄(제434-3조)를 마련하여 15세 미만의 아동 또는 장애인의 결핍·학대·성폭력을 당하는 등 핍박상태에 있다는 것을 알고 있는 자가 그 사실을 사법 또는 행정기관에 통보하지 아니한 때에 3년 이하의 구금형 및

45,000유로로 이하의 벌금에 처하도록 하고 있다. 신고는 구체적으로 지방자치단체에 알려 아동에 대한 보호조치를 취하게 하거나 수사기관에 알려 수사가 이루어지도록 하는 방식으로 이행된다. 이처럼 넓게는 범죄피해자, 좁게는 성폭력 피해아동의 보호받을 권리는 부모나 보호시설의 종사자뿐만 아니라 일반 시민들에게도 참여와 책임의식을 유도하고 있다는 점에서 범죄를 남의 일로 간주하는 풍조가 만연한 우리와도 사뭇 다르다. 또한 신고의무는 그 효과로서 대다수의 성폭력사건이 형사사건으로 처리되지 않고 묻혀버리는 암수범죄의 문제를 대폭 개선할 수 있다는 장점이 있는 것이다. 일단 사건이 형사절차로 진입하는 경우 수사기관은 수사초기에 형사절차 제반에 대한 정보제공뿐만 아니라 피해회복에 대한 정보도 동시에 제공한다. 즉 형사소송법은 사법경찰관리로 하여금 피해자에게 손해배상을 받을 권리, 사인소추를 할 수 있는 권리, 사인소추를 하는 경우 변호인의 조력을 받을 권리, 공공기관 또는 피해자지원위원회로부터 구호를 받을 권리, 일부 특정범죄(15세 미만의 아동에 대한 강간 등)와 관련하여 범죄피해자배상위원회에 구조금을 청구할 수 있는 권리 등을 고지하도록 하고 있다. 성폭력 피해를 당하여 황망한 상황에서 수사기관에서 범죄피해자가 국가로부터 정보의 제공·구호·배상 등의 권리를 고지 받는 것 자체만으로도 위안을 받을 수 있을 것이다. 따라서 우리나라도 일단수사가 개시되면 수사초기에 피해자에 대한 권리고지가 이뤄져야 한다. 즉 피해회복과 관련하여 민사소송 또는 배상명령절차에 의하여 손해배상을 받을 수 있으며, 범죄피해자구조법에 따라 구조금을 신청할 수 있으며, 성폭력범죄의 신고와 관련하여 신변보호를 요구할 수 있다는 사실을 고지하고 성폭력상담소 등 각종 지원시설에 관한 정보를 제공할 의무를 형사소송 또는 아동보호법 등에 명문화해야 한다.

신속한 피해회복 시스템의 구축

정부에서 실종자 가족들에게 지급되는 지원금은 가구당 연간 130만원 정도라고 한다. 종자 가족들은 이 돈으로 전단지를 만들어 배포하는데 사용하고 일부는 의료비로 사용한다고 한다. 정부의 지원예산은 연간 5000만 원 인데 전국에 실종자 가구수가 900여 가구에 이르는 것을 감안하면 턱없이 부족한 실정이라고 할 수 있다. 열악한 정부의 지원에 실종자 가족들은 재산을 처분하여 가족을 찾는 일에 쏟아 붓기도 한다. 실종자 가족들은 서로의 아픔을 달래고 상부상조하자는 뜻에서 2006년 실종자가족들로 결성된 사단법인 실종자찾기협회를 만들어 활동하고 있다. 실종자에 관한 각종 정보도 교환하면서 실종자들에게 관심을 쏟아달라고 정부에 독자적인 목소리를 내기도 한다. 그간 일부의 성과도 있었다. 2011년「실종아동법」을 개정하는데 이들의 의견이 많이 반영되기도 하였다. 즉, 아동의 범위를 종전 14세에서 만18세 이하로 높였으며 치매환자가 포함되었다. 그 만큼 실종아동의 범위가 넓어지게 되어 보호의 대상이 넓어지게 되었다. 또한 경찰에게 실종자의 위치추적권을 부여하게 되는 결과도 가져오게 되었다. 종전에는 경찰에 실종신고를 하더라도 고작 할 수 있었던 일이 피해자 가족들과 있을 만한 곳을 수색하는 것이 고작이었고, 범죄와의 관련성이 있다고 판단될 때 겨우 소방서에 의뢰하여 실종자의 위치를 파악할 수 있었다. 1분1초를 다투어 강력범죄에 대응하여야 할 경찰로서는 답답한 노릇이었다. 실종아동찾기협회는 불합리의 극치를 달리는 이러한 제도는 시급하게 개선하여야 한다고 목소리를 내 경찰에게도 일정한 요건 하에 위치추적를 할 수 있도록 한 것이다.

또 한 예를 들어보자. 법무부는 조두순 사건의 피해자인 나영이에게 범죄피해자 구조금 600만원을 지급했다. 나영이는 수원지검에 피해자 구조금을 신청해 피해자구조심의회의 심의 결과, 장애 1급 판정을 받아 이 같은 금액을 받게 됐다. 현행법상 구조금액 상한선은 3000만원이나, 조두순 사건 발생 시점이 관련법을 개정하기 전이라 당시 최고 금액이었던 600만원이 지급된 것이다. 이 액수는 나영이의 피해에 비해 너무 적은 액수가 아닐 수 없다. 그리하여 사회복지공동모금회에서는 조두순사건의 피해자인 나영이 돕기 캠페인을 벌였다. 2008년 10월부터 2009년 11월까지 총2억여 원이 모금되었다. 이 돈은 피해 어린이인 나영이 후원금 사회복지공동모금회에서 관리·집행하기로 했다. 나영이를 위한 의료관련비용 및 교육비·생계비 등으로 월100만원을 지급하고, 나영이에게 추가로 발생되는 비용에 대하여는 부모의 신청에 의하여 지원되도록 했다. 나영이가 만20세가 되는 시점에 미 배분된 지정기탁 성금에 대하여 당해 연도에 일괄 지급키로 했다. 이러한 조치는 이를 한꺼번에 수령했을 경우에는 기초수급인가정인 나영이네의 기초수급비가 끊기기 때문이라고 한다. 이와 관련 나영이 아버지는 한 신문과의 인터뷰에서 "조두순·김길태 같은 아동 성범죄자들은 가진 거라곤 몸뚱어리 하나뿐인 사람들이어서 피해 보상을 청구할 수도 없다. 국가와 가해자 양쪽 모두에서 보상을 받기 힘든 게 피해자들에게 가장 큰 어려움이다. 담당 공무원이 바뀔 때마다 목청 높여 싸워야 해결되는데, 이런 탁상행정이 매번 피해자 가족의 억장을 무너뜨린다. 성폭력 피해자는 개인정보 보호가 절실한 만큼, 가족들이 큰 목소리로 억울함을 주변에 알리기조차 힘든 상태임을 배려하는 더 세심한 복지행정이 필요하다"고 말했다. 나영이에게 지급되는 지원금(월100만원)으로 나영이의 장래를 위해 적금을 드니 안산시청에서는 나영이네를 기초수급자에서 제외시켰다. 나영이 아버지의 항의로 기초수급대상자로 회복되긴 했지만 정부의 성폭력피해자에 대한 복지행정이 획일적이지 못하고 주먹구구방식에 머물고 있음을 단적으로 보여주고 있다. 나영이의 치료비와 관련하여 나영이 아버지는 "나영이 치료비는 의료급여와 사회복지공동모금회에서 지원하는 성금으로 충당한다"고 말하고 있다. 나영이의 미래를 위해 쓰일 수 있었던 국민 성금이 치료비로 나가고 있는 셈이다. 나영이의 경우 국가가 전액 부담해야할 부분이다. 대부분의 성폭행 사건의 경우 피해자의 보호와 구제시스템이 작동하지 않는 가운데 그들은 원치 않는 결정을 하는 경우가 많다. 피해자 복지가 충분치 않은 탓에 성범죄 피해에 따른 치료비와 생활비 문제를 해결하기 위해 울며 겨자 먹기로 가해자와 합의를 하는 가족이 많은 것이 현실이다. 아동·청소년에 대상으로 성범죄를 저지르고도 가해자측과 합의를 하면 감형 요인으로 작용해 처벌이 제대로 이뤄지지 않는 것도 성범죄가 줄어들지 않는 큰 요인이었다. 사회안전망에 대한 국가 책임과 사회적 약자들에 대한 복지 지원 확대는 필연적이다. 나영이의 경우는 국민의 관심사였기 때문에 여러 가지 지원이 나은 상태이지만 다른 성폭행 범죄로 피해를 입은 가족의 경우에는 정부의 지원이 거의 없다. 이러한 불합리를 해결하기 위한 첫걸음은 법률의 개정이 필요하다. 형사절차내에서 배상명령이 가능하도록 상해·절도·강도·사기·공갈·횡령·배임·손괴죄로 한정되어 있는 대상범죄를 성폭력 등 실제로 국민이 피해를 입을 수 있는 범죄까지 확대하여야 한다. 만약 가해자로부터 배상을 받지 못하는 경우 국가나 자치단체로부터 구조를 받는 것이 필요한데 「범죄피해자구조법」에 따른 현재의 구조금지급제도는 유명무실하다는 비판을 면할 수 없다. 2010년 총 343건을 접수해 209건(60.9%)을 지급했고, 2011년 431건 중 287건(66.6%)을 지급한 것으로 집계된 것을 보아도 알 수 있다. 2006년부터 2012년까지 범죄피해자 구조금 지급건수는 1311건, 지급액은 약 185억 원인 반면, 이 중 성폭력 피해자에게 구조금이 지급된 건수는 70건, 구조금은 약 9억 원인 것으로 밝혀졌다. 이는 총 지급건수 및 지급액의 5%에 해당하는 것으로서 국가의 책임을 다한다고 볼 수 없다. 이러한 상황은 지급대상을 범죄피해자가 사망한 경우와 피해자가 장애를 입었을 경우로 한정하고 있기 때문이다. 가해자가 배상능력이 있는 경우에도 제외하고 있는 것도 문제점으로 지적되고 있다. 이 경우에는 국가가 소송을 대신하는 한이 있더라도 신속한 피해구제가 우선되어야 하는 것이 정부가 할 일이다. 이런 경우 범죄자의 재산을 은닉하는 것에 대비하여 국가가 피해자를 대신하여 재산을 추적하여 범죄피해자에게 충분한 보상이 이루어 져야 한다. 범죄피해자 구조금의 목적이 범죄 피해로부터 빠른 회복과 생활안정을 도모하기 위한 것이기 때문이다. 수사 단계에서부터 피해자 또는 유족에게 구조금 제도의 고지를 의무적으로 통보하도록 해야 하는 부분이다. 입법적으로 얼마든지 해결 가능한 일이다. 프랑스에서는 강간성적가해 15세 미만의 아동에 대한 성적침해의 범죄에 대하여 아무런 조건 없이 피해 전부에 대하여 신속한 구조가 이루어지고 있는 것에 주목할 필요가 있다. 특히 어린이 성폭력과 여성대상 성폭력 피해자에 대하여는 물리적인 치료비는 물론 정신적인 피해까지 보상하는 한편 생계비도 지원해 주어야 한다. 이러한 구조비 지급과 관련하여 범죄피해자 구조기금을 설립하여 운영할 필요성이 있을 것이다. 참고로 미국에서는 범법자들로부터 받는 벌금을 재원으로 하여 피해자를 돕는 구조금으로 활용하고 있는 것을 참고로 할 필요가 있다.

국제범죄에 선제적 대응

아동·청소년에 대한 성폭행 관련 범죄는 오래전부터 국제화되어 확산되고 있다. 국제범죄 조직의 형태는 아동의 성매매·아동포르노제작·웹사이트운영·아동성학대 등을 수입원으로 삼는다. 이를 위해 각국에서 아동을 납치하는 등의 범죄를 저지르고 있는 것이다. 세계 각국에서 일어나고 있는 실종 아동들이 이들 범죄조직과 연계되었을 가능성을 배제할 수 없다. 미국

국토안보부와 검찰이 2011년 8월에 72명을 검거한 아동포르노 범죄조직이 이를 증명하고 있다. 이 범죄조직은 12세 이하의 어린이들을 성적으로 학대하고 또 사진과 비디오를 촬영해 공급 및 유통시켜 왔는데 캐나다·덴마크·에쿠아도르·프랑스·독일·헝가리·케냐·네덜란드·필리핀·카타르·스웨덴·스위스 등이 포함됐다. 캐나다 경찰도 2013년 11월 국제적인 아동 포르노 조직의 384명을 검거하였다. 경찰에 구조된 아동이 386명에 이르고 있다. 이들은 해외 연수의 명목으로 유아에서 청소년에 이르기까지 모집한 뒤 캐나다로 데려와 포르노를 촬영하는 방법으로 포르노를 제작하여 이 동영상을 세계 각국에 판매한 것으로 밝혀졌다. 이 범죄조직은 캐나다108명, 미국 76명, 오스트레일리아와 스페인, 멕시코, 노르웨이, 그리스 등 세계 각국에서 164명이 포함되어 있었다. 2011년 3월에 네덜란드에서 아동포르노 조직 184명을 검거한 사건도 13개국의 공조 하에 이루어졌다. 230명의 어린이 피해자가 확인되었으며 네덜란드 이외에 벨기에·이탈리아·루마니아·호주·뉴질랜드·미국·캐나다·태국 등의 국가의 공조수사가 이뤄낸 결과다. 오래전의 일이지만 호주 연방경찰은 2004년 9월 인터넷 아동 포르노조직을 적발 200여명을 체포하고 변태성욕자에게 학대를 받던 어린이 7명을 구출한 사례도 있다. 인터넷을 통하여 국제적으로 거래되는 아동포르노물을 매개로 국제적인 아동의 인신매매 등의 부수 범죄가 기승을 부리고 있는 것이다. 영국의 '인터넷자율규제기구'인 '인터넷감시재단' 발표에 의하면 온라인 아동음란물은 50% 이상이 미국에서 생산되며, 러시아(14.9%), 일본(11.7%), 스페인(8.8%), 태국(3.6%)이 그 뒤를 잇고 있다. 우리나라도 아동음란물 생산의 2.16%를 차지하는 주요제작국가 중의 하나로 부상했다. 아직까지는 국내유통보다는 해외 사이트에 아동음란물 콘텐츠를 판매해 수익을 창출하는 것이 주된 형태이지만, 어느 정도 국내에 유통되고 있는지가 파악되고 있지 않기 때문에, 국내 유통 확대의 가능성도 크다는 지적이다. 대표적인 아동보호국제기구인 국제미아착취아동보호센터(ICMEC)의 2010년 조사에 따르면, 아동음란물 관련 구체적인 관련법 유무, 아동음란물에 대한 정의 유무, 컴퓨터를 이용한 범죄에 대한 규정 여부, 단순 소지에 대한처벌 유무, 인터넷서비스 검사 의무화 여부라는 다섯 가지 기준을 모두 만족시키고 있는 국가는 전체 196개국 가운데 미국·스위스·프랑스·필리핀·호주 등 8개국뿐이라고 밝혔다. 여기서 우리나라는 온라인 아동음란물에 대한 대책이 미흡한 국가로 분류되고 있다. 미국에서는 '가상'(아동이 실제로 출연하지 않는)아동음란물도 처벌의 대상이다. 특히 아동음란물 관련 회원제 사이트의 역사가 오래되고 유통되는 아동음란물의 규모도 크기 때문에 국제적인 공조에 의한 강력한 단속이 많이 이루어지고 있다. 국회 입법조사처는 "법과 정책의 사각지대에서 온라인 아동음란물은 은밀하게 제작되고 유통되기 때문에 그 규모조차도 파악하지 못하는 것이 현실이고 온라인 아동음란물은 그 자체가 아동에 대한 성적 착취이면서 동시에 잠재적인 아동성범죄의 온상이 될 수 있다는 점에서 그 위험성이 크다. 온라인 아동음란물의 제작과 유통에 대한 대대적인 단속뿐만 아니라, 처벌의 가중화 등 법·제도적 대처방안의 마련이 신속하게 이루어져야한다"고 강조하고 있다. 한국 경찰이 외국인의 성폭행 사건에 얼마나 등한시 하고 있는지를 알려주는 보도가 있었다. 그 보도내용을 인용해보자 『2014년 1월 6일 캄보디아 언론은 한국에서 원어민 영어강사로 일하던 한 남성이 14세 소년 성매매 혐의로 체포됐다고 보도했다. 그로부터 얼마 지나지 않아 그 캐나다인이 한국에서 약 10년 거주하는 동안 여러 미성년자들과 성관계를 가졌다는 소문이 온라인에서 돌기 시작했다. 호기심이 동한 나는 이 소문의 진상을 파헤쳐 보기로 했다. 한 달 가량 조사해 보니 단지 소문이 아니었다. 그 외국인이 한국에서 미성년자 소년들과 성관계를 가졌다는 증거는 한두 개가 아니었다. 경찰이 제대로 대응에 나서지 않았음을 보여주는 증거도 많았다. 그 캐나다인과 가까웠던 두 사람을 만나 철저한 익명을 전제로 그의 과거를 전해 들었다. 그들에 따르면 그 캐나다인은 2007년 한국에서 미성년자를 성추행한 혐의로 체포된 적이 있었다. 피해자의 부모는 가족이 창피를 당할까 두려워한 나머지 고소를 거부했다. 보다 더 확실한 증거는 그 캐나다인의 미성년자 성추행 현장을 목격한 사람이 녹음한 대화 내용이다. 약 40분에 달하는 이 대화 내용에 따르면 그 캐나다인은 한국뿐 아니라 미국에서도 미성년자와 성관계를 가진 것으로 보인다. 무엇보다도 놀라운 점은 관계당국의 무관심과 무대응 이었다. 2007년 사건의 경우 피해 소년 부모의 고소 없이는 경찰이 그 캐나다인을 상대로 할 수 있는 일이 없었다. 그러나 그가 체포된 뒤 수년에 걸쳐 추가적인 증거들이 확보됐음에도 수사 당국은 이를 진지하게 받아들이지 않았다. 그 녹음 내용을 알고 있는 한 동료 외국인 영어강사는 경찰에 이를 신고하려고 전화를 걸었지만 "경찰서로 전화를 걸어 온 외국인을 향한 경찰들의 웃음소리" 밖에 들을 수 없었다고 말했다. 한국 경찰의 대응에 실망한 그는 주한 캐나다 대사관에 이 사건을 알렸지만, 한국 경찰이 직접 수사에 나서지 않는 한 방법이 없다는 대답이 돌아왔다. 다른 외국인 영어강사는 영어교육기관 다수에 이메일을 보내 그 캐나다인에 대한 사실을 알리고 채용을 자제해줄 것을 부탁했다는 것이다.』 이러한 이야기를 들을 때 마다 한국경찰의 소극적인 대응에 실망하게 된다. 아동·청소년에 대한 성폭행에 관한 경찰의 불감증은 국격의 문제가 걸린 문제이다. 한국이 어린이 포르노제작 2.6%를 점유하고 있는 것이 현실이고 매년 아동의 실종 사건이 끊이지 않는 상황에서 인터폴 등 세계 각국과의 공조를 통한 선제적인 대응을 주저하고 있다면 경찰의 임무를 포기하는 것과 같다. 국제적인 공조체제는 단지 인터폴의 아동음란물 이미지 DB 멤버십 가입과 가상 국제 VTF(Virtual Global Taskforce)가입에 머물러서는 안 된다. 인터넷 상에 아동음란물의 차단과 단속도 중요하지만 보다 근본적인 국제 아동매매나 이를 통한 아동음란물의 제작의 근원지를 색출하는 작업이 더 중요하다.

IT를 활용한 실종자 종합관리시스템 구축

미국의 경우 연방수사국(FBI)에 실종수사전담반을 설치 24시간 운용체제를 유지하고 있다. 실종수사전담반에는 민간전문가의 실종사건수사에 대한 연구지원 체계도 마련돼 있어 실종사건이 발생하게 되면 즉시 수사팀에게 증거 추적을 조언하고, 수색과 수사에 대한 정보·노하우를 제공한다. 전담반에는 베테랑 경찰을 비롯해 범죄·심리·아동학 등 해당분야 민간 전문가들이 모여 다양한 정보와 수사기법을 교류한다. 실종 장소와 시점에 따라 단순실종인가 아닌가, 범죄와 관련이 되어 있다면 무엇이 목적인가를 판단하고 납치·유괴·유인이 의심된다면 범인의 유형과 수법은 무엇일 것인가를 조언한다. 사건이 발생한 지점으로부터 어떤 곳이 범행(납치·유괴·살해·시신유기)지점이 될 가능성이 있는가에 대한 판단도 한다. 그들은 또한 구체적인 수색 방법과 수색장비 등에도 조언과 참여를 통하여 사건해결에 도움을 주고 있다. 우리나라 어린이 실종 사건이 잘 해결되지 않고 있는 이유 중의 하나는 경찰의 수사에만 의존하고 있기 때문이다. 수사는 경찰만 해야 된다는 관념을 버려야 한다. 즉 민간인의 수사참여제도(사설탐정제도) 과감하게 도입하여야 한다. 그것이 사회를 범죄로부터 보호할 수 있는 하나의 방안이 될 수 있다. 민간에게 개방한다는 것은 경찰의 수사를 촉진하는 결과로 이어질 것이고 또한 경찰과의 협력을 하게 되면 시너지 효과도 기대할 수 있다. 미국은 위에서 언급한 연방수사국(FBI)에 실종수사전담반은 별도로 연방정부의 지원을 받아 실종 어린이 찾기를 전문으로 하는 민간기관도 운영 중인 것을 참고로 할 필요가 있는 것이다. 미국의 실종 및 착취당하는 아동을 위한 센터(National Center for Missing & Exploited Children)는 실종순간부터 찾지 못하면 끝까지 장기적인 실종자 찾기 업무를 하고 있다. 정부 예산과 시민성금 등으로 운영되는 NCMEC는 1984년부터 미국 내 미아찾기 단일망을 구축해 운영 중이다. 이 기관에 소속된 전직 경찰과 민간 전문가들은 장기 실종아동 수사를 위해 다양한 첨단장비를 활용한다. 성장하면서 얼굴이 변화하는 것을 알려주는 '얼굴 변환시스템'이 대표적이다. 이 장치는 연령, 성별, 유전적 요인 등 얼굴 변화에 영향을 주는 변화되는 요인과 부모 사진 등을 종합해 시간 경과추이에 따라 변한 실종아동들의 모습을 추정한다. 이곳에서는 경찰에서 단기적으로 해결하지 못한 사건을 포함하여 해결이 어려운 어린이 실종사건에 과학적인 방법으로 접근한다. 실종어린이가 나이가 들면서 변해가는 아이들의 얼굴모습을 추정하는 프로그램을 개발 하기도 하고 경찰에게 수사에 도움이 될 만한 단서도 제공하고 있다. 영국에서도 미국과 같은 경찰과 민간 전문가가 참여하는 경찰수사 보조기관이 설치되어있다. 경찰과 민간 전문가들로 구성된 NPIA(National Policing Improvement Agency)가 그것이다. 아동실종사건이 발생하는 즉시 범죄의 연관성을 분석해 경찰의 현장수색과 수사 방향에 도움을 준다. 미국과 마찬가지로 '한국실종자찾기종합센터'와 같은 경찰의 실종자찾기에 도움을 줄 수 있는 별도의 '민간인참여대책기구'를 만드는 것이 필요하다. 전국의 250여 경찰서에 실종자를 찾기 위한 실종전담반이 설치되어 있지만 각종 사건의 폭주로 장기실종자의 수사가 미흡한 것이 현실이다. 한국실종자찾기종합센터는 이러한 현실을 감안 실종자를 찾기 위한 민간인전문가의 참여아래 경찰의 수사를 돕고 장기화되고 있는 실종자에 대한 끈질긴 수색을 하기 위한 것이다. 또한 실종자를 사전에 예방할 수 있는 교육과 교재발간, 실종자를 예방할 수 있는 연구와 병행하여 예방할 수 있는 기구의 개발을 통하여 이 땅에서 실종을 영원히 퇴치할 수 있도록 하는 데 중점을 두어야 한다. 아동은 물론이고 장애인과 치매노인도 포함되어야 한다. 현재 예방과 홍보업무는 보건복지부, 실종자찾기 업무는 경찰청에 분산되어 있어 업무의 효율화와 시너지효과를 거두지 못하고 있는데 일부의 업무를 이곳에 모아 시너지효과를 창출할 수 있도록 해야 하는 것이다. 가족을 잃은 슬픔은 오래가고 가족의 해체까지 되는 상황에서 이를 개인의 일이라고 방치해서는 절대로 안 된다는 것을 국가는 알아야 한다. 실종가족에 대한 지원도 대폭 강화되어야 한다. 실종자가족에 대한 국가의 무관심과 열악한 보호제도로는 선진국에 이르지 못한다. 경찰청이 IT를 활용해 미아·실종자 찾기 종합관리시스템(P4M)을 구축하기로 하였다고 한다. 과학경찰의 필요성이 강조되고 있는 현대 폴리싱에서 다행스러운 일이 아닐 수 없다. 사실 IT를 활용한 실종자찾기 시스템의 구축은 늦었다고 할 수 있다. 찢어진 부처 간의 업무구조와 네일 내일이라고 서로 미루고 있는 현실에서 국민의 생명을 지키기 위한 일은 책임이 따를지라도 잘한 일이라 할 수 있다. 미아·실종자 문제는 국민의 안전에 직결된 일이고 특히 범죄와 연결될 수 있는 가능성이 많은 국가적 과제이기 때문이다. 데이터마이닝·실시간 위치기반서비스·네트워킹기술 등의 진전에 따라 IT기술의 치안에 접목시키는 일이 가능하게 된 것에 주목할 필요가 있다. 이러한 기술의 활용은 의욕만으로는 안 되고 예산과 우수한 인재의 확보와 경찰고위층의 확고한 의지 등이 뒷받침 되어야 가능하다. 실종사건의 발생과 여자어린이의 성폭행 후 살해와 같은 사건은 우리들에게 인간의 기본적 가치마저 흔들리게 하는 아픔을 주었다. 나약한 어린이와 여성치매환자의 실종과 같은 사건이 발생을 예방하고 사건을 빨리 해결하는 것은 우리사회를 보다 건강하게 하기위한 첫걸음이다. 특히 미제사건이 된 실종사건을 해결하는 일도 시급한 일중의 하나이다. 한국의 경찰은 실종자의 위치추적권조차 최근에야 할 수 있는 권한을 취득하는 열악한 환경에서 근무하고 있었다. 그간 수년 동안 위치추적권이 필요하다고 관련기관에 요구하였지만 번번이 권한남용의 가능성이 있다는 이유로 거절되었던 사례가 한국경찰의 위상을 설명해주고 있다. 어린이 실종사건이 발생해도 실종자 가족과 함께 주변을 수색하는 게 고작이었던 쓰라린 경험을 가지고 있다. 안양의 두 어린이 성폭행 후 살해사건과 조두순사

건이 터지면서 사회문제화 되자 겨우 「실종아동 등 보호와 지원에 관한법률
」(보건복지부)에 의하여 위치추적권을 갖게 된 것이다. 그것도 매우 제한적
인 범위에서라지만 그나마 다행스러운 일이 아닐 수 없다. 향후 경찰은 어린
이 실종과 같은 강력범죄의 발생시 독자적으로 국민의 생명과 재산을 보호
할 수 있는 필요한 법률의 확보가 더 필요하게 될 것이다. 법언에 "권리위에
잠자는 자의 권리를 보호할 수 없다"는 말이 있다. 경찰은 자신의 당연한 권
리위에 잠자고 있는 것은 아닌지 반성할 일이다. 국민의 생명과 재산을 보호
하는 일에 각종 제한과 조건을 붙인다면 결과적으로 그 피해는 오롯이 국민
들에게 돌아갈 것이고 또 그 비난은 결국에는 경찰에게 돌아올 것이라는 것
을 수없이 보아 왔다. IT를 활용한 실종자 종합관리시스템을 구축하는 데에
는 다음과 같은 사항들이 고려해야 할 것이다. 한국은 IT산업의 중심에 서 있
는 나라이다. 이제까지의 실종어린이를 찾기 위한 시스템이나 제도는 이미
그 효력이 미미하거나 구시대의 유물이 되어가고 있는 중이다. 어린이의 안
전과 실종사건을 미연에 방지하기 위한 칩을 개발하여 이를 원하는 부모의
허락을 받아 실종예방용 칩을 어린이의 몸에 심어야 한다. 이 마이크로칩은
'깨알'만 하여 어린이의 건강에 전혀 해가 없을 뿐만 아니라 필요시 어디에 있
는지 추적할 수 있기 때문에 어린이 실종을 예방하기 위해 꼭 필요한 것이다.
또 실종사건이 발생하더라도 이를 추적하면 곧 확인될 수 있는 시스템이다.
영국에서는 2003년 10살짜리 소녀 둘을 납치해 살해하는 충격적인 사건이
발생하면서 희망하는 어린이의 팔에 위치 추적용 마이크로칩을 이식하는 시
스템을 도입했다. 어린이의 팔에 이식한 칩은 휴대전화 통신망으로 포착할
수 있는 전파를 발신하기 때문에 아이의 위치를 정확히 알려줄 수 있다. 물론
현재 활용하기 위한 유전자(DNA)조사를 통해 실종 어린이를 찾는 방식도 병
행할 수 있다. 캐나다에서는 신생아가 태어나면 병원 자체에서 어린이가 바
뀌는 것을 예방하는 발지문(발바닥프린트)을 찍는 것을 경찰에게도 제출하게

하여 어린이실종 시 수사에 활용하고 있는 것도 좋은 방법이다. 온타리오주에서 시행하고 있는 지문 프린트 프로그램과 신생아 ID 프로그램이 대표적이다. 신생아들에게 무료로 발바닥 프린트와 사진을 찍어주고 동시에 관련 기관에서는 신상자료를 보관하도록 함으로써 미아방지 효과를 톡톡히 보고 있다. 어린이를 개인적으로 식별할 수 있는 고유번호와 함께 IT위치기반서비스를 접목한 위치추적이 가능하도록 망을 구축해야 한다. 그래야 아동·청소년 실종 시 신속하게 대응할 수 있고 범죄로부터 아동청소년을 보호할 수 있는 수단이 발생하게 된다. 즉, 아동청소년에게 개인식별 칩을 심어 어디에 있는가를 확인할 수 있게 망을 구축하자는 것이다. 이 시스템은 부모와 법적보호자의 동의하에 위치추적을 가능하게 하면 항간에서 우려하는 권한의 남용으로부터 자유로울 수가 있다. 그리고 실종시에만 부모나 보호자의 동의하에 확인할 수 있게 하면 된다. 개인식별 위치추적가능 시스템의 활용범위를 넓혀 치매노인이나 실종견의 위치도 확인 가능하게 되면 시민들에게 더 많은 치안 서비스를 제공할 수 있을 것이다. 얼마 전 소설가 신경숙씨가 쓴 "엄마를 부탁해"라는 소설이 큰 인기를 끌었고 영역되어 해외에서도 큰 반향을 일으켰다. 이 소설의 이야기는 시골에서 올라온 엄마가 서울의 지하철역에서 실종되면서 시작된다. 치매로 엄마를 잃게 된 것이 주제이다. 치매노인을 찾는 데도 활용할 수 있다. 치매로 가족들의 품에 안기지 못하는 가족들이 얼마나 많은가? 강아지를 잃어버리고 아무것도 할 수 없어 쩔쩔매는 가정도 없어지게 될 것이다. 매년 2만 명이 넘는 실종자가 발생하고 그 중 500명이 넘는 실종자가 미귀가자가 되는 상황에서 반드시 해결해야 할 과제이다. 개인식별 위치추적으로 실패하는 실종사건에 있어서는 이를 끝까지 추적하는 시스템을 구축하여야 한다. 추적관련 데이터는 종합관리시스템에 축적이 돼야 한다. 누가 어느 때 해당 사건과 관련한 데이터를 검색 가능하도록 만들어야 한다. 이 시스템에는 민간전문가가 참여하여야 하고 심리학자

·범죄전문가·법의학자 등이 포함되어야 한다. 사건의 추적팀에게 지속 가능한 추적이 가능하도록 수사방향과 각종 관련정보와 지속적인 연구 활동으로 연구물을 추적수사에 제공하게 만들어야 하는 것이다.

> ### 개인식별용 베리칩(Verichip)
>
> 베리칩(Verichip)은 '확인용칩(verification chip)'의 약자이다. 개인식별용 베리칩은 개인의 고유번호와 신분만을 확인할 수 있는 정보를 칩에 넣어 개인이 행방불명 또는 실종되었을 때 GPS로 위치를 확인할 수 있는 칩이다. 일종의 무선주파수 발생기인 RFID의 원리를 이용한 것이다. 매우 작은 크기여서 주사기를 통해 간단하게 인체에 주입할 수 있고 불필요시 간단한 수술로 제거될 수 있다. 실종아동청소년을 줄이기 위해 개인식별용 베리칩(Verichip)의 도입이 절실하다.

예방교육의 강화

예방교육이야 말로 실종을 막는 최선의 방안이자 최소의 책무이다. 현재로서는 가장 효율이 높은 방법이라고 할 수 있다. 아동실종사건이 가장 많이 일어나면서도 정부는 왜 예방 교육투자에 인색한가? 의문이 아닐 수 없다. 당국에서는 예산이 책정되어 있으므로 교육을 위탁하여 하는 정도에 머물고 있다. 할 수 없어 하는 실종아동을 예방하는 교육이 제대로 될 리가 없다. 어린이 실종을 예방교육이 중요하다고 하는 것은 실종의 당사자는 물론이고 가족에게도 치명적으로 영향을 미치게 되기 때문이다. 체계적인 교육재료도 없고 교육을 시킬 수 있는 강의진도 없다. 다만 실종관련 기관에서의 실종을 예방하기 위한 매뉴얼 정도 있는 정도이다. 국내에서 유일하게 초록어린이재단에서 보건복지부의 지원을 받아 아동들에게 실종·유괴 발생 상황을 이해시키고, 예방지침과 대처방법을 익히게 하여 위험상황 시 신속하고 안전하게 가정으로 돌아갈 수 있는 교육이 있기는 있다. 실종·유괴예방교육 현황은 2011년도에 3,655개소의 149,125명과 2012년도에 1,568개소의 183,924명에 대하여 교육을 시켰다고 한다. 교육내용으로는 실종예방 손인형극, 실종예방 막대인형극, 유인·유괴예방 탈인형극·유괴예방 교육체험존 등이다. 초록우산어린이재단의 교육은 아동교육에 머물고 있음을 알 수 있다. 사실 아동실종을 예방하기 위해서는 부모나 공직자를 비롯한 성인들이 알아야 할 일과 실천할 과제가 대부분인데 아동들에게만 시키고 있는 것은 주객이 전도된 것이다. 아동의 실종을 예방하기 위해서는 어른들이 할 일들이 더 많다. 또 어른들이 알아야 아동의 실종을 예방할 수 있다. 초록우산의 교육프로그램에서도 성교육프로그램은 존재치 않는다. 미국을 비롯한 유럽 각국에서는 국가공무원뿐 아니라 지방공무원 지역사회의 평범한 직장의 직원과 회사원들에게도 실종예방교육을 시키고 있는 것에 주목할 필요가 있다. 캐나다에서 가장 오래된 실종아동관련단체 차일드 파인드 온태리오(Child Find Ontario)는 어린이들을 위한 교육과 함께 외부에서 성인들을 위한 교육도 실시하고 있는 것을 알 수 있다. 교육만 하는 것이 아니고 이 교육을 종종 실제로 훈련할 수 있는 시스템도 마련되어 있다. 현실에서 자주 발생하는 공공시설에서의 아동실종에 적용하고 있다. 미국에는 실종사고 예방을 위한 코드 아담(Code Adam)이라는 비상 안전경보시스템이 있다. 백화점, 놀이공원 등 공공장소에서 아동이 실종되면 인상착의·특징·연령 등을 안내방송하고 출입구를 차단해 외부로 나가는 아동을 확인한 뒤 부모에게 인계하는 제도다. 아동들에 대한 실종예방의 교육도 진화된 아동들의 심리적인 상황을 고려해야 할 것이다. 아동발달심리학자들에 따르면 3~6살 아이들만 해도 부모나 선생님, 혹은 다른 어른들이나 또래 친구들에게 애정을 얻기 위해 성적 매력을 드러내는 행동을 한다고 한다. 어린이의 각자의 방법과 유형은 다르지만 그들은 애정을 표현하며 성적인 경험은 없지만 모호한 성적인 표현을 흉내 내기도 한다고 한다. 어린이들의 사랑의 정도를 측정하는 '패 션네이트 러브 스케일'(Passionate Love Scale)을 개발한 일레인 햇필드 교수는 114명의 남자 어린이와 122명의 여자 어린이를 대상으로 흥미로운 실험을 했는데 "나는 항상 _____를 생각한다"라는 질문을 4~6살 어린이들에게 던졌더니, 대부분의 아이들이 자신이 '사랑'하는 사람의 이름을 _____ 안에 채워 넣었다. 햇필드 교수는 "5살 어린이도 사랑에 빠진다"고 주장한다. 7~12살이 되면 아이들의 성적 표현이 좀 더 노골화 되는데 남학생이 여학생을 괴롭히는 행동을 한다거나 술래놀이 등도 성적인 관심을 끌기 위한행동이라고 한다. 초등학생들도 또래의 그룹을 만들고 그들이 모이게 되면 주된 대화의 주제는 이성에 관한 것이었다. 남학생과 여학생의 차이는 있을지라도 이성에 관한 관심이 높아지게 된다고 한다. 고등학교로 진학하게 되면 더 노골적으로 성적인 표현을 하게 되고 시도하게 된다고 한다. 우리나라에선 덜하지만, 미국에서 이 시기 청소년들에게 가장 중요한 화두는 임신과 성병이라고 한다. 미국에선 많은 학생들이 이 시기에 처음 '성적 접촉'을 경험하며 성관계를 맺기도 한다. 캐나다 앨버타 주 아동병원의 신경심리학자 트리시 윌리엄스 박사는 1959명의 미국 청소년들을 조사했는데, 11~13살 청소년들 중에서 약 2%가 성관계를 경험했다는 보고도 있다. 심리학자 웬디 매닝이 2005년에 했던 설문조사에서는 청소년들의 7.5%가 자신의 남자친구 혹은 여자 친구와 성관계를 가졌다고 응답했다고 한다. 인터넷의 등장으로 아이들이 모르는 것이 없고 그들의 성에 대한 지식은 어른들을 뺨치고 있는데 어른들의 성교육은 구석기시대에 머물러 있는 것은 아닌지 짚어봐야 한다. 구태의연한 사고방식에 머물러 아이들과의 거리는 멀어지고 있는 것은 아닌지 반성해 볼일이다. 우리사회에 성범죄 사건이 있을 때마다 형량을 높이려는 시도는 많았지만 그들에 대한 성의식과 고민에 대하여는 모른 척했다. 우리는 이제라도 어른과 아이들의 장벽을 넘어서서 그들의 고민과 함께하고 뼈

뚤어진 성의식이 있다면 치료하고 보듬어 주는데도 주저해서는 안 될 것이다. 미국과 같이 실종아동 부모에 시간대별 행동 요령까지 일러주는 매뉴얼이 필요하다. 유괴 의심 사건이 발생할 경우 어떻게 대처해야 하는지 구체적으로 정리한 초기 대응 매뉴얼도 참고할 만하다. 미국의 어린이유괴예방기구(CPL)는 홈페이지에 유괴와 실종을 구분할 수 있는 체크리스트를 올려놓고 구체적인 대처방법을 제시하고 있다. 경황이 없는 부모가 아이의 실종 이후 시간대 별로 어떻게 행동해야 하는지를 알려주는 것은 물론, 유괴와 실종을 구분하기 위한 다양하고 구체적인 설문을 제시하고 있다. 평소에 좋아하던 물건이 없어졌는지, 즐겨하던 놀이나 취미에 흥미를 잃었는지, 하고픈 일이 무엇이었는지 꼼꼼한 질문을 던진다. 여러 가지의 유형을 제시하여 그 유형에 맞는 매뉴얼을 만든 후 주변부터 찾는 방법을 제시한다. 평소에 잘 가는 곳과 친한 친구의 전화번호를 미리 습득한 후 친구에게 행방을 찾아 보는 방법도 제시한다. 이러한 세부적인 매뉴얼은 실제로 어린이가 범죄에 의한 실종인지 단순가출인지의 구분을 가능하게 한다. 어린이들에게 가르치는 대처방법도 우리보다 구체적이고 다양하다. 수많은 실험 결과들은 어린이들은 처음 보는 사람이라도 대부분 1분 안에 그를 따라갈 수 있는 것으로 조사됐는데 어린이들에겐 "낯설다·수상하다"라는 개념이 없기 때문이다. "낯선 사람을 조심하라·수상한 사람을 따라가지 마라"등 어른 생각위주의 교육은 효과를 기대하기 어렵다. 이에 따라 선진국들은 유괴 범죄에서 나타나는 유인 방법별로 설정된 구체적 시나리오에 따라 어린이가 직접 체험하는 예방교육을 마련해 운영 중이다. 미국 어린이유괴예방기구(CPL)는 어린이들에게 범행 유형에 대한 자세한 정보를 제공하고 가르치는 것이 중요하다고 보고 현재 5천여 학교에서 예방교육을 실시하고 있으며 그 대상을 점차 넓혀나가고 있다. 캐나다의 실종아동관련단체인 "차일드 파인드 온태리오(Child Find Ontario)"는 아동이나 부모뿐 아니라 일반 사업장 직원들을 상대로도 실종예방교육을 실시하고 있다. 매년 증가하는 어린이 유괴 살해 범죄에 대해, 이제는 범정부 차원의 구체적인 대책 마련이 시급한 때다. 정부에서 다 할 수 없다면 능력있는 민간기구에 맡겨서 해야 한다. 어른들과 아이들이 함께 참여하는 교육프로그램의 개발과 이를 교육할 수 있는 제도적 뒷받침이 절실하다.

사회 안전시설의 확충

미국사회는 어린이 성폭행 후 살해 같은 유형의 범죄로 매건, 앰버, 아담, 런스포드를 잃은 후 이들의 부모와 같이 느끼기 위해 무단한 노력을 기울였고, 그들이 최선이라고 생각하는 변화를 이끌어냈다. 아동 대상 성범죄자의 신상을 등록하고 철저히 관리하는 '매건법', 아동 실종이 발생하면 즉시 모든 방송과 통신, 전광판 등 광고 매체를 통해 각종 관련 정보를 공개해 온 사회가 찾도록 하는 '앰버 경보제도', 쇼핑몰이나 게임장 등 실내에서 아동이 부모의 눈에서 멀어지면 즉시 매장의 모든 출입문을 닫고 경찰에 연락한 뒤 내부 방송과 함께 안전 요원이 아동을 찾도록 하는 '코드 아담', 아동 대상 성범죄자는 초범이라도 최소 25년의 중형을 내리고 출소 후 평생 전자팔찌를 채우는 '런스포드법'이 그것이다. 그 외에도 11세 이하 어린이가 등·하교 할 때는 학교에 사전 등록된 차량이나 보호자가 와야만 인수·인계가 이루어지고, 놀이터 등 시설에 아동을 동반하지 않은 18세 이상 성인의 출입을 금지하는 조례 등을 통해 어린이가 늘 '보호의 연결고리(chain of protection)' 내에 있도록 하고 있다. 이른바 부모(보호자)와 아이들에게 항시 끈을 매도록 하는 것이다. 영국과 호주, 뉴질랜드 등에서는 어린이 안전교육을 강화하고 사범대학에서는 반드시 '어린이 안전' 과목을 이수해야 교사 자격을 부여한다. 범죄 관련성이 뚜렷하지 않은 실종이나 경찰이 계속 집중하기 어려운 장기실종 아동 찾기는 전문 민간기구인 '전국실종 및 학대아동센터(NCMEC)'가 전직 경찰관, 민간전문가 및 정부지원 예산과 시민성금으로 마련한 첨단장비를 동원해 조사와 수색에 나선다. 실종 및 피살 아동부모들의 모임이 국가와 사회의 지원을 받아 서로를 위로하고 전문가의 심리치료를 행하고 있다. 우리는 그동안 매건법, 앰버경보, 런스포드법의 일부만을 모방한 이런저런 법과 제도를 도입했지만 아동들의 실종사건과 성폭행범은 오히려 늘어나고 있다. 그 제도의 실제적인 도입목적과 운용체계가 서로 다른데도 문제가 있지만 보다 근본적으로는 아동 실종 문제에 대한 진지한 관심 결여가 가져온 결과라고 할 수 있다. 모방하여 도입한 외국의 제도는 흉내만 내고 실제로는 실효성은 떨어지고 있다는 결론에 도달할 수 밖에 없다. 끔찍한 사건이 일어날 때 마다 부모된 심정으로 진지하게 문제의 중심을 꿰뚫지 않는 한 공염불에 그칠 가능성이 높다. 어린이 성폭행문제가 대두될 때마다 중앙정부와 자치정부에서는 CCTV의 증설이 단골메뉴로 등장하고 있다. 그러나 이제 양에서 질로 나가야 한다. 즉, CCTV의 진화를 도모해야 한다. 현재와 같은 단순하게 장면만 고정으로 촬영하는 것만으로 범죄의 진화에 맞설 수가 없다. 단순하게 현장을 촬영하여 보관하는 현재의 시스템으로는 진화하는 범죄에 효과적으로 대응할 수가 없다. IT강국인 우리나라는 충분히 진화된 CCTV를 제작할 수 있다. 이른바 빛과 소리를 내고 현장에 다가가고 주변의 CCTV와 연계되어 작동하는 CCTV를 제작하여 우범지역에 설치해야 한다. 녹음과 녹화기능을 뛰어넘는 기술력을 가져야 한다. 자동차에게 정지를 명하고 큰소리에 반응하며 필요시 서치라이트를 켜는 CCTV가 필요한 것이다. 어린이가 납치되어 범죄와 연계된 것이 확인되어 '앰버경고'가 발령되면 앰버경고도 가능하도록 개발하여야 한다. 이러한 진화된 CCTV의 설치는 어린이 납치·유괴사건의 74%가 납치 3시간 이내에 피살되는 것으로 나타나 사건초기 3시간(the

3-hour life expectancy)을 얼마나 신속하고 효율적으로 활용하느냐가 중요한데 사건의 조기 해결에 도움을 줄 것이다. 다음으로 우리사회에 가장 필요한 것 중의 하나가 보안등이 턱없이 부족한 것이 현실이다. 많이 나아지고 있지만 경찰과 주민의 입장에서 보면 보안등의 부족은 심각한 수준이다. 여성과 어린이가 안전한 사회를 만드는 첫걸음은 보안등과 CCTV라고 해도 과언이 아니다. 어둠은 범의를 부추기고 실제로 행동으로 옮기는 촉매제로 작용한다는 것이 범죄학자들의 공통된 견해이다. 안전한 지역사회의 건설은 CCTV와 밝은 가로등의 증설로부터 출발하여야 한다.

지역사회의 네트워크 전략

캘리포니아에서는 '키드와치(Kid Watch LA)'라는 지역 주민들로 구성된 봉사자들이 아동실종을 앞장서서 예방하고 있다. 말 그대로 학교나 주택가 등 아이들이 많이 모이는 곳을 집중적으로 돌며 경찰처럼 순찰을 하는 역할을 '키드와치'가 담당하고 있다. 캘리포니아 지역에서는 또 곳곳의 집 창문에 노란색 손바닥 스티커가 붙여져 있는 것을 볼 수가 있다. 「헬핑핸드(Helping hand)」라는 스티커가 부착된 집은 아이들이 위험에 처하거나 문제가 발생할 경우 언제든지 뛰어 들어가 도움을 요청할 수 있는 곳이다. 항상 문이 열려 있다는 뜻으로 '헬핑핸드'는 아동들의 실종 사건은 예방하고 아동 범죄 또한 줄이는데 큰 몫을 하고 있다. 이 모든 활동은 실종예방 교육을 통해 이루어지고, 그 기준 또한 엄격하지만 지역 주민들을 물론 많은 사람들이 관심을 보이고 있고, 참여가 줄을 잇고 있다. 우리나라에서도 어머니들이 직접 자신의 자녀들의 보호를 위해 행동에 나서고 있는 경우도 곳곳에서 확인할 수 있다. 서울 강남 일대 8개 초등학교 학부모들은 자율적으로 '강남 어머니 폴리스'

라는 봉사 단체를 조직해 등하교 시간에 맞춰 학교 주변과 아파트 단지를 세심하게 살핀다. 강남구는 '학교보안관제도'를 본격적으로 시행하고 있다. 강남구·경찰서·교육청 산하 학교범죄 예방단체 회원 900여명으로 구성되어 있다. '학교보안관'은 어머니폴리스, 주민자율방범봉사대, 배움터 지킴이, 안전둥지회 등 단체와 자원봉사자들을 유기적으로 통합해 오전 8시부터 자정까지 강남구 내 75개 초·중·고교 주변에서 순찰과 지도활동을 벌인다. 회원인 주부 박소영씨(39)는 "엄마들이 제복입고 순찰활동을 다니면 아이들이 편안하고 든든해 한다"고 말했다. 주부 최경씨(40)는 "순찰 중 학교 주변에 오랫동안 정차한 차량이나 앞뒤 번호판이 다른 차량이 있을 땐 의심을 하고 관심 있게 지켜 본다. 아이들 안전을 위해서는 사고를 미연에 방지하는 것이 최선"이라고 말했다. 노인들이 어린이 하굣길의 안전지킴이 역할을 하는 지역도 생겨나고 있다. 서울 송파구에서는 만 65세 이상의 노인 600여명으로 구성된 "골목 호랑이 할아버지"를 운영하고 있다. 회원들은 오후 1−4시 동네 초등학교 학생들의 하굣길을 보살펴 주고, 두 명씩 짝을 지어 어린이 놀이터와 통학로를 순찰한다. 같은 아파트 주민들끼리 모여 아이들의 등하교를 책임지는 통학차량을 운영하고 곳도 있다. 청담동의 한 아파트 주민들은 부유층 자녀들이 많이 다닌다는 인식 때문에 유괴범들의 타깃이 될까 불안한 마음에 일부 학부모들이 공동부담으로 봉고차를 마련, 아이들의 통학을 책임지고 있다. 초등학교 2학년 자녀를 둔 주부 김 모(39)는 "아이들 등하교를 믿고 맡길 수 있어 부모들 마음이 한결 여유로워졌다. 최근에는 통학차량을 이용하고 싶다는 부모들이 늘어 차량을 늘리는 방안도 고려 중"이라고 한다. 봉고차량은 이미 어린이들의 안전한 귀가를 책임지는 교통수단이 된지 오래고, 인근에 위치한 백화점 셔틀버스를 통학버스처럼 이용해 집 근처에서 내리는 학생들도 눈에 띠었다. 양천구청에서는 양천경찰서·강서교육지원청과 합동으로 '어린이 안전지킴이 자원봉사대' 발대식을 갖고 활발한 활동을 하고 있다. 어린이 안전지킴이 자원봉사대에는 학교안전동지회, 녹색어머니회, 자율 방범대, 어르신 안전지킴이, 청소년지도위원회 회원 등 각 기관에서 활동하고 있는 자원봉사자 300여명이 참여하고 있다. 양천구청은 어린이 성폭행사건이 자주 발생하고 있는 점에 유의 어린이 등하교길 안전을 도모하기 위하여 자원봉사자를 지원하기 위한 예산을 확보하여 활동하고 있다. 이 뿐만 아니라 교내 출입자 통제 등 교내 안전망 확보가 시급한 11개 초등학교에 경비초소 설치비용 4000만원을 지원하기도 했다. 또한 어린이 등하교길 안전 활동에 필요한 장구도 구입하여 자원봉사자들에게 지급하였는데 주요 장구들은 조끼, 모자, 호각, 완장, 지시봉 등 이다. 이 밖에도 교외 안전망 확보를 위해 어르신 스쿨존 교통안전지킴이 58명을 선정, 관내 29개 초등학교 주변에 배치하기도 했다. 양천구청에서는 관내 각 초등학교에 설치·운영하고 있는 CCTV를 24시간 모니터링이 필요하다는 인식하에 통합 관제센터를 건설하고 있다. 학교에서 여자어린이와 청소년의 성을 노리는 범죄자들이 기승을 부리면서 각 학교에서는 아버지들이 자발적으로 '아버지 순찰대'를 조직하여 주·야간에 교내 및 교외 지역에 순찰을 도는 경우가 늘어나고 있다. 서울 송파구 삼전초등학교 아버지들은 야광복과 야광봉을 가지고 하루에 두 시간씩 학교주변을 점검한다. 경기고양시 정발중학교 '아버지순찰대(Daddy Police)'도 그 중 하나이다. 아버지순찰대원들은 매일 밤 8시부터 자정까지 순찰을 돌면서 학교주변 후미진 곳에서 음주나 흡연하는 청소년들을 선도하고 타이른다. '내 자식은 내가 지킨다'는 사명감으로 똘똘 뭉친 이들은 지역사회의 발전에도 적지 않은 활동을 하고 있다. 현재는 240명이 교대로 활동하고 있지만 참여도가 높아지고 있어 대원들이 늘어날 전망이다. 대구달서초등학교도 '아버지순찰대' 활발하게 활동하고 있다. 어린이들의 안전을 위해 자발적으로 구성되었으며, 매일 2시간 씩 학교주변에서 늦게 귀가하는 어린이들의 안전을 책임지고 있다. 이러한 지역사회의 자구책은 지역사회 안전의 새로운 대안으로 떠오르고 있다. 지방정부에서는 이러한 주민들의 자발의지를 북돋우고 행정과 제복·호신장구 단체활동비 등을 지원해 줌으로서 이를 적극적으로 장려해야 한다. 자치단체장과 경찰의 시민안전에 대한 중요성을 인식하여 조금만 관심을 가지면 큰 예산 없이도 할 수 있는 일이다. 주민들의 자발적이 참여와 적극적인 활동은 지역사회를 더 안전하고 활기찬 지역으로 변화시킬 것이다.

힘없는 경찰, 피해는 국민

아동성폭행의 경우 목숨을 보존하더라도 그 후유증은 평생을 따라 다닌다. 더구나 어린이 성폭행후 살해사건의 경우 피해부모들은 죽은 아이를 가슴에 묻고 끝없는 고통의 세월을 보낸다. 끔찍했던 기억을 지우기 위해 아예 조국을 떠나거나 자살을 택하거나 먼 곳으로 이사를 가기도 한다. 고통을 견디다 못해 많은 부모들은 이혼이나 별거를 하고, 가족들은 우울증이나 심각한 정신적 질병을 앓기도 한다. 가족을 잃은데 따른 충격과 죄책감은 결국 부부관계, 부모자녀 관계에도 부정적인 영향을 미치고 대인관계까지 소홀해져 결국 가정·직장·사회생활 전반이 뒤틀리게 된다. 피해자와 가족들은 사회에 적응을 못해 허우적 거린다. 거꾸로 성범죄자는 인권이라는 미명아래 무죄나 집행유예로 풀려나기도 하고 감방에서 국가의 보호(?)를 받는다. 어린이 대상 흉악한 성범죄나 강력사건이 발생할 때마다 단골로 등장하는 것이 일벌백계, 엄벌주의, 탈리오 법칙이 거론되고, 사형제도·공개처형제도의 도입이 주장된다. 그러나 시민단체·언론·학계·관계기관에서 필요성을 주장하다가도 시간이 흐르면 흐지부지되고 마는 것이 현실이다. 이러한 주장이 현실화되기 어려운 것은 인지와 입증의 한계, 가해자·피의자의 인권,

형법상의 여러 원칙, 공소시효, 형의 감면사유, 인도교육형주의 등과의 반복되는 충돌 때문일 것이다. 「헌법」제27조 제4항은 무죄추정의 원칙을 규정하고 있다. 사실 만에 하나 억울한 피해자가 생겨서는 안 된다는 것을 전제로한 이 규정은 인류가 오랜 투쟁으로 쟁취한 것으로 백번 천 번 옳다. 그러나 피해자 가족들과 흉악범들과 싸우는 경찰입장에서 보면 인권·무죄추정·증거수집·수사지휘 등의 원칙과 경찰의 수사활동을 옥죄고 있는 각종제약들로 경찰의 발이 무디어 진다. 어린이 성폭행 후 살해 등 강력사건의 수사가 원점에서 맴돌 때가 많음을 지적하지 않을 수 없다. 인권론자들의 주장과 국가인권위원회의 권고, 또한 경찰청훈령으로 되어 있는 인권보호를 위한 경찰관직무규칙이 틀리다는 이야기가 아니다. 모든 세상사가 그러하듯 평상시와 비상시에는 다르게 할 수 있는 법적 뒷받침이 있어야 한다는것이다. 강력사건 발생시와 통상사건 발생시와 다르지 않게 획일적으로 적용하고 있다는데 문제가 있다. 성폭행 후 시신을 불에 태워 없애고, 아동을 유인하여 성폭행 후 목 졸라 죽여 마대자루에 넣어 유기하고, 성추행 후 시신을 토막 내서 산에 암매장하거나 하천에 버려도 경찰에게 인권과 무죄추정의 원칙을 고수하라는 것은 무리다. 얼마 전까지 경찰은 실종자에 대한 위치추적권조차 없었다. 납치나 유괴사건의 경우 즉각적이고 초를 다투어 범인이나 피해자의 위치를 파악하는 것이 사건 해결의 요체인데, 범죄 관련성을 따져 소방관서에 의뢰해 범인이나 피해자의 위치를 파악해야 했다. 이와 유사한 경찰에 대한 규제가 너무 많이 존재한다. 경찰에 대한 이러한 비정상의 규제는 이른바 '골든타임'을 놓치게 되는 결과로 이어진다. 흉악한 어린이 성범죄자를 비롯한 강력사전을 엄정하게 다스리려면 경찰활동의 수단인 불심검문·임의동행·통신감청·은행계좌추적·통화기록내역확인권·신용카드 사용내역 확인권·함정수사·경찰장구 및 무기사용 요건의 완화조치가 필요한 것이다. 분·초를 다투어야 하는 상황에서 검찰을 거쳐 법원의 영장을 받아야 하는 등 경찰의 활동을 제약하는 현실의 피해는 고스란히 국민들에게 돌아가고 만다. 흉악범들의 범행수법은 날로 진화하는데 그들과 싸우는 경찰에게 비난만 있을 뿐 제대로 된 무기는 없다는 데 대하여는 침묵하고 있다. 인권을 앞세워 무기를 빼앗고 맨몸으로 대항하라고 하는 것과 무엇이 다르겠는가? 형사사법의 절차에서 피의자와 범인들의 인권도 중요한 것이지만 경찰에게도 일정한 한도에서 그들에게 맞설 수 있는 수단과 무기를 주는 게 옳다. 그것은 경찰에게 권한을 주는 것이 아니고 피해자와 공공의 안녕을 위해 국민에게 주는 것이다. 경찰이 사회악과 싸울 수 있는 무기가 없다면 결국 그 피해는 오롯이 국민에게 돌아갈 수 뿐이 없기 때문이다. 공권력에 지나친 규제와 견제는 흉악범죄를 예방할 수 없을 뿐만 아니라 범인검거를 지체시키고 만다. 경찰이 위치 추적권처럼 오남용이 걱정된다면 일정한 요건을 만들어 부여 하면 된다. 국민을 위한 효율적이고책임 있는 수사를 위해서는 견제와 균형의 원리에 따른 합리적 수사구조도 만들어야 한다. 선진국은 물론 세계 어느 나라도 우리나라처럼 경찰수사의 손과 발을 꽁꽁 묶어둔 나라는 없다. 경찰수사에 대한 검찰의 과도한 견제와 규제는 교각살우의 위험을 동반할 수 있고 실제로도 그렇다. 국회는 수사권의 '견제와 균형'이 필요하다고 판단해 형사소송법을 개정했다. 법무부령으로 되어 있던 형사소송법 시행령을 대통령령으로 격상시켰다. 법무부 자의로 형소법이 운용할 것을 염려했기 때문이다. 그러나 대통령령의 개정시 국무총리까지 나서 '경찰의 내사 단계까지 검사 지휘'를 받도록 했다. 이 어처구니없는 일이 어떻게 가능 했을까? 일반 국민들이 알 수 없고 보이지 않는 손에 의하여 조정되었다고 보아야 할 것이다. 당시 국무총리는 '현행법상 수사의 주체는 검찰이기 때문에 어쩔 수 없다'는 궤변을 늘어 놓았다. 누구를 위한 시행령의 개정인지 알 수 없는 개악으로 형소법의 역사를 후퇴시켰으나 세월은 흐르고 그 정부도 갔다. 박근혜 대통령은 대선공약으로 검찰과 경찰을 서로 감시하고 견제하는 관계로 재정립하고 검찰의 직접수사기능을 축소하여 직접 수사를 원칙적으로 배제하기로 했다. 수사권과 기소권을 분리하여 수사권 분점을 합리적으로 추진하겠다고 약속했다. 이에 따른 검·경 수사권 조정을 위한 관련 법령의 개정도 공약으로 내 걸었다. 과연 제대로 공약을 지킬 것인지 국민들은 보고 있을 것이다. 경찰도 힘이 있어야 검찰의 비리도 캘 수 있고 늘 안으로 굽는 팔을 곧게 펼 수 있다. 양대 사정기관인 검·경이 맑아지면 대한민국이 깨끗해질 수 있다. 힘 있는 경찰은 강력범죄를 사전에 예방할 수 있고 발생 시 조기에 진압할 수 있다. 비상시에 경찰에 그런 힘을 주어야 한다.

경찰에 바란다

국민들은 경찰에게 무엇을 기대하는가? 국민들이 경찰에게 요구하는 것은 정의의 편에 서서 오로지 국민의 생명과 안전을 위해서 일해 달라는 주문이다. 이제까지의 경찰의 잘못을 모두 기술하는 것은 불가능하다. 다만 아동·청소년 성폭행 사건과 관련한 경찰의 과오에 관하여 기술하려 한다. 이 분야만 해도 경찰이 반성해야 할 것은 한 두 가지가 아니다. 누구나 어느 기관이나 잘못은 할 수 있다. 그러나 반복되어서는 안 된다. 이와 유사한 실수와 잘못이 반복되면 경찰은 국민들로부터 멀어지게 될 것이다. 국민들은 앞으로 이와 같은 실수가 반복되면 경찰을 외면하게 될 것이다.

2007년 3월 발생했던 제주도 서귀포의 양은지어린이의 실종사건을 수사했던 경찰에게 쏟아진 비난도 간과할 수 없다. 헬기와 수색견 및 경찰관과 전·의경, 공무원, 119소방대원, 군인 등 연인원 3만여 명을 투입해 서귀포시 일대를 40여 일간 수색했지만 은지를 찾는데 실패했다. 사건의 해결은 결국 사건발생지로부터 70여 미터 떨어진 감귤밭에 시신이 있었고 거기에 성폭행 동일 전과자가 기거했음에도 관리는 커녕 알지도 못했었다는 점에서 언론의 집중적인 비난을 받았다. 경찰은 '눈 뜬 장님'이었고 코앞에 있는 범인을 조사하고도 지나쳤는가 하면 실종 현장에서 20m 떨어진 곳에 있는 시신을 찾지 못했다는 등의 비난이 쏟아졌다. 한 언론은 "굳이 언급하자면 이런 경찰을 국민의 세금으로 유지해야 하는가 묻고 싶다"고도 했다. 노무현 대통령이 국무회의에서 "양지승 어린이를 조속히 찾으라"는 특별지시까지 내린바 있다.

또 다른 사건을 보자. 10살짜리 딸을 성폭행한 범인을 40여 일간 추적한 끝에 어머니가 잡아 냈다. 이 사실을 믿고 싶은 경찰·국민들이 있을까? 그러나 거짓말 같은 사실이다. "어떻게 그럴 수가 있나?" 하는 안타까운 생각과 함께 어린 피해자가 고통과 아픔 속에서 살아갈 것을 생각하니 너무 안타깝고 속상하다. 실종 된지 13시간 만에 성폭행을 당해 피투성이가 된 채 돌아온 딸을 본 어머니의 심정은 오죽했을까? 경찰에 신고했다. 어머니는 경찰만 믿고 있다가는 범인을 놓칠 우려가 있어 거동이 불편한 남편을 대신해 하던 생업마저 그만두고 딸이 기억하는 장소를 찾아 미친 듯이 돌아다녔다고 한다. 만약 경찰이 심한 상처를 입은 어린이가 자기 딸이라는 심정으로 수사를 했다면 경찰이 왜 범인을 못 잡았겠는가? 묻지 않을 수 없다. 경찰은 그동안 피해 장소 등과 관련한 제보를 받고도 수사에 적극 나서지 않았던 것으로 파악되고 있다. 시민들이 경찰에 등을 돌리는 이유이다.

성추행으로 징계를 받은 경찰관이 「밤길 여성 귀가 도우미 서비스」를 수행하고, 음주운전으로 면허가 취소된 경찰관이 순찰차의 운전을 하다가 적발됐다. 경찰은 법집행을 하는 최 일선 기관이므로 자신에게 엄격한 잣대가 필요한 조직이다. 자신을 관리하지 못하는 경찰관이 남을 단속할 수 있겠는 가? '똥 묻은 돼지가 재 묻은 돼지를 나무라는 꼴'이다. 음주·성추행·불공정 ·불법을 저지른 경찰관은 원칙적으로 업무에서 배제되어야 하는 사유이다. 과감한 자기혁신과 경찰의 반성이 있어야 하는 부분이다.

4살 슬기 성폭행 살해사건에서 5월 10일 어린이가 실종 되었다는 신고를 경찰 교통초소에 신고하였다. 경찰의 움직임이 없었다. 다시 파출소에 신고 하였으나 역시 반응이 없었다. 경찰의 무관심이 계속되자 부모들이 전단을 만들어 돌리고 주변 수색도 하였다. "어디서 놀고 있겠지요"라는 속 터지는 말만 계속 했다고 한다. 자신들의 자녀가 실종되어 집에 들어오지 않았다면 이런 무책임한 말을 할 수 있을까? 5월 14일이 되어서야 대규모의 경찰이 투입되어 수색하기 시작 하였다. 경찰의 어린이 실종에 대한 불감증이었다. 이 제라도 어린이 실종사건에는 초기대응이 어린이의 생명을 좌우한다. 경찰 의 즉각적이고 다각적인 개입이 원칙이다. 시민에게 적극적으로 다가가 시 민과 함께 생사고락을 같이하는 경찰을 보고 싶다.

2008년 3월 26일 오후 3시44분 고양시 대화동의 한 아파트 3층 엘리베이 터 안에서 이 아파트에 사는 강나희(가명, 10세, 초교3년) 양이 40-50대로 추정 되는 남성에게 주먹과 발로 무차별 폭행당했다. 나희의 얻어맞는 아이의 비 명소리를 듣고 달려 나온 이웃 여대생에 의해 수 분만에 안전하게 구조됐다. 일산경찰서 폭력1팀은 "용의자 행색이 초라한 데다 술에 취한 것 같아 단순 폭행사건으로 보고 있다"는 지구대 보고서를 믿고 C 형사에게 배당하고 단 순폭행사건으로 보았다. 3월 30일 오후 언론에서 보도가 되기 시작하자 사 건의 심각성을 수사본부가 차려지는 등 부산하게 움직였지만 사건이 발생한 지 5일이 돼가는 시점이었다. 이 사건이 경찰의 안이한 대처가 정치문제로 비화 되었다. 일산의 경찰들은 피해자의 어머니에게 '사건을 언론에 알리지 말라'고 말한 것이 알려지면서 더 거센 언론의 공격과 시민의 공분을 자초하게 만들었다. 대통령까지 나섰다. "상식적으로 생각해서 어린 여자아이에게 한 것을 폭행사건으로 다뤘다는 것은 '별 일 아니다'라며 간단히 끝내려는 일선 경찰의 안일한 조치"라고 질타했다. 범인은 하루만에 잡혔지만 해당 경찰관 6명이 직위해제 되었다. 초동조치의 중요성이 얼마나 중요한가를 알려주는 사건이다.

안양의 두 어린이 살해사건에서 경찰의 초동수사단계에서 보여준 서툰 대응은 비난받아 마땅하다. 특히 대리운전을 하였다는 용의자의 진술을 믿고 대리운전회사에 확인조차 하지 않은 것은 수사의 ABC를 망각한 행위이다. 또한 5일 이상 용의자가 집을 비운 이유와 그동안 소재지를 파악하지 않은 채 집안을 육안으로 확인한 후 아무런 증거를 찾지 못해 수사대상에서 그를 배제하였다는 사실도 마찬가지다. 이런 수사의 실수로 다시 원점에서 다시 시작하게 되었다. 1개월 전에 뽑아 두었던 안양시내 렌터카업체의 명단을 확인하여 사건당일 차를 빌린 것을 확인하였다. 한차례의 정밀조사로 혈흔을 찾을 수 있었는데 2차례의 조사 끝에 혈흔을 발견하여 사건해결의 단초를 찾았다는 것은 일찍 해결될 수 있었음을 증명한다.

세월호 사건에서도 마찬가지다. 전국에서 유병언을 찾기 위한 대대적인 검문이 실시되던 시기에 노숙자로 보이는 시신이 발견되었다. 그것도 순천 별장에서 그리 멀지 않은 지점에서 발견되었다면 다시 한 번 시신에 대한 세밀한 감정을 했어야 했다. 현지 경찰의 나사 빠진 사건처리에 할 말을 잃는다. 검사의 지휘책임으로 돌려서는 안 된다. 경찰이 언제까지 검사의 지휘를 받아야 하는 존재로 남아있을 것인가? 해양경찰이 보여준 무능은 도를 넘어 국민의 분노를 사기에 충분했다. 수많은 학생과 승객들이 수장되는 상황에서 해경은 마치 불난 집에 구경만 하는 소방관과 같았다. 구조할 생각도 비상시에 보여줄 경찰 본연의 행동도 없었다. 해양경찰이 적극적으로 구조하여 단 한명의 생존자만이라도 구조하였다면 국민들이 그렇게까지 분노하고 슬퍼하지는 않았을 것이다. 물이 차 올라 침몰하고 있는 배전에서, 선창으로 살려달라고 울부짖는 어린 학생들을 목격하면서도 그들은 아무런 행동도 하지 않았다. 그들이 만약 침몰하는 배에 들어가 고귀한 생명을 구하다 목숨을 잃었다면 국민들은 그들에게 영웅의 칭호를 부여하였을 것이고 해양경찰의 해체라는 종말을 맞이하지는 않았을 것이다. 모두 제때 제자리에서 제 할 일을 다하지 않은 자업자득의 결과라고 할 수 있다.

일반경찰을 비롯한 모든 국가의 기관도 시대의 흐름에 따라 변화하고 진화하여야 한다. 그 변화에 적응하지 못한 해양경찰청의 해체가 그것을 말해주고 있다. 국민에 대한 무한책임과 혁신없이는 존재하지 못하게 되거나 존재의 의미가 퇴색하게 된다. 그러한 변화와 진화는 철저한 자기반성에서 출발해야 한다. 끊임없는 자기 성찰을 계속하여 변화하고 진화해야 한다. 경찰의 간단없는 반성과 개혁이 계속될 때 국민들로부터 신뢰와 박수도 받게 될 것이다.

  여자 어린이의 성을 노리는 인간 하이에나들이 득실거리는 현실에서 딸을 키우는 부모들이 할 수 있는 것은 오직 끊임없는 관심과 잠재적인 범인들로부터 딸을 격리시키는 방법뿐이 없다. 세상에 성에 관한한 믿을 놈이 없다는 것을 전제로 첫째도 조심, 둘째도 조심, 셋째도 조심이라는 메시지를 딸을 키우고 있는 모든 부모들에게 전하고 싶었다. 또한 이 땅에 태어나 꽃을 피워보지 못하고 우리와 이별을 한 여러 어린 피해자들에게 속죄하는 마음뿐이다. 지켜주지 못하여 미안하고 어른으로서 부끄러웠다. 어린이 성폭행사건이 터지면 관심이 증폭되었다가 또 다른 어린이 성폭행사건이 일어나지 않으면 또 우리의 관심 밖의 일이 되고 마는 것이 현실이다. 여자 어린이에 대한 성폭행을 근절시키는 유일한 방법은 "이 세상에 태어나 여자어린이에 대한 한 번의 잘못과 실수는 내 인생의 끝이며 이 세상 모든 것과의 단절이고 죽음이다"라는 인식을 잠재적 범인들에게 심어주는 것이 아닐까? 물리적 거세는 물론 사형까지도 심각하게 고려하여야 한다. 지금도 여자 어린이들의 성을 노리는 음흉한 눈빛들이 어디에선가 이글거리고 있을 것이다. 인간이기를 거부한 '인간하이에나'들에 의해 저질러지는 여자 어린이성폭행 문제는 이 땅에 함께 살아가는 우리 모두에 의하여 막아져야 한다. 만약 여자어린이 성폭행을 방지하기위하여 우리가 할 수 있는 일이 남아있다면 이를 다음 세대로 넘길 문제는 더더욱 아니다.

우리나라에서 어린이 대상 성범죄가 끊이지 않는 이유가 있다면 "입법·사법·행정부가 어린이 성폭행을 근절시키기 위한 관심과 의지가 박약했기 때문이다"고 결론지었다. 이를 근절하기 위한 엄중한 법의 제정이 있어야하며 그에 상응하여 관용 없는 처벌이 있고 법률에 따라 어린이 성범죄를 근절하기 위한 정부의 적극적인 예방 정책의 실행이 뒷받침되어야 했다. 어느 한쪽이 이를 게을리 한다면 이미 우리나라는 어린이조차 안전하게 키울 수 있는 나라에서 멀어지고 만다. 이미 지적하였듯이 아직도 법과 제도가 부족하다. 이를 위하여 정부는 국회에 입법의 필요성을 꾸준하게 제기할 필요가 있다. 또한 언제부터인가 우리사회에서 사라진 사형제도를 다시 도입하여야 한다. 우리와 같이 살 수 없고 용인할 수 없는 범인들에게는 사형을 집행하여야 한다. 그럴 수 없다면 잠재적인 범인들을 우리사회에서 영원히 격리시켜 치료라도 해야 한다. 우리들이 할 수 있는 일을 모두하고 그래도 어린이 성폭행범이 줄어들지 않는다면 더 강력한 다른 방법을 찾을 수 뿐이 없을 것이다. 아울러 어린이 납치·성폭행·인신매매·포르노 등 날로 국제화되고 있는 현실에서 국제범죄에 선제적으로 대응해야 한다. 외국인들이 우리 어린이의 성을 노리고 있는데 우리가 손을 놓고 있다면 주권의 포기 아닌가? 외국에서 들어오는 온라인상의 어린이를 비롯한 모든 음란물을 확실하게 막아야 한다. 또한 어린이 성폭행범의 근절을 위해서는 외국인에 의하여 저질러지는 성범죄를 비롯하여 아동·청소년 대상 성폭행범죄, 아니 모든 성범죄는 신고를 의무화하여야 한다. 또한 이를 수사하는 기관에서 피해자의 권리고지를 의무화 하여야 한다. 아울러 정부에서는 신속한 피해자구조와 사회에 복귀시킬 수 있는 피해회복시스템의 구축을 서둘러야 한다. 이제까지의 소극적인 실종아동대책을 적극적인 정책으로 전환하여야 한다. 실종아동을 찾기 위한 제도와 법의 보완이 지속적으로 필요하고 IT를 활용한 실종종합관리시스템의 구축이 필요하다. 이를 게을리 하면 문명국으로서 후진성을 면치 못하게 될 것이다. 성폭행예방을 위한 예방교육의 필요성은 아무리 강조해도 부족하다. 어린이에게도 필요하지만 성인들에게 더 절실하다. 기회 있을 때마다 어른들에 대상으로한 성폭행과 관련 범죄의 예방교육을 소홀히 하면 우리사회의 성문화는 끝내 해이해지고 만다. 진화된 CCTV와 방범등·방범시설 등 범죄예방을 위한 사회안전 시설의 꾸준한 확충은 대한민국을 더 안전한 사회를 만드는데 필수적이다. 그리고 공권력이 국민을 보호할 수 있는 힘이 없다면 그 피해는 오롯이 국민들에게 돌아갈 것이다. 공권력 담당자들의 끊임없는 반성과 성찰을 전제로 공권력이 확실하게 작동되어 불법과 불의에 희생당하지 않는 사회가 되었으면 한다. 국민의 생명과 재산을 보호해야하는 경찰에게 이처럼 과도한 규제를 가하고 있는 문명국가는 없다. 비상상황에서 경찰의 손과 발을 묶는 법과 제도가 있다면 과감하게 풀어야 한다. 같은 맥락으로 검찰의 독점적수사권은 견제와 균형의 원리에 입각하여 합리적 재배분이 필요한 시점이다. 세월호가 사회의 적폐로 일어났듯 어린이 성폭행도 우리사회의 여러 적폐 속에서 태동되는 것으로 파악되고 있다. 그동안 정부는 어린이실종과 어린이 성폭행의 심각성에 대하여 단기적인 처방에만 급급해 왔던 것이 사실이다. 여자어린이 성폭행문제에 대한 대책 또한 지엽적이고 지극히 단편적인 땜질 대책으로 일관해 오지 않았던가? 국회 또한 여자어린이 실종과 성폭행문제에 대한 심각성에 그리 큰 관심을 가지지 않았다. 실종자를 돕기 위한 예산이 번번히 빗나가는가 하면 시민단체의 입법적 요구에 귀를 막았다. 사법부 또한 법관에 의해 저질러지는 어린이 성폭행 가해자에 대한 심각한 수준의 관용에 눈감고 있었다. 그러는 사이 수십 명의 여자어린이들이 '인간하이에나'들의 성노리개로 전락하게 되었고 심지어 목숨까지 잃었다. 대한민국 국민 모두가 행복한 대한민국을 만들자는데 반대할 국민은 없을 것이다. 행복한 대한민국의 최우선 조건이 어린이를 안전하게 키울 수 있는 나라를 만드는 것이라고 확신한다. 어린이조차 잘 키울 수 없는 나라에서 국가의 미래를 논할 수 있겠는가? 이 조건을 충족시키기 위해 이 땅에서 딸을 키우고 있는 모든 부모들과 관계공무원들의 분발을 기대한다. 대한민국이 여자어린이 실종과 성폭행 사건이 단 한건도 발생하지 않는 안전한 나라가 되면 걱정하는 출산율도 증가하게 될 것이다.

참고문헌

《국내문헌》

- 구니자키 노부에, 윤나영역,『우리아이는 내가 지킨다』, 니들북, 2009.
- 린다 레드래이, 김수경역,『나의몸 나의길-성폭력의 예방과 극복-』, 이화 여자 대학교 출판부, 1995.
- 마리 프랑스 보트, 이정순역,『가장 특별한 말』, 웅진미디어, 2008.
- 마이클 길버트저 김석규역,『일회용 남자』, 일리, 2008.
- 모건 마르치아, 허남순역,『성학대아동과 면접기술』, 도서출판 나눔의집, 2000.
- 마크넬리슨저 최진영옮김,『인간동물관찰기』, 푸른지식, 2014.
- 모리오카마사히로저, 김효진역,『남자는 원래그래』, 리좀, 2005.
- 신순갑 · 이정환,『엄마 도와줘…』, 도서출판 달과소, 2007.
- 안순영,『난 내가 지킬거예요』, 도서출판생각나눔, 2010.
- 양석일저 오금자역,『남자의 성해방』, 인간과 예술사, 1994.
- 여성가족부,『국내 · 외 아동성폭력범죄 특성분석 및 피해아동보호체계 연구』, 2010.
- 유재두,『성에 대한 진실과 오해』, 한국학술정보(주), 2010.
- 유재두,『성에관한 진실과 오해』, 한국학술정보(주), 2008.
- 이미정외『여아와 여성이 안전한 지역사회 환경조성방안』,한국여성정책 연구원 연구보고서
- 장미혜외『 여아와 여성이 안전한지역사회 환경조성방안』, 한국여성정책 연구원 연구보고서-17, 2009.

- 조르쥬 비가렐로, 이상해역, 『강간의 역사』, 도서출판당대, 2002.
- 존A. 샌포드저 노혜숙옮김, 『우울한 남자의 아니마』, 아니마, 2013.
- 지그문트 프로이드저 김인순역, 『쾌락원 너머』, 부북스, 2013.
- 최기숙, 『어린이 이야기, 그 거세된 꿈』, 책세상, 2001.
- 한국성폭력상담소, 『성폭력 뒤집기』, 이매진, 2011.
- 헤럴드 페펀스키, 이태원역, 『범죄에 관한 10가지 신화』, 아카데미 한울, 2002.
- KBS '추적60분' 제작팀, 『당신의 아이는 안전합니까』, 위즈덤하우스, 2008.
- 각 일간지 및 인터넷 매체, 각 시사 주간지 및 정기·비정기 학술지와 인테넷 자료 등.

《외국문헌》

- Chrysanthi S. Leon(2011), 『*Sex Fiends, Perverts and Pedophiles*』, New York University Press.
- Janet R. Oliva(2013), 『*Sexuality Motivated Crimes,*』 CRC Press Tayor & Francis Group.
- Ksren A. Duncan (2011), 『*Female Sexual Predators*』, PRAEGER Santa Babara, California.
- Maria Eriksson Bazz and Maria Stern(2013), 『*Sexual Violence as a Weapon of War?*』. Zed Books London and New York.
- Pat Gilmartin(1994), 『*Rape·Incest and Child Sexual Abuse*』, Galrand Publishing, Inc. New York & London. .
- Stephen T. Holmes and Ronald M. Holmes((2009), 『*Sex Crimes Patterns and Behavior*』, SAGE Publications.
- 凶倉野力, 『惡犯罪の 交流分析的研究』, 文藝社(東京), 2009.